LE QUÉBEC EN HÉRITAGE

La vie de trois familles montréalaises

Robert Sévigny

LE QUÉBEC EN HÉRITAGE

La vie de trois familles montréalaises

Éditions coopératives Albert Saint-Martin

LE QUÉBEC EN HÉRITAGE

Composition et montage : Composition Solidaire enr.
Impression : Payette & Simms inc.
Maquette : Composition Solidaire enr.
Dépôt légal : Bibliothèque nationale du Québec, 4e trimestre 1979

Préface

Je veux d'emblée préciser pour qui et pourquoi je présente les trois monographies de ce petit volume. Je l'ai d'abord écrit en songeant à tous ceux qui, pour une raison ou une autre, veulent comprendre comment se vit la société. Comment donne-t-on un sens aux diverses activités (qu'il s'agisse de comportements, de perceptions, de fantasmes, etc.) par lesquelles et à travers lesquelles s'exprime l'appartenance à la société, à sa société ? A travers l'expérience individuelle de chacun ou de chacune, comment est vécue la dualité *individu-société* ? Comment cette dualité se dissout-elle dans l'image que l'on a de soi et dans l'image que l'on a de son présent, de son passé, de son futur ? Voilà quelques unes des questions auxquelles j'apporte des éléments de réponse. La comparaison entre les trois couples venant de trois quartiers différents permet aussi de comprendre comment la position sociale de chacun intervient dans l'expérience de la société. Ici le "quartier" devient l'indice complexe et global de cette position sociale. En un mot, ce livre s'adresse à celui ou celle qui souhaite prendre une attitude de recul — du type sociologique ou anthropologique— à l'égard du couple personnalité-structure sociale.

En même temps, ce livre s'adresse à ceux qui veulent explorer leur propre expérience de la société. A ceux-là, les trois monographies apportant moins des éléments de réponses qu'un instrument permettant cette exploration. Les questions posées par les interviewers et les catégories d'analyses que j'utilise sont assez explicites (même si elles ne sont jamais longuement discutées) pour que chacun les applique à sa propre expérience. Dans cette perspective, ce petit volume se voudrait un instrument d'animation permettant l'exploration de l'image de soi. Pour ma part, j'ai essayé, tout au long de mon analyse d'adopter une attitude qui tienne compte à la fois des rôles d'animateurs et de chercheurs.

Ce livre s'adresse aussi à ceux qui ont des préoccupations ou des intérêts théoriques. Même si j'ai volontairement exclu tout débat théorique de mon texte, il est évident que je me situe dans la foulée des chercheurs qui s'inspirent de l'anthropologie culturelle et de ceux qui considèrent intéressant et valable de comprendre une société à travers l'expérience qu'en font les individus. En ce sens, mes trois monographies ne sont pas étrangères (mais ne sont pas non plus identiques) aux sociologues qui analysent les histoires de vie. Mon travail s'inspire aussi d'une critique de la psychosociologie. Je reproche à bien des approches théoriques de se limiter à analyser le secteur "privé" de l'expérience personnelle. Partant de cette critique, j'ai tenté de ne jamais ignorer les appartenances à ce que j'appelle (après Bastide) "les grands ensembles" (la classe sociale, le milieu urbain, l'Etat, etc.). De fait, cette partie des monographies est probablement celle à laquelle je tiens le plus ! C'est cet intérêt qui justifie, à mes yeux, d'avoir consacré une part importante de la conclusion au jeu de l'idéologie de la vie privée/publique dans l'image de soi. Enfin, l'expérience m'a montré que ces monographies se prêtent à d'autres interprétations que les miennes : plusieurs collègues qui ont eu l'occasion de lire mon texte en tiraient des conclusions en fonction de leur propre cadre d'analyse, que celui-ci concerne la famille, la religion, les classes sociales, etc. Si j'ai réussi à présenter une image d'ensemble de l'expérience de la vie sociale, il est intéressant qu'ensuite cette image d'ensemble constitue une donnée nouvelle pour d'autres chercheurs.

Il m'a semblé que les objectifs poursuivis par la publication de ce livre m'autorisaient à éliminer les références théoriques ou méthodologiques tout au long de mon texte. Nulle part on n'y trouvera donc des discussions théoriques ou méthodologiques. Le lecteur intéressé pourra sans doute trouver ailleurs — en particulier dans la bibliographie — des informations utiles à cet égard.

A propos de la validité de mon analyse, je voudrais m'expliquer tout de suite sur le fait qu'elle porte sur des témoignages recueillis il y a près de dix ans. On m'a souvent posé la question : de telles données sont-elles encore valides ? A cette question s'en ajoute une autre : la notion d'*image de soi* — qui est une notion centrale de mon analyse — suppose-t-elle, au contraire, une continuelle mouvance. J'aborde d'abord cette dernière question. Les auteurs divergent grandement là-dessus et, comme il est fréquent dans les sciences humaines ou sociales, chacun en arrive à une théorie très cohérente en ne s'attardant qu'à une partie seulement de l'expérience vécue. Il est bien évident que si l'on définit l'image de soi à partir d'attributs (perceptions, attitudes, sentiments, etc.) directement reliés aux situations immédiates et mobiles, on en arrive à mettre l'accent sur la flexibilité de l'image de soi. C'est ce qui permet à Keleman, par exemple, de rappeler avec raison qu'on ne respire pas de la même façon à son bureau, dans sa chambre à coucher ou au milieu d'une foule. L'image de soi comme citoyen variera selon qu'on est ou non en période d'élection. Par ailleurs, si on considère le développement de la personnalité et l'apprentissage graduel des institutions sociales par l'enfant, on en vient à considérer ces dernières comme des extensions de soi : *du point de vue de l'individu et de son expérience existentielle* il n'y a pas nécessairement une coupure radicale entre la personne et les institutions sociales. Dans cette perspective, l'image de soi (y compris l'image du corps) est le fruit d'un processus relativement stable. Supposons quelqu'un, par exemple, qui a développé à l'égard de tous les grands ensembles une attitude de profonde méfiance parce que depuis sa jeune enfance il a appris (de nombreuses manières) à se définir lui-même uniquement en fonction des secteurs de sa vie privée : une telle personne ne changera pas brusquement l'image qu'elle a d'elle-même (ni l'image de ce qui lui est étranger) parce qu'il y a eu un changement au plan politique. En autant que cette image de soi est intériorisée — et à la limite inscrite dans le corps — elle ne pourra changer que lentement et probablement en fonction du rythme même des changements profonds dans ces grands ensembles. Cette perspective, présente depuis quarante ans en psychologie sociale, en vient donc à mettre l'accent soit sur la stabilité, soit (ce qui est plus intéressant) sur des processus plus lents mais plus "profonds" de l'image de soi.

Pour revenir au problème de la validité des données recueillies il y a près de dix ans, j'en arrive donc aux idées suivantes. L'analyse de ces données ne sont évidemment pas valides si on cherche à attribuer aux réactions immédiates d'hier la même signification (par rapport à l'image de soi) qu'on peut attribuer aux réactions immédiates d'aujourd'hui. Mais cette analyse demeure valide a) si on veut surtout comprendre certaines caractéristiques relativement stables et profondes de l'image de soi ; b) si on veut comprendre comment l'image de soi est influencée par l'événement immédiat. Ce dernier point est important : on peut supposer que les *processus* liés à l'image de soi ne changent pas aussi rapidement que les situations immédiates elles-mêmes. En analysant, dix ans après, comment ont été vécus certains événements particuliers, on peut voir apparaître en clair des aspects de soi-même que la réalité quotidienne laisse dans l'ombre. Une telle analyse montre aussi comment c'est à travers des séries d'événements immédiats que chacun est amené "à faire face" aux contradictions, aux incohérences des multiples aspects de cette image de soi. Dans les pages qui suivent, le lecteur trouvera de ce processus un bon exemple en étant attentif aux réactions manifestées à propos des "événements" d'octobre 1970 (les interviews avaient lieu à ce moment là). Il est évident que c'est par référence à ces événements "chauds" que s'est exprimée cette dimension de l'image de soi qu'est l'identité nationale. C'est, par exemple, par référence à cette situation immédiate que l'informateur de Rosemont révélait — à l'interviewer et à lui-même — des sentiments d'appartenance nationale peu apparents dans sa vie quotidienne organisée en fonction de sa carrière dans une grande compagnie multinationale.

Pour répondre à une autre question qui m'a souvent été posée, je précise que je n'ai pas rencontré personnellement les informateurs dont il est question dans mes monographies. Je l'aurais souvent souhaité. Mais d'un côté, il fallait bien que j'opère une "fermeture" au plan de l'analyse et, d'un autre côté, j'aurais risqué, en les rencontrant, de rendre plus difficile le respect de l'anonymat. S'ils lisent ces monographies, je peux les assurer que j'ai exploré leurs témoignages avec beaucoup de soin et de respect : autant que j'essaie de le faire quand je me retrouve, comme animateur de groupes de rencontre, devant des personnes qui me communiquent directement leurs expériences vécues, leurs perceptions, etc. A ceux-là, en premier, j'exprime mes remerciements.

Je remercie aussi tous ceux qui ont participé à la production de la recherche sur l'aliénation et l'idéologie dans la vie quotidienne. Un remerciement particulier va évidemment à Marcel Rioux qui était à l'origine de ce projet de recherche. Encore pour mieux préserver l'anonymat je tais le nom des interviewers directement concernés par les monographies, mais ils ont été intimement liés aux témoignages que j'ai analysés. D'autre part, d'autres chercheurs ont collaboré avec moi pendant la période où j'élaborais ma méthode d'analyse: en particulier Denise Fortin et Ginette Paris. Tout en me faisant bénéficier de ses réflexions sur mes textes, Suzanne Hétu a été responsable de la préparation matérielle du manuscrit. Je remercie toutes ces personnes et je remercie aussi tous mes collègues qui ont accepté de lire mon texte et de me faire part de commentaires qui m'ont encouragé et qui m'ont aussi permis bien des corrections. Enfin, je remercie l'Université de Montréal qui, par l'intermédiaire du CAFIR, m'a apporté une aide financière.

Robert Sévigny
juin 1979

Introduction

Les trois monographies présentées dans ces pages veulent apporter quelques éléments de réponse à une question en apparence très simple : comment se forme et se transforme l'*image de soi* ? Cette question de départ en amène plusieurs autres : comment, dans sa vie quotidienne, une personne réussit-t-elle ou non à donner un sens à ses expériences ? Retrouve-t-elle une certaine continuité à travers des expériences multiples qui font appel à des aspects différents de sa personnalité et qui se situent dans des cadres eux aussi différents entre eux (la famille, le travail, la politique, etc.) ? Fait-elle plutôt l'expérience de tensions ou de contradictions entre ces divers secteurs de sa vie ? A-t-elle le sentiment d'établir des liens affectifs avec les personnes ou les institutions qui constituent son univers ou fait-elle plutôt l'expérience de l'isolement et de la solitude ? Comment dans une société sollicitée de toutes parts par des projets de changement, réussit-elle — ou ne réussit-elle pas — à modifier l'image qu'elle se fait d'elle-même, de son milieu social et de sa relation avec ce milieu social ? Par le biais de l'étude de l'*image de soi*, ces trois monographies tentent de comprendre comment s'établit le rapport personne-société. Les processus psychosociologiques liés à cette relation personne-société sont fondamentaux dans toute société. Il m'est apparu qu'ils l'étaient pour le Québec d'aujourd'hui et pour comprende les personnes qui en font l'expérience quotidienne.

En essayant de rendre compte de l'expérience de chacune des personnes dont il sera question dans les monographies qui suivent, je partirai de leurs propres témoignages et j'essaierai de rendre compte le mieux possible de leurs propres points de vue sur leurs expériences. En même temps, il est bien évident que chaque monographie sera fortement colorée par ma propre perspective d'analyse. L'*image de soi* constitue, dans la perspective que j'utilise ici, le filtre à partir duquel on censure certaines expériences, à partir duquel on prend conscience de

certaines autres et à partir duquel on oriente ses attitudes et ses conduites. Déjà cette perspective générale élimine certaines informations
qui, dans d'autres perspectives,·apparaîtront comme indispensables.

De façon plus particulière, mon analyse sera orientée en fonction
des catégories que j'utilise pour décrire ou analyser l'*image de soi*.
Ces catégories sont celles qui définissent les diverses dimensions du
sentiment d'aliénation : sentiment d'appartenance, de pouvoir,
d'indépendance, sentiment de pouvoir retrouver un certain sens à ses
expériences ou, au contraire, de vivre certaines contradictions,
sentiment d'être "ouvert" ou "fermé" au changement dans divers
secteurs de sa vie quotidienne. Au fur et à mesure des analyses, je
présente chacune de ces catégories de façon relativement simple [1].
D'autre part, pour rendre compte du milieu dans lequel sont imbriquées
ces familles ou ces personnes, j'utilise des catégories empruntées à la
sociologie classique et j'explore tour à tour les différents rôles et les
différentes institutions dans lesquels se déroule la vie quotidienne :
la famille, le travail, la religion, etc. A un autre niveau, il est possible
de regrouper ces divers rôles en fonction de critères plus théoriques.
On peut ainsi distinguer entre les expériences d'appartenance qui
impliquent surtout des relations interpersonnelles ou des groupes
restreints (comme la famille, les relations d'amitié), celles qui se situent
dans des milieux organisés (au sens américain du terme, comme la
religion, le travail, etc.) et enfin celles qui se situent dans le cadre des
grands ensembles (comme les milieux urbains, les classes sociales, le
système économique, etc.). Une autre façon de regrouper les divers
rôles dont rendra compte l'analyse qui suit est de distinguer entre le
secteur privé et le secteur public des expériences de la vie quotidienne.
Le recours inévitable à de telles catégories d'analyse fait qu'il serait
faux de prétendre décrire l'ensemble de l'expérience de chaque
personne. D'ailleurs, si les témoignages qui font l'objet des monographies portent sur un grand nombre de thèmes, de dimensions,
de secteurs, ils demeurent forcément limités d'une façon ou d'une
autre. De plus, l'ensemble des témoignages dont je me servirai sont
eux aussi déjà orientés par le processus d'interview lui-même : les
témoignages recueillis dont je tiendrai compte ici sont le résultat
d'une interaction entre ces personnes et les interviewers.

Les diverses catégories d'analyse utilisées pour rendre compte ou
de l'*image de soi* ou de l'*image de son milieu* sont essentiellement
celles que le lecteur peut retrouver dans *Aliénation et idéologie*...,
La question fondamentale à laquelle je tente ici de répondre est cependant fort différente. Dans *Aliénation et idéologie*... il s'agissait
de comprendre l'impact de la classe sociale ou de la position sociale sur
un ensemble de variables jouant au niveau de la vie quotidienne, dont

l'image de soi et de son milieu, l'idéologie de la vie privée et de la vie publique, le phénomène de changements, etc. Parce que la question centrale portait sur la position sociale, toutes les analyses impliquaient une comparaison systématique entre les cinq quartiers de Montréal qui représentaient des positions sociales différentes. Quand, par exemple, l'analyse portait sur les attitudes à l'égard du changement, on introduisait dans le modèle d'analyse l'idéologie de la vie privée et de la vie publique, mais en dernier ressort on établissait des comparaisons entre les cinq quartiers de l'échantillon. Evidemment comme nos données de base étaient les témoignages d'un nombre "X" d'individus (traduits en termes de perceptions, d'attitudes, de comportements), une telle analyse suppose une certaine conception de la relation personne-société ou ici de la relation personne-classe sociale. Mais, encore une fois, le pôle d'intégration de ces données était le pôle "société" ou "classe sociale" : cela est vrai aussi bien des données qui, dans *Aliénation et idéologie...* ont subi un traitement statistique (Vol. I) que de celles qui ont fait l'objet d'une analyse qualitative (Vol. II). La perspective adoptée au cours de ce travail-ci est différente et complémentaire parce qu'elle prend la personne en *situation sociale* comme pôle d'intégration des mêmes données de base (des mêmes séries d'interviews). Cette seconde analyse par ailleurs, s'appuie de plusieurs façons sur les analyses précédentes d'*Aliénation et idéologie...* C'est en particulier ce premier travail qui a permis de vérifier la pertinence des variables sociologiques au niveau de la vie quotidienne : une fois démontré, par exemple, l'impact de l'appartenance à une classe sociale ou l'impact de l'idéologie de la vie privée et de la vie publique sur les perceptions, les attitudes et les comportements des individus, il devient possible de faire des analyses monographiques en portant sur quelques individus seulement. On a alors la certitude de cerner l'expérience personnelle de ces quelques individus à l'égard de dimensions ou de facteurs sociaux qui sont importants et pertinents. Je renvoie donc le lecteur à *Aliénation et idéologie...* s'il veut des informations supplémentaires sur les études sociologiques qui ont précédé les trois monographies présentes ici. Il y retrouve également des informations et des discussions sur plusieurs aspects théoriques, méthodologiques et techniques que nous n'avons pas jugé essentiel de reprendre ici.

Le lecteur initié aux divers courants de la psychologie sociale retrouvera sans doute dans ces analyses quelques-uns des courants importants de cette discipline. Les travaux sur les dimensions psycho-sociologiques de l'aliénation sont fort nombreux depuis quelques années et ont été l'objet de nombreuses discussions théoriques et méthodologiques. C'est l'intérêt que je porte depuis longtemps à la théorie de Carl Rogers qui m'a fortement influencé dans la décision d'effectuer des analyses monographiques et c'est également cette orientation qui m'a déjà amené à redéfénir en termes psychosociologiques la notion d'aliénation. Mais il me faut avouer d'autres influences que celles-ci. Si je tiens au cours des analyses qui suivent à présenter une psychosociologie qui se "colle" le plus possible à l'expérience vécue des témoignages des informateurs, je le dois aussi à l'influence d'auteurs comme Lewis qui a présenté d'emblée des témoignages bruts sans aucune forme d'analyse et à un auteur comme Goffman qui a été un des premiers, en psychologie sociale, à s'intéresser au processus de la vie quotidienne. La pratique de l'animation dans le domaine de la dynamique des groupes — de divers types et dans divers secteurs de la population — n'est pas non plus sans avoir influencé le genre d'analyse que je présente ici. C'est en tout cas à partir de ces diverses expériences professionnelles et de ces diverses influences que j'ai décidé de présenter une analyse qui se veut à la fois le plus rigoureuse possible mais qui, délibérément, veut s'en tenir à une psychosociologie à ras de terre. Je me suis servi du cadre d'analyse auquel je viens de faire allusion pour essayer, à travers les témoignages de quelques personnes, de retrouver une information qui, sans être nouvelle, permet d'avoir un point de vue nouveau sur ce qu'est l'expérience de la vie quotidienne.

La décision de limiter l'analyse à trois cas indique clairement que mon objectif n'est pas de présenter une analyse du type statistique. L'analyse monographique permettra plutôt une étude en profondeur et en extension de l'expérience de la relation personne-société. Des trois familles montréalaises et francophones dont je présente ici l'analyse, une est de Rosemont, une autre de Centre-Sud et une autre d'Outremont. Si, comme je viens de l'indiquer, ces trois familles ne constituent en rien un échantillon de leur milieu social respectif, on peut validement, par ailleurs, faire l'hypothèse que chacune d'entre elles est bien de son milieu. En d'autres termes, par exemple, si la famille d'Outremont ne représente pas inévitablement toutes les familles d'Outremont, elle présente tout de même une image d'une famille de ce milieu particulier. Ces trois familles font partie d'un groupe de familles qui avaient été choisies au hasard. Aucun facteur particulier n'a présidé au choix de ces trois familles que j'ai retenues pour en faire l'analyse. De fait, au début, je projetais présenter un nombre beaucoup plus grand d'analyses et ce n'est que l'ampleur du travail qui m'a amené à réduire à trois le nombre de familles. Il est évident que tous les noms de personnes et de lieux, ainsi que de nombreux autres détails, ont été changés afin d'assurer l'anonymat.

Les trois monographies ont été préparées à partir des interviews faites en 1970, au moment où nous poursuivions la recherche sur l'aliénation et l'idéologie dans la vie quotidienne des Montréalais francophones. Il s'agit d'une série d'interviews portant sur divers thèmes comme celui de la famille, le travail, les projets que l'on envisage, etc. Chaque série d'interviews s'échelonna sur une période allant de quelques semaines à deux mois. Pour chaque famille, ces interviews durèrent de douze à vingt-cinq heures environ et furent ensuite retranscrites. Dans "Aliénation et idéologie...", ces interviews furent analysées de façon thématique : une analyse portait sur le travail, une autre sur les projets, etc. Tout en utilisant les mêmes données de base, l'analyse que je présente ici se situe donc dans une perspective très différente.

Les processus liés à *l'image de soi* impliquent des dimensions profondes de la personnalité. C'est le fait de centrer l'analyse sur ce type de processus qui m'a permis d'étudier des interviews qui furent recueillies en 1970, car *l'image de soi*, du Québécois comme de n'importe qui, ne peut être modifiée en quelques mois. Il apparaîtra évident au lecteur qu'on ne modifie pas, par l'exemple, l'image de ce qu'on est comme *homme* ou comme *femme* sans remettre en cause des dimensions importantes de sa personnalité. Il en est de même de l'identité nationale : on sait, par exemple, que la proportion de jeunes qui se définissaient comme Canadiens français en 1964 ou comme Québécois en 1977 est demeurée relativement constante pendant cette période. Ce ne sont là que deux exemples qui rappellent que *l'image de soi* implique des processus relativement stables et qu'il est donc valide de faire une analyse de matériel recueilli il y a quelques années. De fait, un tel recul dans le temps rend l'analyse plus facile en ce sens qu'il évite à tous, analyste comme lecteurs, la tentation d'oublier l'objectif de ce travail qui est de comprendre des processus plutôt que d'effectuer des prévisions.

On trouvera les trois monographies dans l'ordre même dans lesquelles je les ai faites. Au terme de ces trois analyses, je présenterai, sous le mode de l'essai, quelques réflexions sur *l'image de soi et la société québécoise*. Le titre, je le dois à André du Centre-Sud. Au cours des entrevues, il rappelait qu'il avait reçu le Québec en héritage de son père et que le Québec, c'était aussi le seul héritage qu'il pourrait laisser à ses enfants. Si le lecteur, parvenu au terme de sa lecture, a une meilleure compréhension de ce qu'est cet héritage, j'aurai atteint mon objectif.

---

[1] On trouvera une présentation plus systématique de ce cadre d'analyse dans : Yves Lamarche, Marcel Rioux, Robert Sévigny : Aliénation et idéologie dans la vie quotidienne des Montréalais francophones,

Montréal, P.U.M. 1973. Les ouvrages suivants portent également sur une ou l'autre des dimensions psychosociologiques de l'image de soi : Robert Sévigny : "Pour une théorie psychosociologique de l'aliénation" in *Sociologie et sociétés*, vol. I, no 2, 1969 ; Robert Sévigny et Pierre Guimond, "Psychosociologie de l'actualisation de soi : quelques problèmes de validation" in *Sociologie et sociétés*, vol. II, 1970 ; Robert Sévigny et Pierre Guimond : "Les jeunes et le changement" in *Service social*, vol. 19, no 3, 1970 et "Les jeunes et la politique : aspects psychosociologiques" in *Service social*, vol. 19, no 3, 1970 ; Robert Sévigny : *Expérience religieuse chez les jeunes*, Montréal, P.U.M., 1971.

*"J'ai eu à peu près juste la famille...
Je suis entourée de ma famille, mon
mari, mes enfants, mes parents les
plus proches. C'est très important
parce que je n'ai pas de vie à part
ça. C'est à peu près la seule vie que
j'ai..."*

Claire

I

Claire et Gilles

La famille de Claire et Gilles M. habite Rosemont dans une maison de style "bungalow" qu'ils ont achetée il y a quelques années. Ils ont trois enfants, un garçon de douze ans, une fille de sept ans et une autre fille de trois ans. Claire, qui a trente-huit ans, est née et a vécu pendant son enfance dans un milieu rural éloigné des centres urbains. Elle était la neuvième d'une famille de quatorze enfants. Elle a quitté sa famille vers l'âge de treize ans pour travailler quelque temps dans des familles autour de chez elle, puis à quinze ans, est venue travailler à Montréal (Notre-Dame-de-Grâce) comme aide dans quelques familles. Après cinq ans, elle a travaillé dans une manufacture de vêtements. De ce travail, elle garde comme souvenir qu'il était dur et épuisant. Elle a quitté ce travail quelques mois après son mariage. Gilles, lui, a quarante ans et est né dans une petite ville de la province. Son père était "travailleur" dans une usine de minerai. Ils étaient trois enfants. Il est venu habiter Montréal avec sa famille vers l'âge de douze ans. A Montréal, il a fait sa onzième année du cours supérieur d'alors. Pendant ces années, il travaillait les fins de semaine et durant les vacances, chez Dominion, comme "homme à tout faire". A sa sortie de l'école, il a travaillé comme technicien dans quelques importantes industries de Montréal. Actuellement il est à l'emploi d'une grosse compagnie multinationale (du type I.B.M.) où il exerce la fonction de représentant chargé de l'entretien technique de la machinerie louée ou achetée par des clients de cette compagnie. Depuis qu'il a laissé l'école, il a donc travaillé comme technicien.

Relations familiales et parentales

Quand nous avons demandé, séparément, à Gilles et à Claire, d'indiquer dans un cercle le réseau des personnes qui constituaient leur "monde", les deux ont indiqué les mêmes personnes de leur milieu familial : leur conjoint réciproque, leurs enfants, leur mère, leurs frères, soeurs, beaux-frères et belles-soeurs. De fait, ils ont des contacts avec quatre soeurs de Claire, le frère et la soeur de Gilles. Quand nous leur demandons de décrire ce réseau de contacts, Claire est facilement plus volubile que son mari. Sur chacun, elle a des commentaires à exprimer : "celui-ci est attachant parce qu'il "bluffe" souvent, qu'il est intelligent et est capable de discuter de plusieurs sujets...", celui-là est "plus gêné parce qu'il a moins d'instruction et s'exprime plus difficilement, mais mon mari s'entend bien avec lui", etc. Des quatre soeurs que Claire fréquente, l'une d'elles, Fernande, serait plus facilement sa "confidente"...

> ... parce que nous avons demeuré ensemble quand on était filles, avec elle plus qu'avec les autres, j'ai partagé la même vie, quoi... Pendant que Fernande et moi demeurions ensemble, Diane demeurait chez une autre de mes soeurs qui était mariée. Alors on est plus amies, on est plus ensemble... Mon mari aussi aime bien mon beau-frère (Georges)... Il a une grosse épicerie à Sorel. On a bien du plaisir à se rencontrer tous les quatre. On est deux couples qui s'entendent très bien ensemble. Lui, c'est un bonhomme comique : il "bluffe" sans cesse : à l'entendre parler il peut rouler sur l'or ou devenir président de compagnie. Il est bien drôle. C'est un bon vivant. Puis quand il décide de parler sérieusement, il est capable aussi, disons, de discuter sur plusieurs sujets, sur les enfants, la situation politique... C'est un homme intelligent... Il a de l'instruction, des belles manières, une belle éducation...

D'un autre côté, il y a Diane et son mari Roger :

> On est très amis aussi. On se voit aussi souvent qu'on peut... Mais eux aussi ont un commerce et elle a un salon de coiffure. Elle travaille aussi les fins de semaine. Mais comme c'est moins loin (Ste-Thérèse), bien on se voit de temps en temps. Quand ma mère demeurait là, on y allait tous les quinze jours. Maintenant qu'elle est partie, on les voit un peu moins souvent. Avec elle, je parle de toutes sortes de choses. Avec Roger (son mari), c'est plus difficile. C'est un bon garçon, mais il a moins

d'instruction. Depuis qu'il est marié, Diane l'a beaucoup aidé. Il n'y a pas beaucoup de sujets de conversation, disons, mais ça reste des amis quand même. Il n'a pas d'instruction, mais il a une conduite exemplaire avec ses enfants. Je le trouve admirable, il élève bien ses enfants. Il a une façon d'être avec ses enfants qu'il rapporte toujours à la nature. Il est bien près de la nature, de tout ce qu'il voit. Il ne sait pas lire, alors tout ce qu'il sait, il le voit dans la nature. Les arbres, les fleurs, la façon que ça pousse. Il rattache tout à la nature elle-même. Nous on se préoccupe moins de certains détails que lui va observer...

Une autre de ses soeurs demeure plus loin, dans la Beauce. Elle symbolise vraiment pour Claire l'image d'une femme maternelle, chaleureuse, compréhensive. Quand on verra plus loin comment Claire conserve des souvenirs ambivalents à l'égard de sa mère, on comprendra l'importance de ce témoignage :

Paulette, c'est une de mes soeurs. Elle demeure pas près d'ici, près de Québec. Mais je suis très attachée à elle parce que c'est une femme qui aime beaucoup les jeunes. Quand j'étais jeune (elle est beaucoup plus vieille que moi), quand on était jeunes, nous autres, quand on avait 17-18-20 ans, quand on était pas mariées, on allait souvent chez elle. Elle adorait avoir des jeunes avec elle. Dans ce temps-là, ses enfants étaient tout petits. C'est une femme qui aime bien à rire, beaucoup de plaisir. Je suis restée attachée beaucoup à elle. Quand ils viennent par ici, ils viennent toujours nous voir. Ils ont une fille aussi, Gilberte, qui a 20-22 ans. Elle est bien. Je l'aime beaucoup aussi et elle aussi est attachée à moi. Quand elle vient par ici, elle vient me voir. Ca me fait plaisir... Ils ne viennent pas souvent, souvent. Mon beau-frère travaille pour une compagnie de transport et voyage à travers le Canada. Mais ils viennent une couple de fois par été. Souvent ils viennent le printemps. Ils viennent l'automne aussi. Puis nous aussi, disons, on va aller camper avec eux, ou bien... Son mari il est bien gentil. Les premiers temps, il était gêné, tellement qu'il parlait pas. Il était gêné avec tout le monde. Maintenant, il est plus sociable qu'il était : il trouve le moyen de faire des farces et d'être comique. Mais il n'est pas parlant, disons que c'est pas dans lui. Elle, elle parle pour deux par exemple ! Paulette et Fernande ce sont deux caractères différents. Paulette est une femme tellement attachante, vraiment attachante. . Vraiment elle a un coeur d'or. Mais je reste quand même plus attachée à Fernande. On est plus du même âge d'ailleurs, on a vieilli ensemble, avec les mêmes problèmes, les mêmes sorties, les mêmes amies...

Et d'une quatrième soeur, Claire nous dit :

Colette c'est une de mes soeurs. Elle habite ici à Laval. On la voit un peu moins souvent, mais je suis quand même aussi attachée à elle. Plus qu'à d'autres membres de ma famille qui sont, disons, plus éloignés. Je suis restée attachée à Colette. On est pas mal du même âge. Son mari s'entend bien avec mon mari. Des fois, deux, trois fois, on va aller faire un tour à leur camp. On s'amuse, on jase, on joue aux cartes ; dans la famille ce sont presque tous des amateurs de cartes. Si on va à leur camp, on va s'asseoir sur la terrasse et on va jaser...

Dans le cercle de son "univers", Claire a également indiqué la parenté de son mari. Les deux couples dont il s'agit vivent tous deux dans le grand Montréal.

Jean-Marc, c'est le frère de mon mari et Yvette, c'est sa femme. On s'entend bien avec eux aussi et on se voisine assez souvent. Quand on a la chance de se rencontrer, ça fait plaisir à tout le monde. En été, ils vont venir une couple de fois, en hiver, deux ou trois fois aussi. Nous on y va aussi. Moi, je suis moins intime avec Jean-Marc, disons, qu'avec Fernande, par exemple, qui est ma soeur. Mais peut-être que mon mari, lui, se sent plus intime avec son frère, autant que moi avec ma soeur. Il y a toutes sortes de conversations qu'on peut avoir avec eux autres parce qu'ils sont assez bien parlants. Elle, elle connaît beaucoup de monde, ils ont beaucoup d'amis. Son mari a une situation assez... il est vice-président d'une compagnie. Alors ils ont assez... (d'argent ?). Elle, elle est très intéressante parce qu'elle est très vivante. Mon beau-frère aussi. Ils sont très intéressants tous les deux.

A propos de cette belle-soeur, elle préfère garder une certaine distance, mais sans pouvoir expliquer pourquoi :

Yvette, je l'aime bien, mais je ne lui raconterais pas des choses très intimes, de famille, parce que... (elle ne termine pas sa phrase).

Peut-être que le statut social relativement élevé qu'elle reconnaît à son beau-frère ("il est vice-président... il a assez..."), l'intimide et qu'elle se retrouve moins dans cet univers. Elle se sent, en tout cas, plus à l'aise avec la soeur de son mari et le mari de celle-ci :

> *Julie et Jacques, ce sont des amis aussi. Julie est une femme vraiment remarquable, je trouve. Elle est cultivée, intelligente. Elle a un bon jugement. Je l'admire réellement. Je l'admire ma belle-soeur. Elle s'intéresse à beaucoup de choses, elle prend des cours pour améliorer sa culture. Puis elle lit beaucoup de livres, des livres d'auteurs comme, disons, Dostoïevsky. Ce sont des parents, mais on peut les considérer comme des amis aussi parce qu'ils sont très attachants tous les deux.*

Il est significatif peut-être que Claire n'ait pas indiqué dans le cercle de son univers, ni sa mère, ni la mère de son mari, même s'il devient évident qu'ils leur rendent visite assez souvent. Par exemple, quand la mère de Claire demeurait chez Diane à Ste-Thérèse, ils s'y rendaient toutes les deux semaines. Par ailleurs, c'est également Claire qui dit qu'ils rencontraient Yvette et Jean-Marc assez souvent chez sa belle-mère et "qu'ils aimaient bien ça, mes beaux-parents, voir quelqu'un". Gilles, de son côté, ajoute à propos de sa belle-mère :

> *Je l'ai mise là parce qu'elle a un certain caractère... que j'aurai peut-être à cet âge-là. Mais, personnellement, je n'ai jamais eu de problème avec la belle-mère, mais c'est pas une femme avec qui je suis intime.*

Ce sentiment est d'ailleurs partagé par Claire. Quand nous lui avons demandé s'il lui arrivait d'avoir à se "surveiller" quand elle était en face de quelqu'un, le principal exemple qu'elle a donné concernait à la fois sa mère et sa belle-mère. "On préfère ne rien dire, dire que c'est correct, même si on pense pas que ce qu'elles disent soit vrai."

Déjà, par la façon de décrire ces personnes, Claire a dévoilé certains traits de sa personnalité : à propos de chaque personne, elle dit comment elle les perçoit, quels sentiments elle ressent à leur égard, à quoi tiennent ces sentiments, etc. Cet ensemble de personnes constitue un réseau *affectivement* très important pour elle. Gilles, de son côté, présente les choses de façon plus rapide, plus "objective" ("Matter of fact"), un peu plus froide. Cela n'est pas nécessairement un indicateur de ses relations avec ces personnes, mais révèle, en tout cas, une façon d'entrer en contact avec l'interviewer. Ce style, il le conserve d'ailleurs tout au long des entrevues, même celles qui le concernent de très près comme l'entrevue sur le travail.

Les amis

Ce réseau de parenté constitue l'unique source de contacts immédiats avec le monde extérieur à leur famille (mis à part le travail de
Gilles dont il sera question plus loin). Ils n'ont présentement pas d'amis
qu'ils rencontrent régulièrement. Depuis qu'ils sont mariés, ils n'ont eu
qu'un couple d'amis intimes, (Sylvie et Mario), mais ceux-ci sont partis
à Trois-Rivières il y a trois années, quand le mari a été muté là-bas.
Cette relation n'a pas été de longue durée (environ deux ans). Mais
le départ de ce couple d'amis semble avoir été un moment important,
pour Claire surtout qui n'avait pas, comme son mari, toute une activité
de travail. Mais encore aujourd'hui, Claire et Gilles ont tous deux
placé Sylvie et Mario très près du centre de leur "univers". Voici ce
qu'en dit Gilles :

> *Mario, c'est un type qui a travaillé avec moi. C'est un ami.
> J'ai beaucoup d'estime pour lui en tant que compagnon de
> travail. Et puis on est devenu amis parce que sa femme
> s'adonnait très bien avec mon épouse. C'était au cours de quel-
> ques "parties" de compagnie qu'elles se sont rencontrées.
> Ensuite on a commencé à se rencontrer régulièrement. Quand
> ils ont eu leur premier bébé, elle a voulu travailler. Elle cher-
> chait quelqu'un pour garder son enfant et nous avons gardé sa
> petite fille. A ce moment-là, tous les soirs ils venaient chercher
> leur petite. Ca nous donnait l'occasion de les rencontrer beau-
> coup, de créer un certain lien avec l'enfant. On l'aimait comme
> un des nôtres... Mario, lui, je le considère presque comme un
> frère pour moi... Presque toutes les semaines on allait chez eux
> ou ils venaient ici...*

C'est Claire qui dit :

> *Depuis qu'ils sont à Trois-Rivières, c'est plus difficile parce
> que c'est loin. On se voit autant que possible, une couple de
> fois par année. Là ça fait un an qu'ils sont pas venus. Ils ont leur
> petit bébé et ça fait un grand voyage pour un petit bébé...*

Cette relation amicale est d'autant plus marquante qu'elle est
une expérience unique dans leur cas et qu'elle n'est pas susceptible de
se renouveler facilement, selon eux. C'est Claire qui explique comment
son mari ne se fait pas facilement des amis, mais lui-même serait
d'accord avec ce témoignage (à propos de son travail, il dira d'ailleurs
qu'il travaille seul la plupart du temps, mais qu'il n'en est pas du tout
insatisfait).

Mon mari ne se fait pas facilement des amis. C'est drôle, parce qu'il est très sociable, il aime le monde, il est parlant. Et puis il est intéressant aussi, il est au courant de beaucoup de choses, de beaucoup de situations. Mais il ne se fait pas facilement des amis. Puis il a toujours été comme ça. Quand il était jeune, il n'avait pas d'ami non plus. Il est toujours un peu seul. Il va être très "ami" comme ça avec tout le monde, mais pour avoir des amis... Les seuls amis qu'on a eus, c'est depuis qu'il travaille à XYZ, c'est Mario et Sylvie. C'est le seul couple avec qui on était ami...

La seule autre expérience qui aurait pu, peut-être, déboucher sur une relation amicale, fut une rencontre avec un autre couple dont le mari était un collègue de Gilles,

mais lui ne s'entendait pas tellement bien avec mon mari, et elle, ce n'était pas le genre de femme que... A les entendre parler, ils font toujours ce qu'il y a de mieux, ils ont toujours ce qu'il y a de plus beau, alors que nous... J'aime autant que nous restions chacun chez nous...

En d'autres termes, ils n'ont pas le sentiment d'avoir eu l'occasion de rencontrer d'autres personnes chez qui ils auraient perçu une similitude de goûts, d'attitudes, de valeurs :

Mario est devenu un compagnon très intime. C'est juste une question de caractère. S'il y en avait eu deux ou trois autres (compagnons de travail) qui auraient été de caractère compatible avec moi, je les aurais peut-être rencontrés aussi souvent. C'est pas une question de dire qu'il faut pas que personne n'entre dans ma maison parce que c'est chez nous. Non, c'est juste une question de compatibilité de caractère.

Cette absence de relation amicale est probablement ressenti de façon plus pénible par Claire, parce qu'elle semble réagir à un niveau plus explicitement affectif dans ses contacts interpersonnels et parce qu'elle n'a pas comme son mari, une activité de travail hors de sa famille. La seule façon qui lui apparaîtrait comme une solution possible à son isolement, serait de faire partie de certaines associations paroissiales ou certaines associations de loisirs. (On verra plus loin, pourquoi, à son point de vue, elle ne pense pas à un travail à l'extérieur). Mais même si cette participation à la vie de certains groupes lui fournissait l'occasion de rencontrer des personnes avec lesquelles elle pourrait, par la suite, poursuivre des relations interpersonnelles, l'idée même de faire face à des groupes lui est étrangère :

> *Je crois que ce n'est pas dans ma nature d'aller dans des groupes, parce que je suppose que si j'aimais ça vraiment, je trouverais sûrement un moyen de le faire. Quand on veut vraiment quelque chose, on y arrive... Quand je suis en groupe, je ne suis pas à mon aise, j'étouffe, j'ai de la difficulté à être plusieurs personnes ensemble...*

D'autre part, si on se place du point de vue de Claire, son isolement est accentué par un facteur qui est central par rapport à l'organisation actuelle de leur vie quotidienne : le fait que Gilles, depuis trois ans, suive des cours trois soirs par semaine en plus du samedi matin. Tous les deux font constamment référence à ces cours pour s'expliquer leurs attitudes et leurs comportements actuels face à la vie de famille et à leur parenté, bien sûr, mais aussi face à la religion et aux activités paroissiales, aux sorties qu'ils pourraient faire ensemble, à la politique, à la télévision, à la participation à certaines conversations, etc.

A cause de ces cours, une bonne partie des relations avec la parenté dont ils nous ont fait part plus haut, auraient dû être décrites au passé plutôt qu'au présent :

> *Maintenant on ne se voit plus parce que mon mari prend des cours. Avant, on voyait, disons, mes parents puis les parents de mon mari beaucoup plus souvent, mais on n'a presque pas le temps de sortir. Si on sort, c'est seulement pour une heure ou deux. Il lui faut du temps pour étudier.*

De fait, ces cours ne rendent pas seulement plus difficiles les relations avec la parenté, mais diminuent également les contacts que Gilles et Claire ont entre eux. Claire se retrouve souvent seule avec les enfants, ou seule devant la télévision. Elle se dit aussi, en pensant à des activités qu'elle pourrait avoir à l'extérieur, qu'à part le fait que "ce ne soit pas dans sa nature" de participer à des groupes, elle ne pourrait le faire sans risquer de rendre encore plus fragile sa relation avec lui. A travers son témoignage on sent un désir et une certaine nostalgie à cet égard.

> *Les seuls moments qu'on a de disponibles, eh bien là, j'aime bien les passer avec lui de temps en temps... parce qu'au fond, il faut se retrouver une fois de temps à autre quand même...*

"Au fond", "de temps à autre", "quand même", ces expressions laissent deviner qu'elle pourrait en dire beaucoup plus long et avec beaucoup plus de force sur le sujet. Elle se dit, sans doute, qu'un jour cette situation changera. Pour le moment, elle se refuse même de trop faire part de ses sentiments à son mari à ce sujet :

> Eh bien oui, je lui en ai déjà parlé, mais pas tellement, pas trop non plus, parce que je ne veux pas qu'il ait des préoccupations à ce sujet-là, à savoir que moi je me trouve toute seule ici à la maison parce que je peux pas sortir ou qu'on peut voir très peu des gens. Ca va lui nuire dans ses études aussi. Maintenant, ça fait assez longtemps qu'il prend des cours que je voudrais pas qu'il laisse ses études pour une question aussi, disons, aussi sentimentale. Je me dis que je suis capable d'attendre. Quand il sera plus libre, on pourra en jouir davantage de notre liberté. (...) Non j'y pense, mais j'en parle pas à d'autres non plus. J'en ai jamais parlé jusqu'ici ou très peu.

Cela n'empêche évidemment pas Gilles de savoir que sa femme se sent seule. Il y trouve une double explication. De la même façon qu'elle dit de lui qu'il ne se fait pas facilement des amis, il dit d'elle qu'elle a tendance à demeurer isolée. De plus, il y a évidemment ses cours du soir :

> Mon épouse, à moi, est assez isolée parce que c'est une personne qui se mêle très peu aux autres. Elle ne s'en plaint pas. Mais il serait peut-être préférable pour son émancipation personnelle qu'il y ait un peu plus de contacts extérieurs. C'est peut-être de ma faute aussi. Etant donné que je prends des cours du soir, ça occupe beaucoup de mon temps et ça lui laisse beaucoup de liberté à elle. Je pars trois soirs par semaine, alors évidemment, elle est obligée de rester. Ben j'imagine que je pourrais faire quelque chose en abandonnant les cours du soir. L'inviter à faire partie soit d'une ligue de bowling ou d'autre chose ou faire partie avec elle de certaines associations. C'est ce qui serait peut-être le plus désirable pour sa nature à elle, que moi je ferais partie d'une association avec elle. Pour la sortir régulièrement de la maison — parce qu'elle ne sort pas beaucoup — c'est un fait, c'est de valeur.

Les cours du soir ne sont pas les seules activités qui provoquent cette solitude chez Claire. Et, d'ailleurs, ces cours suivis par Gilles prennent une signification beaucoup plus pénible : il est constamment "affairé" : il bricole, fait lui-même toutes les rénovations et toutes les réparations dans leur maison ("il n'y a pas un homme de métier qui entre dans ma maison pour les réparations", dira Gilles).

> *Même quand on est en vacances, il faut qu'il bouge, qu'il fasse quelque chose. Il n'est pas capable de s'arrêter, de relaxer...*
> *Si on est seuls, si on est à la maison ou si on est en vacances tout seuls, il fatigue énormément à rien faire. C'est son caractère, probablement, qui est comme ça. Il n'est pas capable de s'asseoir et veiller devant la T.V. Il fait un effort pour le faire, des fois, pour me faire plaisir, parce que je suis toujours seule. Il est presque toujours au sous-sol. Ca fait que même s'il est dans la cave, je suis toute seule en haut pareil.*

Nous reviendrons plus loin sur ce thème de la solitude. Pour comprendre le contexte plus général dans lequel s'inscrivent toutes les activités de Gilles (cours du soir, bricolage, travail de rénovation, etc.) il importe de considérer tout le secteur de sa vie professionnelle à l'extérieur de sa famille. Car aussi bien pour Claire que pour Gilles, le travail de ce dernier est un élément important d'intégration de leur vie quotidienne.

Travail

Dans une longue entrevue, Gilles décrit sa vie de travail avec beaucoup d'enthousiasme et de précision : les divers emplois qu'il a remplis, le genre de travail qu'il fait, ses relations de travail avec les clients, etc. Le plus important de tout reste l'attitude globale qu'il prend devant le travail et les valeurs qu'il lui accorde :

> *Oui, pour moi, le travail c'est bien important. Je tiens à le faire le mieux possible. Je suis bien orgueilleux de la façon dont mon travail est fait. Pas qu'il soit mieux qu'un autre mais je mets un effort constamment. J'essaie toujours de trouver une nouvelle méthode pour faire mon travail, pour entretenir l'équipement... Pour moi, il faut que mon comportement, ma personnalité soient bons, soient positifs, du moins je l'espère.*

Le témoignage de sa femme concorde parfaitement avec ce qui précède :

> *... Le travail pour mon mari, c'est quelque chose de sacré. Il le fait extrêmement consciencieusement. C'est important pour lui et il aime ce qu'il fait. Parce que lui, il ne travaille pas seulement pour gagner de l'argent, disons, il a un but. Il faut qu'il aime le*

travail qu'il fait et qu'il ait le sentiment que son travail est
apprécié et qu'il est très très bien fait. C'est un genre de perfec-
tionniste.

D'ailleurs, elle a le sentiment de connaître assez bien le travail de
son mari — et de bien connaître son mari lui-même :

> *Mon mari parle beaucoup de son travail. Des fois, il me dit :*
> *"T'es presqu'aussi au courant de mon travail que moi". Quand*
> *je rencontre les autres femmes, je me rends compte qu'elles ne*
> *sont au courant de presque rien. Mais lui, il parle tout le*
> *temps, il faut qu'il parle. Il n'arrête pas de parler. Il faut qu'il*
> *s'extériorise. Quand il y a quelque chose (qui ne va pas), il faut*
> *qu'il le dise à quelqu'un. Il parle beaucoup de son travail à la*
> *maison. J'aime ça aussi parce que premièrement, ça me*
> *renseigne et puis, je suis intéressée. Si un homme arrive et dit*
> *"ça a mal été" et que ça finit là, bien la femme ne sait jamais au*
> *juste la gravité du problème. Tandis que si on sait, si on sait que*
> *c'est à cause du patron, ou à cause d'un client, ou... vous savez,*
> *on peut juger mieux... C'est bien rare une journée où mon mari*
> *ne racontera pas ce qui s'est passé. D'ailleurs quand il ne le fait*
> *pas, je lui demande. Moi ça m'intéresse puis je suis habituée à*
> *ce qu'il me raconte tout. Alors !...*

Il est donc évident que le travail est une dimension centrale de la
vie de Gilles, et en dernière analyse, une dimension importante aussi de
sa relation avec sa femme. ("Elle s'intéresse aussi bien aux aspects
techniques de mon travail, qu'aux relations avec mes clients", dira
Gilles). Son travail, en somme, est au centre de son système d'appartenance. C'est par son travail qu'il se relie à sa famille immédiate. Au
niveau des relations interpersonnelles avec sa femme, on vient de le voir,
son travail tient une place importante. Mais son travail lui permet
également de se situer par rapport au système social plus global parce
que c'est par son travail qu'il se sent indépendant de la société, qu'il
peut se "débrouiller" lui-même sans dépendre de qui que ce soit dans
l'organisation de sa vie et de celle de sa famille. Ce travail, bien sûr, lui
permet de gagner un revenu pour faire vivre celle-ci convenablement,
dira-t-il, mais il y a plus. Il lui permet d'éviter le chômage, de "ne pas
être aux crochets de la société", de ne pas dépendre de l'aide de parents
ou d'agences sociales ou de politiques gouvernementales. Ce dernier
aspect de son travail est extrêmement important à son point de vue car
il se perçoit comme un individu qui a réussi socialement à se prendre en
charge, qui est "capable de prendre ses responsabilités". Enfin, le

travail pour lui, est le moment et le lieu où une personne "se réalise". Il est évident, par son témoignage, qu'il se sent à l'aise dans son travail, s'y sent compétent et utilise les potentialités qu'il a développées. Celles-ci sont avant tout au niveau technique. Tous les emplois qu'il a eus, depuis qu'il a terminé son cours secondaire, sont, en effet, dans le secteur de la technologie.

> *A la compagnie X, j'ai commencé comme installeur ou comme monteur d'équipements en télé-communication. J'ai travaillé aussi à la vérification. Comme ce travail m'amenait à voyager à l'extérieur de Montréal, j'y suis resté jusqu'au moment où ma femme est devenue enceinte. (Je m'étais marié quelques mois après être entré à cette compagnie)".*

Ensuite, il a travaillé pendant trois ans comme inspecteur à la raffinerie Y de Montréal-Est :

> *Là, je travaillais sur les équipes de relève à la surveillance du plan. Je surveillais les brûleurs, les réservoirs, je prenais des échantillons. Cela a duré trois ans. Trois dures années parce que le travail était ennuyant. C'était de la routine et il fallait travailler sur des équipes de relève, ce que je n'aimais pas. Je ne voulais pas devenir comme les autres — la mine à terre — et de toute façon, ce genre de travail ne correspondait pas à ce que je voulais. Alors, j'ai cherché ailleurs. J'ai visité le département d'instrumentation et de contrôle et, par chance, j'ai réussi à y entrer. Je suis passé en quatre ans, d'apprenti à mécanicien première classe. On faisait la réparation et l'entretien de tous les instruments de contrôle. C'était un département très important : on contrôlait tous les procédés, on faisait les analyses...*

S'il a quitté cet emploi, c'est qu'il craignait qu'un certain "favoritisme" l'empêche de travailler sur l'équipement électronique, alors que cela est beaucoup plus intéressant et prestigieux : de fait il a quitté six mois avant de devenir technicien de première classe, pour cette raison. Il s'est présenté à la compagnie Z et a été embauché comme représentant technique. Il fait l'installation et l'entretien de l'équipement loué par les clients. Dans l'ensemble, Gilles est assez fier de ce cheminement dans sa carrière. Il préfère aussi ce dernier emploi aux autres qu'il a occupés :

> *Maintenant, je ne travaille plus beaucoup avec d'autres employés. Je travaille à l'extérieur avec le public. C'est un milieu entiè-*

rement différent. Il y a un aspect de "relation publique" qui entre en ligne de compte : je me rends chez un client pour réparer une pièce d'équipement et bien souvent la réparation de la machine prend moins de temps que l'effort que je dois mettre pour calmer le client! C'est aussi différent comme milieu parce que je travaille maintenant dans des bureaux au lieu de travailler dans une usine. Enfin il n'y a pas maintenant les risques qu'il y avait à la raffinerie : danger d'explosion, de renverser de l'acide, de brûlure par la vapeur...

Il a donc nettement le sentiment d'une mobilité ascendante à l'intérieur de sa carrière. C'est d'ailleurs dans ce contexte de mobilité qu'il faut comprendre sa décision de poursuivre des cours du soir dans une université. Trois soirs par semaine et le samedi matin, depuis quelques années et pour quelques années encore, il suit des cours qui lui donnent une formation en administration.

C'est une nouvelle porte que je me prépare à ouvrir. Il est certain qu'après avoir fini mon cours, je ne voudrai plus demeurer sur place. Je voudrai encore avancer. On m'a dit qu'il y avait des possibilités d'avancement dans la compagnie. Le travail de technicien que je fais est très intéressant, mais très dur. Quand un individu commence à vieillir, ça devient plus ardu par exemple, de transporter un coffre d'outils très lourd...

Il espère que cet avancement pourra s'effectuer à l'intérieur de la même compagnie car il est heureux d'y travailler. En plus des avantages mentionnés plus haut, il perçoit cette compagnie comme très "humanitaire", c'est-à-dire comme ayant des politiques de gérance très flexibles, "de loin en avance sur d'autres grosses compagnies". Son milieu immédiat de travail n'est pas constitué des autres techniciens de la même compagnie ni de ses patrons immédiats. Ceux-ci, il les rencontre une fois par semaine au meeting hebdomadaire. Son véritable milieu de travail, c'est avant tout les bureaux des clients où il va faire l'entretien.

C'est un peu moins important, nécessaire, de nouer des amitiés car chacun travaille de son côté, seul. Le travail lui-même ne souffre pas du manque de communication entre les techniciens. C'est sur un plan humain que ça serait profitable d'entretenir des relations plus personnelles avec les autres.

De fait, on l'a vu, il entretient très peu de telles relations hors les rencontres formelles et hors les quelques "parties" de compagnie (c'est pourtant à son travail qu'il a rencontré son seul ami, celui qui demeure maintenant à l'extérieur de Montréal). Le fait de travailler seul, ne l'embête aucunement ; il y voit plutôt des avantages :

> *Etant donné qu'il travaille seul, on exige surtout des qualités individuelles, on lui laisse beaucoup d'initiative, il travaille de façon bien personnelle...*

Par ailleurs, même s'il entretient pas avec eux des relations très étroites, on sent qu'il s'identifie à ce groupe de collègues chez qui il retrouve des qualités qu'il estime et qu'il perçoit exister chez lui aussi : ils sont compétents, affables, ambitieux, fiers, etc.

> *Ils ont la même compétence technique d'abord, (c'est indispensable pour faire le travail). Puis ils doivent être capables de faire face au public. Ce sont des personnes assez affables. Ce sont des gars assez bien, fiers d'eux-mêmes, ambitieux, qui veulent progresser le plus rapidement possible... Ce que j'aime le plus chez les techniciens, c'est leur esprit de compétition : chacun essaie de faire sa marque et de s'imposer comme le meilleur. C'est très bien tant que la compétition est honnête...*

Il peut être d'autant plus favorable à cet esprit de compétition que, de son point de vue, il reste un des "gagnants". Il y a deux mois, il a été technicien grade IV, le plus haut niveau pour ce type d'emploi.

> *A Montréal, il y a soixante-dix techniciens qui font ce genre de travail et je suis considéré parmi les six meilleurs. Je travaille sur les plus grosses pièces d'équipement, les plus rapides et les plus compliquées. On est quatre techniciens à s'occuper de cette catégorie de machines et sur les trente-six pièces d'équipement dont on prend soin, je fais le service pour dix-sept... Je peux dire que je connais tout de la technique exigée pour ces travaux. Et je pense que les clients m'estiment beaucoup, qu'ils me reconnaissent comme un très bon technicien.*

Le processus d'évaluation des techniciens est très explicite et il en est très satisfait. Il sait toujours comment il est perçu par ses patrons, quels sont les résultats concrets de ses efforts pour être compétent, coopératif, affable, etc. Une telle procédure d'évaluation lui permet de savoir comment il se situe dans ce système compétitif qu'il aime.

L'évaluation se fait sur le point technique (l'entretien, la répa-
ration, la maintenance préventive, la propreté et la qualité de
l'équipement qui se trouve dans mon territoire) et sur le point
non technique (les contacts avec les clients, l'attitude à l'égard
de la compagnie, la propreté de l'individu et de son automobile,
etc.). Ca dépend vraiment de chacun, s'il veut obtenir la plus
haute considération possible. A la fin de l'année, il y a une revue
annuelle qui fait le sommaire des performances de l'année. Et
selon le résultat de cette évaluation, qui va de la catégorie A à la
catégorie E qui est la plus forte, l'employé a une petite ou une
grande augmentation de salaire. Cette augmentation va de 0
à 12 % du salaire.

Ce système d'évaluation suppose, entretient et favorise les traits
caractéristiques auxquels il se réfère souvent : être orgueilleux, ambitieux, compétitif, le plus compétent possible, le plus "affable"
possible, etc. Même si Gilles évalue constamment sa propre "performance", c'est en définitive cette évaluation concrète et mesurée qui
devient la plus importante. Son revenu, comme il le dit lui-même,
est la "conséquence" directe de cette évaluation. Il est satisfait du
salaire qu'il reçoit ($175 par semaine) parce que...

... dans le domaine du service des équipements de bureau, ce
salaire se compare avantageusement avec n'importe qui. La
majorité des autres compagnies d'équipements de bureaux
paient moins bien leurs employés, sauf une autre où les salaires
sont semblables. De plus, le programme de protection des
employés (sécurité sociale, etc.) est très bon... Enfin j'ai une
automobile fournie par la compagnie et je l'ai à ma disposition :
je n'ai qu'à payer une partie pour l'utilisation personnelle que
j'en fais. J'estime que cela vaut entre $1 500 et $2 000.

S'il est heureux de ce salaire parce qu'il est l'expression tangible
du jugement que ses patrons portent sur lui, il en est aussi satisfait
parce qu'il lui permet d'assumer de façon satisfaisante, à son point
de vue, les besoins financiers de sa famille. Mais si on considère la
place que ce thème occupe dans l'ensemble de son entrevue sur le
travail, par exemple, il est évident que le revenu n'est pas la seule
source de satisfaction qu'il retire de son travail. Celui-ci permet d'être
intégré à un milieu qu'il estime, admire, auquel il s'identifie beaucoup.
Enfin, il est très conscient de travailler pour une très grande compagnie
prestigieuse, "dont les produits intéressent beaucoup les gens", et est

aussi très conscient qu'il s'agit d'une compagnie qui s'étend "à l'échelle de toute l'Amérique du Nord". Le bureau de Montréal, déjà important, n'est qu'un élément de la "zone canadienne dont la base est à Toronto". Si au niveau du bureau de Montréal, "tout n'est pas parfait", l'image globale qu'il se fait de la haute administration est extrêmement positive :

> *Aux échelons très supérieurs, l'organisation est excellente. Et les principes fondamentaux de la compagnie sont très humanitaires...*

Dans l'ensemble il se sent solidaire dans cette "corporation" à laquelle il appartient et dans laquelle il espère obtenir d'autres promotions une fois qu'il aura terminé ses études et obtenu son diplôme en administration.

Claire et son rôle de femme

Nous avons vu comment Claire est constamment au courant du travail de son mari, et comment, aussi, elle partage ses objectifs et ses valeurs : elle sait et admire qu'il soit *perfectionniste*, actif, ambitieux, consciencieux, etc. Elle fait de son mieux pour ne pas le distraire des cours qu'il suit plusieurs fois par semaine : elle s'efforce, par exemple, de ne pas trop lui exprimer le sentiment de solitude qu'elle ressent. Elle se dit que ses activités sont conformes à la "nature" de son mari, à sa personnalité et qu'elle "l'aime comme ça". Mais son acceptation — et parfois sa résignation — à l'égard du travail de son mari et du fait qu'il suit intensément des cours, ne s'explique pas uniquement par sa relation personnelle avec Gilles. Cette acceptation et cette résignation s'inspirent aussi de la conception qu'elle se fait du rôle de l'épouse. Quand, durant l'interview, on lui fait remarquer qu'elle se sent impliquée par la vie de son mari au travail, elle dit :

> *Oh oui. Je pense que le rendement d'un homme à l'ouvrage dépend beaucoup de sa femme aussi. Si ça va bien à la maison, s'il a une femme compréhensive, capable d'écouter, capable d'encourager, puis de le soutenir quand il le faut, je crois que ça aide à 100 %*

C'est dans ce contexte d'ailleurs que Claire explique, comme on l'a vu, qu'elle aime bien que son mari lui parle de son travail parce que d'abord "ça m'intéresse" et qu'ensuite, elle aime être capable de juger elle-même de la "gravité des problèmes" que peut rencontrer son mari au travail.

Dans ce rôle de femme, entrent évidemment le "travail de maison" et le soin des enfants. Quand on lui demande s'il y a des choses qu'elle trouve intéressantes ou désagréables, elle répond :

> *J'aime bien la couture. Et aussi m'occuper des enfants, les élever, c'est intéressant. On les voit se développer. Il y a beaucoup de choses que je déteste. Poser des boutons par exemple. La vaisselle je n'aime pas tellement ça, mais je ne trouve pas ça désagréable. Faire du ménage, je ne déteste pas ça. En général, j'aime mon travail, quoique des fois, c'est ennuyant, c'est beaucoup routinier. Mais j'aime ça... (...) Mais le travail devient tellement automatisé qu'on n'a plus besoin de rien faire. Il reste certaines choses à faire manuellement. Et il y a des choses qu'on ne peut pas automatiser, comme les enfants !*

C'est d'ailleurs à cause des enfants surtout qu'elle se sent un peu prisonnière de la maison.

> *Evidemment, ce serait plus intéressant de sortir. Là, je ne peux pas sortir plus de deux heures parce que les enfants partent à une heure et reviennent à trois heures.*

Il faut se souvenir également qu'elle se perçoit comme une femme qui n'établit pas facilement des contacts avec d'autres personnes, qu'elle ne se sent pas à l'aise dans des groupes, qu'elle s'imagine mal participer à des groupes de loisirs (au moins sans son mari), etc.

Par ailleurs, sa relation avec ses enfants est certainement un élément central de sa vie quotidienne. C'est l'impression qu'a retirée la personne qui l'a longuement interviewée :

> *... pour elle, ses enfants, c'est la partie la plus importante de sa vie. La petite fille, elle l'a toujours sur ses genoux (elle a trois ans), elle l'amuse beaucoup, lui lit des histoires, l'aide à colorier. Elle l'embrasse beaucoup et est très affectueuse (...). L'autre petite fille de cinq ans, elle apporte souvent des petites fleurs, des feuillles d'arbres, des choses comme ça à sa mère, le midi ou le soir. Et elle lui fait voir qu'elle est contente de ça... On voit qu'elle est attachée à ses enfants.*

Cette relation est aussi directement reliée à ce qu'elle perçoit être le rôle de la femme :

> *C'est le complément de la vie d'une femme. Je ne me serais pas mariée, pas d'enfant. C'est normal. Une femme en a besoin, c'est mon cas, d'avoir des petits à s'occuper. Ca apporte des problèmes mais aussi des grandes joies.*

Par rapport aux enfants, elle est aussi satisfaite d'elle-même et de ses enfants que son mari l'est à l'égard de son travail :

> *Je n'ai pas de difficultés avec eux. Ils sont faciles. Ils nous ont apporté beaucoup de joies, de plaisir. C'est agréable, ça fait d'la vie dans la maison.*

L'éducation des enfants implique un ensemble de connaissances et d'aptitudes. A ce propos, Claire est très rassurée : elle se sent compétente. L'interview sur le processus de socialisation comportait toute une série de questions sur les techniques d'éducation concernant l'allaitement du jeune bébé, le sevrage, l'entraînement à la toilette, les maladies infantiles (grippe, énurésie, bégaiement, etc.), les traits caractéristiques de l'adolescence, la rivalité entre enfants, leurs colères, leurs bouderies, etc. Sur chacun de ces thèmes, elle a des informations et des opinions à la fois précises et nuancées, même dans le cas de situations qui ne lui ont jamais posé de problème. Plusieurs fois elle fait référence à l'importance du "climat" des relations parents-enfants, mais elle fait aussi référence à des facteurs biologiques ou physiques, aux traits particuliers de chaque enfant, etc. Ainsi à propos de l'énurésie :

> *Il y a beaucoup de causes ; je pense que c'est psychologique. J'en connais un et je pense que c'est à cause de l'atmosphère qui règne dans la maison. Il est très sensible et il y a souvent de la chicane. Je pense que l'enfant réagit mal et est plus nerveux. Ca peut être causé aussi par une maladie de reins...*

Quand on lui demande où elle a acquis ces connaissances, elle répond :

> *De mon expérience, des livres que j'ai lus. De d'autres mamans aussi : quand on parle des enfants, on voit différentes façons d'éduquer leurs enfants. Et l'expérience personnelle : quand on a des enfants, on voit selon leur caractère, la façon de les éduquer (...). Puis par exemple, ça m'arrive de demander à ma belle-soeur, s'il y avait des petits malaises que je ne connaissais pas. Souvent on fait venir le médecin pour savoir au juste...*

Par rapport à son "métier" de mère de famille, elle ne se sent donc pas isolée ou marginale du tout. D'autant moins qu'à part les sources d'informations auxquelles elle vient de faire allusion, elle possède une autre source de référence, affectivement très importante pour elle : sa propre expérience dans sa famille d'origine. Ainsi, après qu'elle eut décrit, avec beaucoup de sympathie, comment, à son point de vue, l'on devient adolescent, puis adulte,

> *Leur mentalité change. Mon fils a douze ans. Depuis un an il a changé beaucoup physiquement. Mais aussi sa façon de penser a changé. Il prend un peu plus de responsabilités. Par contre, il est un peu impatient. C'est le phénomène de l'adolescence (...). C'est une enveloppe qu'on se débarrasse pour en prendre une autre. Avec les années, les enfants étudient, prennent plus d'expérience de la vie. C'est avec cette expérience qu'ils acquièrent un peu partout, qu'ils deviennent adultes...*

L'interviewer lui demande si elle peut se fier à l'attitude qu'avaient envers elle ses propres parents quand elle était adolescente :

> *Définitivement pas. J'emploierai pas les mêmes façons de voir les choses que ma mère... pour reprendre un enfant, pour l'éduquer (...). C'est différent parce qu'on vit dans un autre monde, dans un milieu différent. Les principes de base sont toujours les mêmes, dans tous les milieux. Mais pour ma mère, être poli, c'était se taire. J'éduque pas mes enfants comme ça (...). Je trouve qu'on a été élevé trop sévèrement, c'est pas mieux. Faut pas que les enfants craignent trop leurs parents, qu'ils puissent parler sans se faire crier par la tête ou être punis (...). Jamais pouvoir discuter, c'est pas bon. Ici le garçon a le droit de dire ce qu'il pense ; après on lui dit ce qu'on pense. Maman tolérait pas qu'on s'exprime, qu'on la contrarie. C'est pas correct. Mon père pouvait écouter quelqu'un, pouvait partager son idée, ma mère, difficilement. Je trouve que c'est extrêmement mauvais. En vieillissant, on en garde quelque chose, de ne pas pouvoir s'exprimer, demander quelque chose...*

On sent bien, dans ces passages, comment elle a été influencée par sa propre expérience et comment celle-ci est présente à son esprit quand elle éduque ses enfants. Sa propre expérience lui sert en quelque sorte de contre-modèle ou de modèle négatif. Ce contre-modèle a une signification d'autant plus "chargée" émotivement, qu'elle le relie directement à l'image qu'elle se fait d'elle-même : une femme qui a de la difficulté à s'exprimer et qui, en tout cas, ne trouve pas actuellement ni les moyens ni, surtout, les occasions de "s'extérioriser", d'exprimer ses perceptions, ses sentiments, ses désirs, etc. Même son père qui, à ses yeux, était "moins autoritaire" que sa mère ne facilitait pas cette expression de soi. Elle nous en présente une image assez idéalisée : "il était le modérateur", "l'homme calme", "capable de nous faire des petites surprises", "plus apte à nous gâter s'il en avait eu la possibilité", "plus doux", "plus sensible", "plus épanoui avec nous", etc. Mais pour cette dimension qu'elle valorise tant, l'expression de soi, son père ne représente pas non plus un modèle :

> Ca aurait été plus facile (de discuter) avec mon père. Mais il avait pas beaucoup d'instruction – pas comme ma mère. Puis il ne s'exprimait pas facilement. Quand on parlait, c'était banal, on parlait pas de problèmes de jeunes filles qui grandissent. Dans ce temps-là, les gens étaient plus scrupuleux. C'était pas ouvert à ces problèmes comme aujourd'hui.

Encore ici la possibilité de communiquer avec autrui, d'avoir des relations plus transparentes, apparaît le souci premier chez elle. Par certains autres aspects, elle se dit que ses parents aussi étaient favorables à l'instruction même si les conditions économiques les ont obligés à envoyer leurs enfants très jeunes sur le marché du travail :

> Comme tout le monde, je pense, ils voulaient qu'on soit travailleur et honnête. C'était déjà beaucoup. Ca faisait une personne. Si t'as pas peur du travail, tu vas réussir...

Cette morale, cet idéal du travail, de la responsabilité individuelle, de la réussite personnelle, de l'effort, constitue aussi un des éléments importants de son propre système de valeurs :

> Il faut leur apprendre (à nos enfants) à faire des efforts, qu'ils ne peuvent pas tout avoir. La majorité des parents donnent tout à leurs enfants, sinon ils croient qu'ils (les enfants) seraient lésés. Je trouve ça très mauvais comme base. Quand on est adulte, on ne peut pas tout avoir, qu'il s'agisse du bonheur ou de l'argent. Il faut gagner ce qu'on veut. Il faut habituer les enfants à se priver de certaines choses.

Quant à l'instruction, elle trouve que c'est "primordial", et "qu'il n'est pas question de les tirer de l'école à seize , dix-sept ans", qu'ils doivent "se préparer à une carrière". Cet extrait de son témoignage indique bien, aussi, jusqu'à quel point elle exprime, à l'égard de l'éducation de ses enfants, des valeurs analogues à celles que son mari exprime à l'égard de son travail : la poursuite de la réussite personnelle par l'effort et par le travail.

La principale source de différences entre Claire et son mari se rapporte à l'idéal d'expression de soi et de communication "ouverte" qu'elle semble privilégier plus qu'il ne le fait. Certes, il cherche lui aussi à donner plus de liberté ou d'indépendance à ses enfants qu'il n'en a connue lui-même dans son enfance. Ainsi, à propos de la télévision :

> *La règle de tout contrôler, ce n'est pas une bonne solution. Si on cache tous les programmes qu'on ne veut pas qu'ils voient, ils vont chercher à les voir... On peut les laisser voir un peu, quitte à en parler discrètement après.*

A propos de la sexualité, il exprime la même opinion :

> *Dans notre temps, il y en avait peut-être autant mais à dix, douze ans, ce qu'il y avait, c'était beaucoup plus caché. Il ne faut pas dire à un enfant qu'il ne peut pas le faire, il faut lui dire* **pourquoi**. *Si on met une simple contradiction, comme on nous le faisait, on court des chances qu'il passe à côté. Il faut essayer de donner des raisons, d'expliquer pourquoi on pense que ça ne devrait pas être fait, de leur donner la liberté d'agir selon leur conscience...*

Dans l'esprit de Gilles, cependant, les règles et les normes ne changent pas beaucoup. C'est la façon d'intérioriser ou de faire assimiler ces normes et ces règles qui doit maintenant être plus souple. Il espère tout de même que ses enfants utiliseront leur "liberté" pour suivre les valeurs qu'il leur propose. De plus, son témoignage reflète une plus grande valorisation de la rationalité : il faut "expliquer le pourquoi", "donner des raisons". Claire, par contre, valorise une liberté plus spontanée, une indépendance axée sur l'expression de soi, sur l'exploration des expériences vécues — inévitablement affectives à ses yeux — plutôt que sur une réflexion froide et rationnelle de ce qu'il est souhaitable de faire.

Pour Gilles, comme pour Claire, ses opinions à l'égard de l'éducation des enfants sont étroitement reliées à sa propre expérience :

> *Mes parents étaient assez libéraux. On ne faisait pas ce qu'on voulait, mais il y avait beaucoup de liberté du moment que c'était dans l'ordre. Par exemple, l'heure d'entrée et de sortie : on rentrait et on sortait comme on voulait, du moment que*

c'était dans l'ordre (...). Moi je ne me souviens pas d'avoir eu une tape de mon père. L'autorité de la voix était suffisante pour obéir...

D'un autre côté, même s'il a lui aussi des opinions nombreuses à propos de l'éducation, on a l'impression, tout au long de l'interview sur ce thème, que ses réflexions portent sur l'ensemble du processus d'éducation, autant, sinon plus, que sur ses enfants. L'éducation, finalement, surtout pour les jeunes enfants, est l'affaire de la mère. On verra plus loin comment ceci se relie à son attitude à l'égard du travail de sa femme ou des femmes à l'extérieur du foyer. Son attitude et son comportement, en tout cas, ne sont pas étrangers aux souvenirs qu'il garde de sa famille d'origine :

Mon père travaillait beaucoup sur les équipes de relais et travaillait souvent la nuit. Souvent le soir il n'était pas à la maison à cause de son travail. Alors l'éducation a été faite par ma mère. Mon père intervenait seulement au moment critique...

Que le travail vienne réduire le temps et l'investissement psychologique qu'il consacre à sa famille, cela le situe en continuité avec sa propre expérience. Et cela lui permet d'adhérer au système social traditionnel qui partage rigoureusement le rôle masculin du rôle féminin. De la même manière, en respectant le système social traditionnel, Claire limite ses appartenances à sa famille. A part l'intérêt qu'elle exprime à l'égard du travail de son mari, ses principales préoccupations concernent la parenté, ses enfants, son mari et "le travail de maison" :

J'ai à peu près juste la famille. Disons, je suis avec ma famille tout le temps. Je suis entourée de ma famille, mon mari, mes enfants, mes parents les plus proches. C'est très important parce que je n'ai pas de vie à part ça. C'est à peu près la seule vie que j'ai...

Malgré ce témoignage et celui de Gilles qui dit : "à part mon travail, le reste, c'est uniquement ma vie privée", le système d'appartenance ne se réduit pas ainsi à la famille, la parenté et le travail.

Appartenance aux grands ensembles

Si le travail et la famille constituent un système d'appartenance immédiate, sous-tendu par un ensemble de relations interpersonnelles et de conduites porteuses de significations directes, les grands ensembles comme la ville, la classe sociale, le groupe ethnique, etc. ne sont pas pour autant absents de l'expérience quotidienne de Claire et Gilles, ni de leur champ de conscience. Mais cette conscience d'appartenance à ces *grands ensembles* doit être retracée à travers tout leur témoignage. Certes, au cours des interviews, on leur a posé des questions portant directement sur ces thèmes, mais c'est aussi souvent en décrivant leurs perceptions ou leurs attitudes à l'égard de tel beau-frère ou d'un de leurs enfants, qu'ils expriment en même temps leur façon d'appartenir à ces divers grands ensembles.

Classe sociale

Claire et Gilles ont tous deux le sentiment d'appartenir à une classe moyenne au sens strict du terme, c'est-à-dire à une classe sociale qui se définit par rapport à deux autres classes assez nettement définies à leurs yeux. Il y a d'un côté la classe des "travailleurs", d'un autre les "gros" qui "ont de l'argent", qui "ont la finance". En termes de modèle concret, le père de Gilles symbolise ce "travailleur" :

> *En 49 il y a eu la grève à X... Nous, on se sentait concernés directement parce qu'on venait de là... Mon père n'était pas pour Duplessis parce que Duplessis n'était pas tellement en faveur des travailleurs... Naturellement, mon père était un travailleur.*

Son père, aussi, était un ardent syndiqué. Lui ne l'est pas et ne souhaite pas le devenir :

> *On ne désire pas devenir syndiqués. Si les techniciens voulaient, ils feraient appel à la CSN ou à la FTQ, ou même ils feraient juste une demande officielle de charte sans s'affilier. Ils pourraient le faire, mais dans les conditions qu'on travaille, la compagnie serait perdante et nous aussi. Peut-être pas en termes de salaire, mais en conditions de travail.*

Parmi ces conditions de travail dont un syndicat le priverait, il voit l'utilisation personnelle de l'auto qui deviendrait un véhicule de travail, et la grande flexibilité ou indépendance qu'il possède sur son horaire. D'autre part, nous avons indiqué plus haut comment s'effectuait le processus d'évaluation au travail (c'est sur cette évaluation que se décide le passage du technicien de grade III à grade IV) et comment il valorisait l'esprit de compétition qui règne entre collègues. Un syndicat risque d'enlever cette compétition entre employés :

> *Il y aurait la question du grade III à IV qui pourrait être automatique. A ce moment-là, vous enlevez beaucoup de motivation. Moi je ne suis pas pour l'union dans la compagnie et je n'ai jamais entendu dire à un technicien qu'il désirait l'union.*

De fait, le syndicat véhicule tout un ensemble de valeurs qu'il ne partage pas et qui, au contraire, s'opposent aux siennes : la responsabilité individuelle, la compétition, etc. De façon plus générale, il n'est pas non plus d'accord avec la place et le rôle des syndicats dans notre société : il est vrai qu'il est favorable aux tentatives que fait la CSN pour protéger les consommateurs :

> *Ils veulent défendre le consommateur sur les modes d'emprunt, la façon dont les compagnies prêtent de l'argent, la façon dont les commerciaux sont présentés. C'est bon. C'est peut-être une part importante que les mouvements ouvriers peuvent faire pour la société.*

Mais il explique aussitôt que le principal avantage de ces démarches est de protéger le système économique en combattant l'inflation et en diminuant les revendications syndicales :

> *Ce serait peut-être un moyen de combattre l'inflation si le consommateur était pas abusé par tous les moyens de pression autour de lui pour faire dépenser son argent. Il arriverait mieux et les exigences pourraient être moindres de la part des syndicats.*

Quel que soit le bien-fondé ou non de cet argument, on voit clairement qu'il n'est pas, dans l'ensemble, favorable au syndicalisme. Il exprime une opinion semblable à propos de la participation syndicale au processus politique : le syndicat peut jouer un rôle de "chien de garde", mais ne devrait jamais participer directement à l'élaboration des politiques, ni appuyer un parti politique :

> *Je les vois comme conseillers, comme chiens de garde dans la politique, mais pas eux-mêmes le faire. Comme groupes de pression pour les législations ouvrières, ces choses-là, qu'ils soient consultés sur les problèmes qui concernent les travailleurs, autant sur le domaine économique, le travail lui-même,*

que le domaine des loisirs. Les syndicats devraient avoir le droit de donner leur opinion mais sans être dans la prise de décision (...). Une union qui fait une campagne politique fait du chantage auprès de ses membres. Elle influence ses membres à voter pour ce que les dirigeants vont penser. Ils vont influencer une grosse partie et le vote démocratique d'un citoyen est biaisé par l'opinion de l'union. Si le syndicat ne prend pas position pour un parti, mais fait juste sortir du sac les choses qui ne sont pas claires, O.K...

En d'autres termes, les syndicats ne devraient pas, selon lui, intervenir directement dans le processus démocratique, dans le fonctionnement de la société. Il considère, en effet, qu'il y a souvent conflit entre l'intérêt d'un syndicat et l'intérêt de la société :

Il y a le fait que les unions internationales sont beaucoup plus fortes qu'il y a vingt ans. Et ils ne peuvent pas être ignorés quand ils prennent des décisions, même si c'est à l'encontre de la société, parce que je ne pense pas que les unions ont toujours pris des décisions qui étaient pour la société, parce que, des fois, les décisions étaient pour l'union elle-même. L'union est un peu comme une entreprise, il faut qu'elle progresse, qu'elle recrute ses membres,, qu'elle fasse progresser ses membres...

La situation étant définie de cette façon, il doit s'identifier soit au syndicat, soit à la "société". Et c'est de toute évidence à cette dernière qu'il fait appel comme source d'appartenance. Malgré quelques jugements favorables sur l'action des syndicats, il ne se définit pas comme un travailleur syndiqué et le syndicalisme n'est pas pour lui un moyen de se définir comme "travailleur".

Le "travailleur", "l'ouvrier", c'est aussi à ses yeux celui qui a un salaire "moindre" et qui est — ou qui risque constamment de devenir — dépendant des divers organismes gouvernementaux de bien-être ou de sécurité sociale. Il y a d'un côté "les gens qui ont besoin du gouvernement pour vivre" et d'un autre, ceux qui "arrivent" à se prendre individuellement en charge. Cette distinction se retrouve à plusieurs moments de son témoignage. Ainsi, à propos de l'assurance santé (on est en 1970), il dit :

*Vous avez les professionnels, les commerçants, les propriétaires, ce sont des personnes qui peuvent très bien payer leurs propres frais de maladie. Par contre, il y a des **travailleurs** qui font des petits salaires et qui n'arrivent pas (...). Le petit salarié va cer-*

tainement en bénéficier parce qu'il y en a énormément qui ne peuvent pas se payer les soins médicaux dont ils ont besoin...

Sans se définir directement comme "professionnel, commerçant ou propriétaire", il est évident que c'est à ce groupe qu'il s'identifie plutôt qu'aux "travailleurs" qui "n'arrivent pas".

Prenons mon cas, à la compagnie où je travaille, on a des assurances groupes. On est bien couvert. Le peu qui reste à payer, avec le salaire qu'on a, on peut le payer.

Quand on sait jusqu'à quel point il valorise ce type d'indépendance, on comprend que la compagnie qui l'emploie soit une source de fierté et un élément important du statut qu'il se reconnaît dans la société ("La compagnie pour qui je travaille est une exception parce qu'elle paie tout.").

Quand, dans l'entrevue, on demande à Gilles et à Claire s'ils ont "l'impression que le gouvernement s'intéresse à leurs problèmes", c'est au tour de cette dernière à faire explicitement référence à cette dichotomie entre ceux qui ont et ceux qui n'ont pas "besoin du gouvernement pour vivre" :

Peut-être un peu moins. Il y a des gens qui n'ont pas besoin du gouvernement pour vivre, du bien-être social. Le gouvernement approfondit peut-être moins leurs problèmes ; mais au niveau des ouvriers qui gagnent un salaire moindre, ils doivent certainement lutter pour obtenir ce qu'ils veulent. Le gouvernement s'occupe des deux, mais peut-être moins au niveau des gens qui ont un salaire moyen.

Encore ici, Claire s'identifie "aux gens qui ont un salaire moyen" et qui sont indépendants du gouvernement. Gilles y fait encore référence quand il explique qu'une des conséquences importantes du travail, à ses yeux, est d'empêcher le chômage et éviter d'avoir recours au bien-être social.

Ces personnes (en chômage) en souffrent parce qu'elles sont aux crochets de la société.

Un autre facteur qui accentue probablement cette identification à une classe moyenne est la mobilité professionnelle et sociale qu'ils ont expérimentée. Le passage, chez Claire, d'une famille rurale de quatorze enfants ("Le souci principal de mes parents était de nous faire manger", "ils auraient aimé nous envoyer à l'école", etc.) à une famille urbaine de trois enfants, relativement à l'aise, rend plausible ce sentiment de mobilité vers une classe moyenne. Il en est de même pour Gilles dont le père travaillait dur dans une mine alors que lui fait du travail de technicien dans une compagnie spécialisée en électronique et qu'il envisage même d'y avoir un emploi comme administrateur. L'importance qu'ils accordent à l'instruction doit sans doute être envisagée dans ce contexte de mobilité sociale. Ainsi Claire est bien consciente d'une telle mobilité et la souhaite pour son fils :

> *Si mon fils veut faire un technicien, on le poussera pas à être avocat ou médecin, bien que ça nous plairait.*

Une autre source d'identification à cette classe moyenne pourrait se retrouver également dans l'univers immédiat de la parenté : on a vu plus haut comment plusieurs beaux-frères et belles-soeurs de Claire avaient de "l'instruction", étaient des petits propriétaires d'entreprises, ou vice-président d'une compagnie.

L'autre classe sociale qui leur sert de groupe de référence, est beaucoup moins explicitement définie que celle des "travailleurs". Ils ne sont pas moins conscients de son existence. Ainsi Gilles parlera de ces "millionnaires" qui ne seraient pas obligés de travailler pour gagner leur vie mais qui dirigent quand même leurs entreprises parce que le travail leur permet de "se réaliser". Quand il parle de ceux qui ne sont pas "aux crochets de la société" en se référant à des gens comme lui-même, il précise qu'il ne parle pas "des gens qui gagnent $75 000 par année", pour qui cette indépendance va de soi. Même les références aux professionnels, aux commerçants, aux propriétaires, laissent clairement comprendre qu'il s'agit là d'un autre univers. Claire aimerait bien que son fils devienne un professionnel mais accepterait facilement qu'il en décide autrement. Au niveau encore plus général, Claire rappelle l'existence de "ces grosses compagnies" qui, elles, ont le moyen de se payer des experts qui les aideront à payer moins d'impôt, de "ces grosses compagnies qui ont la finance", des "gens qui ont assez d'argent pour jouer à la bourse".

A la lecture de leurs témoignages, on se rend compte que parfois ils se définissent en fonction de la classe des "travailleurs" ou de leur milieu d'origine quand Gilles fait référence aux expériences de son père, quand Claire explique ses attitudes à l'égard de l'éducation en fonction de celles qu'elle a connues dans sa propre famille, quand l'un et l'autre rappellent qu'ils ne vivent pas "aux crochets" de la société, du bien-être social, etc. Par ailleurs ils ont aussi intégré ou aspirent à intégrer un certain nombre de valeurs et de conduites propres à l'autre classe.

Il est bien possible qu'une étude statistique démontrerait que plusieurs "travailleurs" partageraient leurs valeurs en ce qui concerne l'instruction, l'éthique du travail, le sens de la responsabilité individuelle, de la compétition et du succès individuel. L'important, ici, demeure qu'eux-mêmes perçoivent dans ces valeurs et ces comportements une façon de se raccrocher à autre chose que leur classe sociale d'origine qui était très explicitement de type ouvrier ou paysan.

Système économique et social

La façon par laquelle Claire et Gilles se situent par rapport aux classes sociales constitue déjà un bon indicateur de la façon par laquelle ils se situent face au système économique et social dans lequel ils vivent. Précisons ce point quelque peu. Il apparaît clairement qu'ils partagent la conception d'une société du type capitaliste libéral : la libre entreprise, l'esprit de compétition, la prise en charge de sa propre destinée sociale, l'éthique du travail et du succès, voilà autant de valeurs qui ont été définies comme étant la base de notre système économique et social. Il est intéressant de noter avec quelle réserve Claire et Gilles acceptent les politiques sociales du type *welfare state* : ils s'en dissocient le mieux possible en indiquant que ces politiques sociales ne s'appliquent pas à des gens comme eux. Toute entreprise d'étatisation leur paraît suspecte :

> *Je ne suis pas d'accord pour que l'Etat s'approprie trop de choses... ça devient presqu'un état socialiste à ce moment-là, c'est presque du communisme en somme. Je ne comprends peut-être pas bien le sens de ça, mais si l'Etat monopolise tout − comme l'Hydro-Québec ou les mines − c'est pas mieux que ce soit l'Etat qui ait le monopole. Pas plus que ce serait bon qu'une seule compagnie monopolise tout. Tant que c'est dirigé par un homme, un gouvernement qui est pour la liberté, c'est correct. Mais si arrive un homme qui est de tendance communiste ou fasciste, à ce moment-là, il n'y aurait pas moyen d'y échapper... (Claire)*

Ces allusions au communisme et au fascisme amènent l'interviewer à lui demander jusqu'à quel point elle connaît ces régimes :

> *Juste un peu, ce qu'on entend dire. Comme Cuba où les gens ne sont pas libres de faire ce qu'ils veulent. C'est l'Etat qui leur fournit tout... comme s'acheter des vêtements !... Quand un*

homme doit tout se faire dire, se faire faire, vous savez, il n'a aucune ambition, c'est plutôt un robot, un esclave quoi, qui n'a rien à voir avec sa propre vie.

Qu'on soit d'accord ou pas avec ce témoignage, il nous renseigne sur la façon dont Claire perçoit sa relation avec la société : cette valeur explicite chez elle, qui est l'indépendance, la liberté, est vraiment au coeur de son sentiment d'appartenance à sa société. Cette valeur, elle ne la verbalise pas seulement à propos d'un secteur qu'elle avoue peu connaître (comme les pays socialistes), elle s'y est référée tout autant à propos de l'éducation ou du travail de son mari. Ce dernier partage d'ailleurs son point de vue au sujet des régimes communistes quand, dans une interview (faite séparément), il dit :

Il me semble que là-bas, on ne peut posséder en propre ce qu'on désire. Même les articles personnels qu'on leur laisse acheter mais qui souvent, ne sont pas sur le marché. A ce moment-là, il n'y a pas d'ambition personnelle. Pourquoi se casser la tête, on n'aura pas plus demain matin, on n'aura pas moins. Ca change rien à notre situation. C'est aussi bien de s'en fouter. Ca sert à rien d'avoir de l'ambition. Peut-être. Je ne sais pas...

Il est intéressant de noter comment, à partir d'une question sur les régimes communistes, Gilles saute du "là-bas" à "notre situation". On a le sentiment que sa réaction ne s'applique pas uniquement aux régimes communistes mais aussi à certains aspects de sa propre société qui ne favoriseraient pas autant "l'ambition personnelle" qu'il le souhaiterait. Il demeure quand même que ses valeurs centrales font de lui une personne intégrée au système de valeurs dominantes dans notre société. Leur attitude face à la Bourse symbolise bien cette intégration. A la question : "Que pensez-vous des gens qui jouent à la Bourse et font des gros placements ?", voici comment ils répondent tour à tour :

Gilles : J'aimerais ça.
Claire : Il y a du challenge dans ça pour quelqu'un qui a assez d'argent et qui peut se le permettre. Si on avait seulement $5 000, on ne le risquerait pas. Mais la Bourse, c'est intéressant.
Gilles : Jouer à la Bourse, c'est un rêve. C'est le rêve de beaucoup. C'est entièrement à celui qui joue à la Bourse de faire progresser ou diminuer son capital. Si vous perdez votre argent, ce n'est pas la faute du voisin. Si vous en faites, c'est votre succès personnel. C'est là qu'est le challenge...

L'intégration de Claire et Gilles au système économique et social n'est pas en fonction uniquement de leur système de valeurs. Ils ne font pas que "rêver" de jouer à la Bourse. En plus de financer leur maison par une hypothèque, ils achètent des fonds mutuels pour préparer le financement des études de leur fils aîné, ils achètent des obligations du Canada pour financer leurs vacances, contribuent à une caisse de Noël. Ils connaissent le mécanisme des cartes de crédit : ils savent qu'à court terme ils ne paient pas d'intérêt mais qu'ensuite ils paient un taux d'intérêt de 18 %. Ils savent qu'on paie habituellement un taux d'intérêt beaucoup plus bas si on emprunte à sa compagnie d'assurances plutôt qu'aux banques, etc. Il y a donc toute une série de mécanismes financiers ou économiques qu'ils connaissent assez bien et qu'ils utilisent dans l'organisation de leur vie quotidienne et dans la planification de leur avenir.

Système politique

De la politique, Gilles dit "On en parle, mais on n'en fait pas". Il possède beaucoup d'information sur la politique au Québec à partir de l'époque de Duplessis. Il a voté — sa femme aussi — créditiste aux dernières élections mais affirme ne pas être attaché à ce parti de façon définitive. A ses yeux, le Parti québécois et le Parti créditiste sont tous deux "plus proches des travailleurs". Il croit cependant qu'en général, le "peuple", la "population", demeurent étrangers à la politique. Il sait, plus ou moins confusément, qu'en réalité le système politique ne respecte pas l'idéologie de la démocratie libérale selon laquelle le "peuple" décide.

> *Dans le système* **qu'on prétend qu'on a**, *on devrait plus mêler les activités politiques à notre vie personnelle. On devrait s'assurer de faire partie du mouvement de nos convictions. Mais pas nécessairement en faire partie les yeux fermés. A ce* **moment-là** *on aurait vraiment un parti démocratique (...) la faiblesse de notre système politique, c'est notre insouciance, c'est l'insouciance du peuple en général.*

La conséquence de cette non-participation, à ses yeux est que

> *... présentement, ceux qui participent, c'est ceux qui sont intéressés par des intérêts particuliers ou à la tête de grandes entreprises qui seront beaucoup influencés par les décisions du gouvernement. Eux, parce qu'ils s'intéressent à la politique,*

décidément vont faire des revendications. Mais en général la population ne s'intéresse pas à la politique.

Il se justifie à lui-même cette absence de participation par son emploi du temps chargé : son travail et ses cours du soir. C'est cette même raison qu'il se donne pour ne pas s'occuper beaucoup de ses enfants, pour ne pas sortir sa femme, pour ne pas participer à des organisations paroissiales, etc. On peut soupçonner que toutes ces raisons s'accompagnent d'un fort sentiment d'étrangeté à l'égard de l'univers politique. En tout cas dans l'ensemble de son témoignage, le secteur politique est relativement peu important.

Le Québec

Les références directes au Québec ou au Canada français sont relativement peu nombreuses au cours des témoignages de Gilles. Ainsi, il dit qu'il n'a pas voté P.Q. parce qu'il n'est pas séparatiste :

> *Je pense qu'une province comme le Québec, on peut s'entendre comme en Belgique... S'ils exigent que les Anglais apprennent le français, l'anglais, pourquoi pas ? Pourquoi les Anglais ne feraient-ils pas la même chose que les Français ? Je trouve qu'on devrait être capables de s'entendre.*

Notons que ce commentaire est dit sur un mode hypothétique et normatif : "on *peut* s'entendre", "on *devrait* être capables", "pourquoi les Anglais ne *feraient*...", etc. D'autre part, intervient là aussi son esprit de compétition et de libéralisme économique :

> *Les Canadiens français se sont rendu compte que ce sont les Anglais qui ont de l'argent. Alors qu'ils essaient d'en faire aussi...*

Ce thème des Québécois qui jouent mal le jeu des forces économiques revient une autre fois au cours des interviews quand il déplore l'absence de contrôle économique. Là aussi il est fort normatif, propose les règles du marché et, de plus, associe la situation des Québécois à celle des Canadiens en général.

> *On ne contrôle pas assez notre économie. Trop de Québécois, trop de Canadiens investissent à l'étranger et, bien souvent, ces compagnies reviennent investir au Québec. Ils font de*

l'argent avec notre argent. On dirait que les financiers ne veulent pas investir ici : une bonne partie vont acheter des parts à New-York. Ils en achètent ici aussi. Mais comparé à Toronto, ça fait pitié...

La seule autre référence explicite au Québec se retrouve à l'occasion de ses commentaires sur les "événements d'octobre" (les interviews se sont déroulées en septembre et en octobre 1970 et ce qui se passait alors faisait vraiment partie de l'événement au sens strict). Sa référence "au fait français", dans le témoignage suivant, est d'autant plus chargée de signification qu'elle est précédée des affirmations suivantes :

1. Des événements comme aujourd'hui, il ne faudrait pas que ça se reproduise. Il faudrait essayer de les éviter.
2. Il y a des bouleversements partout, alors c'est normal que ça arrive au Canada aussi.
3. Il y a ici des malaises sociaux mais pas d'injustices sociales. En tout cas, pas si on compare avec certains pays.
4. Je crois que l'Etat se devait de réagir aussi radicalement qu'il a agi. Il ne fallait pas attendre qu'ils enlèvent la moitié du pays avant de faire quelque chose... Ca a au moins donné la sécurité à la population, aux ministres aussi...
5. Il va falloir que le gouvernement cherche à améliorer la situation des travailleurs. S'il réussit à éliminer beaucoup de chômage, à faire en sorte que la classe des travailleurs soit assez bien rémunérée.
6. Un des gros problèmes, c'est l'insatisfaction des jeunes... Il y en a beaucoup qui se destinent à certains domaines et quand ils arrivent sur le marché du travail, ils s'aperçoivent que c'est saturé. Il y en a peut-être qui sont dans le FLQ et qui n'y seraient jamais entrés s'ils n'avaient pas été frustrés...

Bref, dans tous ces commentaires, la question nationale du Québec n'est pas approfondie et la problématique est définie en termes de situations générales : le chômage. De plus, Gilles appuie sans réserve la position du gouvernement fédéral. Or, tout de suite après avoir formulé ces opinions, il continue :

*Ensuite, un des problèmes essentiels au Québec c'est le **fait français**. Je ne suis pas séparatiste mais je dis que le fait français c'est essentiel s'ils veulent se sortir des troubles. Il va falloir qu'ils s'assurent que le fait français est vécu et non pas juste* *promis. Je suis peut-être un peu en faveur d'une position radicale. Je n'aime pas la violence, je ne suis pas intéressé à taper la baboune d'un Anglais, mais quand je suis un client ou dans mon milieu de travail, je ne vois pas pourquoi mon employeur ne me parlerait pas français. Ici au Québec, je ne veux pas imposer ça dans le reste du pays. Il va falloir que ça devienne une réalité et assez vite.*

Son identité comme Canadien français ou comme Québécois n'est pas totalement absente de son champ psychologique. Mais au cours de l'interview il s'y réfère en dernier ressort, après avoir épuisé en quelque sorte le recours à tous les autres facteurs qui étaient mentionnés à cette époque dans les mass-média et les discussions courantes. Peut-être aussi ces événements véhiculaient-ils une charge émotive à laquelle il ne savait trop comment réagir ?

Appartenance à une époque, à une génération

Parmi les sentiments d'appartenance exprimés par Claire et Gilles au long de leur témoignage, on retrouve enfin, celui d'appartenir à une époque donnée de l'histoire : l'histoire immédiate dont les étapes, dans une société en changement, sont relativement courtes. Souvent, ils expriment le sentiment que les expériences, présentes ou passées, ne peuvent se comprendre sans faire référence à la "période", à "l'époque", à la "génération", etc. Dans la vie quotidienne, ce sentiment d'appartenance donne un sens à des expériences qu'autrement on expliquerait par des traits psychologiques ou par le hasard.

Ainsi, par exemple, Claire n'a pas pu, dans sa famille d'origine, établir les relations ouvertes et transparentes qu'elle valorise aujourd'hui. Ceci ne l'empêche pas d'avoir le sentiment que ses parents "ont certainement fait leur possible" étant donné l'époque et le milieu social de son enfance :

(Ma mère) pouvait pas se permettre de nous gâter. D'ailleurs on vivait pas dans un milieu et à une époque où les enfants étaient gâtés. On vivait retirés. Leur (à ses parents) souci principal était de nous faire manger. Ma mère était fière : il fallait qu'on soit habillés convenablement. Des pièces on en portait, mais pas de linge malpropre... C'était pas facile avec une famille comme ça. On a commencé jeunes à travailler. Ils auraient aimé nous envoyer à l'école. Maman était pour l'instruction, elle en avait une bonne...

Si ses parents ne représentent pas pour elle un modèle auquel elle peut se référer dans l'éducation de ses propres enfants, cela ne s'explique pas seulement, à ses yeux, par le "caractère", la "personnalité", ou la "nature" de ses parents, mais par l'époque, le milieu social, les situations économiques qui ne sont plus les mêmes. Elle a donc le sentiment d'être bien intégrée à son milieu et à son époque quand, aujourd'hui, elle tente d'éduquer ses enfants "de façon bien différente".

Gilles aussi discute de l'éducation en comparant "notre temps" et la "mentalité d'aujourd'hui". Parfois les différences viennent de l'évolution technique comme l'apparition de la télévision, parfois du fait qu'il y a plus de richesses aujourd'hui qu'à l'époque de sa propre enfance. La conscience d'appartenir à une "génération" n'amène pas uniquement la comparaison entre le présent et le passé, mais aussi entre le présent et le futur. Ainsi une des raisons pour lesquelles il ne souhaiterait plus avoir d'enfant se réfère justement à cette conscience de génération :

> Je ne veux pas avoir d'enfant quand je serai trop vieux. Et je calcule que je suis assez vieux. Si on est rendu à 40-42 ans et qu'on a un bébé, quand cet enfant va avoir 17-20 ans, moi je vais être rendu à soixante. On est **dans un autre monde** complètement à part (...). Tout jeune, c'est moins pire, mais quand les jeunes atteignent l'adolescence, s'il y a une grosse marge (entre les parents et les enfants), il y a un **gros fossé** qui se creuse.

Claire partage cette attitude à l'égard de la possibilité d'avoir d'autres enfants. A propos de la génération plus jeune, celle à laquelle appartiendra son fils de douze ans, elle affirme, à plusieurs moments des interviews, qu'elle n'a pas du tout le sentiment d'en être très éloignée.

Il faut bien remarquer que la génération, comme source d'appartenance, n'est pas totalement "déconnectée" de la notion de "situation", de "milieu", de "société". Les différences entre générations ne sont souvent que l'occasion par laquelle on prend conscience de sa propre société. Ainsi quand Claire explique comment aujourd'hui les parents sont moins sévères qu'autrefois, comment les enfants sont "plus gâtés" elle ajoute aussitôt : "les parents aussi sont plus gâtés... font moins d'efforts physiques, moi comme les autres."

Dans l'ensemble, les sentiments d'appartenance de Claire et Gilles se rapportent souvent au travail de Gilles et à la vie de famille. Ils ne font partie d'aucune association ou mouvement. Par ailleurs, l'univers que nous avons appelé les *grands ensembles* ne leur est pas du tout étranger : ils ont à leur égard tout un ensemble de perceptions, d'attitudes et de comportements. En général, ils ont là un univers dont ils ont le sentiment de comprendre assez bien les mécanismes et les valeurs. Le seul secteur qui leur apparaît étranger est celui de la politique. Alors qu'ils se sentaient relativement à l'aise face au système économique et à l'univers financier, ils s'identifient peu à l'univers politique. Il y a au moins deux facteurs à cela. La principale raison qui, à leurs yeux, les rapprocherait du gouvernement ou des hommes politiques serait de devenir un jour "aux crochets" de la société, du gouvernement et de ses diverses agences de bien-être : or on a vu jusqu'à quel point ceci est étranger à l'idée qu'ils ont d'eux-mêmes et de leur relation à la société. Le second facteur pourrait s'exprimer ainsi : dans l'univers financier et économique, ils retrouvent des valeurs – esprit de compétition, individualisme, succès, etc. – qu'ils partagent, comprennent et acceptent ; mais par contre, dans le secteur politique, ils ont le sentiment que ce sont d'autres critères, d'autres valeurs qui devraient s'appliquer. Or, d'une part, ils ne sont pas certains de partager ces valeurs – en particulier celles qui se rapportent à un *welfare state* – et, d'autre part, ils ont le sentiment que les hommes politiques eux-mêmes ne respectent pas les valeurs qu'ils sont censés incarner. Pour reprendre l'expression de Gilles, "dans le système politique qu'on *prétend* avoir", les hommes politiques devraient être désintéressés et prêts à servir le "peuple", et celui-ci devrait participer au processus démocratique. Or, ils ont le sentiment que les hommes politiques sont là surtout pour promouvoir leurs propres intérêts et le peuple – auquel ils s'identifient – ne "participe pas".

Dans l'ensemble, Gilles est un solitaire (son travail, il l'exécute seul, il va suivre ses cours, il s'occupe de rénovation ou fait du bricolage à la maison) qui ne ressent pas la solitude. Claire, de son côté, ressent très fort ce sentiment qu'elle attribue à la fois à l'absence de relations plus fréquentes avec son mari (elle aimerait sortir plus avec lui, qu'il soit plus à la maison avec elle, etc.) et à la fois au fait que son univers soit restreint trop souvent à sa famille (son mari, ses enfants). Peut-être aussi ce sentiment de solitude vient-il de ce qu'elle aurait personnellement tendance à avoir des relations interpersonnelles plus affectives, plus spontanées que celles qu'elle réussit à avoir avec son mari ? Ce sentiment de solitude s'expliquerait à la fois par la quantité et la qualité des relations qu'elle entretient dans sa vie quotidienne.

Une dernière chose qu'il importe de noter est la place relativement peu importante qu'occupent les enfants tout au long des interviews : aussi bien Claire que Gilles en parlent relativement peu. On sait qu'il dit, par exemple, avoir peu de temps pour jouer avec eux à cause de son travail, de ses cours, de la rénovation dont il s'occupe. Il est possible aussi qu'il ait une certaine difficulté à communiquer avec les enfants en utilisant leur propre langage. Claire est probablement plus proche de ce langage, plus spontané, plus direct, plus symbolique et affectif. On sait par les interviews et par l'observation des interviewers qu'elle s'en occupe beaucoup, entretient beaucoup de contacts avec eux. Mais ce n'est pas par ses relations avec ses enfants que Claire se définit, se donne une image de ce qu'elle est et, surtout, de ce qu'elle aimerait être.

Pouvoir - indépendance - autonomie

En décrivant les diverses expériences d'appartenance de Claire et de Gilles, nous avons inévitablement donné beaucoup d'informations sur la façon dont ils font l'expérience du pouvoir, de l'indépendance et de l'autonomie. Voyons d'abord l'expérience de Gilles.

Gilles a toujours le sentiment d'exercer le pouvoir légitime – l'autorité – dans sa famille, même s'il le fait d'une façon moins absolue qu'autrefois :

> *Chez nous, je crois que je suis le chef. Les décisions de dernier ressort sont prises par moi.* **Plus** *autrefois que maintenant. Maintenant, je donne plus de liberté à ma femme. Il a été un temps où ce que je décidais, c'était la décision finale. Aujourd'hui, j'ai appris qu'il fallait que j'écoute le point de vue de mon épouse. Souvent, c'était elle qui avait raison. Il y avait un temps où mes décisions étaient pas mal intransigeantes. Aujourd'hui je me suis aperçu en écoutant le point de vue de mon épouse, qu'elle aussi, des fois, elle avait raison. Mais disons que je suis toujours le chef de la famille.*

A son travail il ne voit pas trop comment il pourrait influencer ses collègues – qu'il voit relativement peu dans une semaine – ni les clients qu'il rencontre au moment d'aller réparer leurs instruments. La seule influence possible, se dit-il, est sur le plan technique : par exemple, influencer un client dans le choix d'une machine au lieu d'une autre. Quant à l'autorité dans la compagnie où il travaille, elle est très différenciée et très stratifiée comme dans toute grande bureaucratie industrielle :

> *L'autorité immédiate c'est le gérant de service. Il y a un gérant de service pour chacune des cinq équipes. Le gérant de ces équipes se rapporte au gérant de service pour toute la succursale*

qui, lui, obéit au gérant de la succursale. Il y a également le
gérant de service de la zone qui couvre tout le Canada et dont
le boss se trouve à Toronto.

Rien dans l'ensemble des interviews laisse entrevoir qu'il aurait
le sentiment ou l'idée d'influencer cette structure complexe. Mais il la
comprend et espère avoir la possibilité d'en faire partie. Même si d'après
lui,

> *le gérant de service ne possède pas une fonction enviable...*
> *Les décisions importantes sont prises par le gérant de service*
> *de la succursale... Il a très peu d'autorité réelle...*

il espère avoir un jour ce poste parce que toute promotion dans la
compagnie implique qu'il passe par cette fonction. Il s'attend donc un
jour d'exercer lui aussi cette autorité, pas très réelle, dans cette grande
entreprise. Les cours qu'il suit présentement, à ses yeux, sont un
mécanisme pour pouvoir améliorer sa situation de travail. Il est certain
que ses cours lui serviront en ce sens. Son sentiment n'est donc pas de
pouvoir influencer cette très grosse entreprise. Il a par ailleurs le sentiment — qui correspond à son idéal — d'exercer un certain pouvoir
sur sa propre existence à l'intérieur de cette compagnie. Il connaît et
contrôle les processus de promotion : il est passé du Grade I au Grade
IV et on lui a affirmé qu'une fois ses cours terminés, il pourrait recevoir
une promotion.
Ne faisant pas partie d'associations, il n'y exerce évidemment pas
de pouvoir. Il n'est pas non plus syndiqué ; il ne compte d'ailleurs pas
sur ce type d'organisme pour exercer un pouvoir. Il est intéressant de
noter que c'est à titre de *consommateur* qu'il s'identifie au syndicat
et perçoit celui-ci comme une source de pouvoir :

> *Ils veulent défendre les consommateurs sur les modes d'em-*
> *prunts... la façon dont les commerciaux sont présentés. C'est*
> *bon. C'est peut-être une part importante que les mouvements*
> *ouvriers peuvent faire pour la société...*

Il ne voit pas dans les syndicats une force qui pourrait exercer un
pouvoir sur la production. Il ne fait pas partie non plus d'organismes
religieux même s'il se dit qu'il devrait participer davantage aux organisations paroissiales. Quant aux partis politiques, plusieurs raisons
expliquent à ses yeux, pourquoi il n'y participe pas : il est trop "pris
par son travail et ses cours", il n'a pas la "personnalité" pour faire de
la politique. Il est fort probable aussi qu'il se sente trop étranger aux

partis traditionnels pour y voir un mécanisme auquel il pourrait participer. La participation (à des associations volontaires, à des organismes religieux, au processus politique, etc.) demeure pour lui un idéal qu'il ne réalise pas. Il faut bien voir aussi que cet idéal de participation entre facilement en conflit avec d'autres valeurs dont il fait quotidiennement l'expérience : l'individualisme, la compétition, l'effort personnel.

Ce qui caractérise l'expérience de Gilles est moins l'exercice du pouvoir que celui de l'*indépendance*. Par rapport à la société, au gouvernement, on a vu jusqu'à quel point il tient à ne pas être "à leurs crochets". Toute sa vie, il a lutté pour être indépendant, pour ne dépendre de personne : c'est surtout cela que son travail lui rapporte. Il sait qu'en cas de besoin il peut compter sur certains membres de sa famille ; il serait "impensable" pour lui d'avoir de l'aide hors sa famille. Toutefois, il espère ne jamais y avoir recours et il est même certain de son indépendance à cet égard :

> *Actuellement tout va bien pour moi. Je ne vois pas ce qui pourrait m'amener à compter sur quelqu'un ou à espérer de l'aide d'une personne ou d'un groupe...*

Et il ajoute que s'il avait un problème financier, il irait à la caisse populaire ou à la banque. Actuellement, même quand il fait de tels emprunts, il n'a pas le sentiment de dépendre de qui que ce soit, mais d'utiliser tout simplement les mécanismes normaux dans notre société. D'être propriétaire de sa maison lui procure aussi cette "sécurité" qui est une forme d'indépendance. Ce que nous venons de décrire à propos de son travail est aussi significatif à cet égard : se prendre en charge, réaliser des objectifs de promotions, etc. sont des expressions concrètes de son indépendance. D'ailleurs, il a le sentiment que chacun de ses changements d'emploi a été le résultat de ses propres décisions. Ce n'est jamais parce qu'il perdait son emploi ou n'y était pas compétent. Même s'il en discutait avec sa femme, c'est "lui seul" qui prenait "la décision finale".

> *Ces changements ont été volontaires. Je les ai désirés moi-même. Pour chaque changement il y avait des raisons valables...*

Même s'il espère que les cours qu'il suit actuellement lui permettront une promotion à l'intérieur d'une compagnie, il ne se sent pas dépendant de cette dernière :

> *Avec la formation et l'expérience que j'ai du public, je pourrais changer d'employeur facilement. Je pourrais aussi changer de*

genre de travail. Mais pour le moment, je ne vois pas tellement d'avantages...

Sa fonction actuelle lui permet aussi une grande indépendance dans l'organisation quotidienne de son travail : son rythme de travail, son horaire, la façon de faire son travail, etc. En plus, il contrôle ce qu'on appelle une zone d'incertitude : face à une réparation à faire chez un client, il est le seul à pouvoir évaluer le problème, et le temps qu'il faudra pour effectuer le travail.

Quant à sa famille, il a le sentiment d'en être très peu dépendant. Il discute beaucoup avec sa femme mais a le sentiment tout de même d'être peu influencé par elle.

Enfin, même s'il tient à demeurer indépendant de l'Etat, il y a une forme de dépendance qu'il accepte cependant. Quand cela est "nécessaire" ou "utile", il accepte l'écoute électronique, la censure, les perquisitions, comme étant une forme de pouvoir qu'un gouvernement doit posséder. A première vue, cette attitude s'oppose à la valeur qu'il accorde à l'individualisme et à l'indépendance. Il est possible cependant que ce soit parce qu'il s'agit là d'une activité essentiellement politique et, comme nous l'avons vu, ce secteur est relativement étranger à ses principales préoccupations.

L'autonomie est l'expression d'une indépendance dans une activité précise, celle de l'évaluation de soi et de son univers. Une personne autonome est celle qui se réfère surtout à elle-même pour évaluer ce qui est bon ou mauvais. Dans l'ensemble, Gilles apparaît comme autonome dans plusieurs de ses activités. Pourtant les choses ne sont pas si évidentes. D'abord il est important de le noter, ce qui l'intéresse le plus, ce n'est pas d'être lui-même le centre d'évaluation, mais de se rendre compte *après coup* qu'il a pris de "bonnes" décisions, que ses "jugements" ont eu des conséquences heureuses :

> *En général, je suis assez bon juge. Il m'est arrivé quelquefois de prendre une décision trop rapide et de m'être fait rouler... En général, je suis assez bon juge de ce qui m'arrive.*

Le critère ultime d'évaluation, à ses yeux, est donc le produit ou le résultat de ses évaluations, de ses décisions. On comprend alors qu'il soit si à l'aise avec le système d'évaluation de son travail qui a cours à sa compagnie. Ce système d'évaluation — nous l'avons décrit plus haut — favorise une évaluation de la "performance" par d'autres que soi-même. L'employé peut faire en sorte (être coopératif, faire montre de compétence, etc.) d'être le mieux évalué possible, mais, en définitive, ce n'est pas lui qui évalue, il n'est pas le centre de cette évaluation. Pour être très à l'aise dans un tel système il faut favoriser plus l'hétéronomie que l'autonomie. Cette hétéronomie, par ailleurs, n'est pas incompatible avec une grande valorisation de *l'ambition personnelle,* de *l'effort,* de *la compétence,* etc. parce que dans ce contexte les objectifs visés sont habituellement explicites, clairs et peuvent se définir "objectivement", c'est-à-dire de façon extérieure aux personnes impliquées. Pour Gilles, il n'est donc pas illogique de tendre à l'hétéronomie, étant donné que plusieurs de ses contacts sont vécus sous le mode de la compétition, de l'effort personnel, etc.

Le sentiment de pouvoir de Claire se limite assez exclusivement au domaine de la maison et de la famille. Elle a acquis, dans ce secteur, une assez grande compétence et a le sentiment de maîtriser la situation.

Dans ce que nous avons appelé le secteur des grands ensembles, en particulier dans le secteur politique, elle se définit comme très dépendante de son mari. Si ce dernier disait : "on parle de politique, on n'en fait pas", Claire dit pour sa part : "j'écoute beaucoup plus que j'en parle" :

> *Ca me touche, ça me tient à coeur évidemment. Mais en vérité, c'est difficile de se reconnaître dans la politique. C'est assez compliqué, la politique, c'est assez complexe. Je ne peux pas assez, disons, discuter à fond des problèmes... Il faut être assez au courant, assez renseigné pour discuter à fond de la politique. J'écoute beaucoup, mais je ne peux pas discuter tellement. Je ne m'exprime pas facilement. Je vais penser quelque chose. Mais, d'en discuter, ça m'est plus difficile de l'exprimer.*

De fait, sur un très grand nombre de thèmes, elle est d'accord avec son mari et exprime ses opinions en des termes assez semblables. C'est le cas, par exemple, de ses opinions à propos des syndicats, des partis politiques, des problèmes financiers de leur ménage, des rêves qu'ils font pour le moment de la retraite, etc. On a vu aussi comment, à sa façon, elle partage les mêmes valeurs que lui à propos de l'esprit de compétition, de l'effort individuel, de la responsabilité personnelle, comment elle aussi aimerait jouer à la Bourse, etc. Il est difficile pour l'observateur de savoir jusqu'à quel point il faut y voir de la dépendance. Il est probable que cette dépendance existe au moins au niveau de l'information à cause des contacts qu'a son mari avec le monde extérieur à la famille. Mais cette information, elle l'a certainement assimilée et, contrairement à ce qu'elle dit d'elle-même, elle s'exprime habituellement avec facilité sur un grand nombre de thèmes. Par ailleurs, elle-même se perçoit comme étant moins "curieuse" que son mari et accepte une certaine domination de ce dernier[1]. Et ceci, à ses yeux, ne s'applique pas seulement au secteur public :

*D'abord il est curieux comme une belette. Alors il est au courant de tout, de tout. Quand je dis à peu près tout, autant dans la maison, il va essayer de faire des gâteaux, des tartes, n'importe quoi ; il va **donner des conseils sur tout.** Puis il est bien curieux. C'est un **point de son caractère que j'envie beaucoup. Il est bien plus curieux que moi.***

C'est un fait, relevé aussi par les interviewers — que Claire s'exprimait beaucoup moins que Gilles dans le cas où ils étaient interviewés en même temps. La situation était très différente quand Claire se trouvait seule avec son interviewer. Cette dépendance, finalement, met moins en cause ses opinions et ses attitudes dans les divers secteurs qu'elle ne met en cause sa relation interpersonnelle avec Gilles. Celui-ci disait lui-même d'ailleurs qu'il avait appris à être moins "autoritaire" à son égard. Dans le très long extrait qui suit, on retrouve le point de vue de Claire :

*Je crois qu'au début de notre mariage, je me suis trop laissée, disons, comment je pourrais dire ça... il était trop autoritaire. Il ne me faisait pas avoir raison sur rien. Mais j'ai compris quand même que c'était à cause qu'il avait peur de perdre son autorité. — Il était plus jeune que moi d'ailleurs — puis il avait moins d'expérience que moi, disons, sur plusieurs choses... de la vie en général, disons, parce que moi à l'âge où j'ai commencé à travailler puis à l'âge où lui il a commencé, eh bien il y a un décalage de plusieurs années. Il avait plus d'instruction mais moins d'expérience. Alors on **m'avait dit qu'il avait peur que je le domine,** disons. Puis, il me restreignait sur beaucoup de choses. Il voulait pas ci, il voulait pas ça. Il voulait pas que je fasse ci, il voulait pas que je fasse ça. Enfin, je lui proposais quelque chose, c'était automatiquement "non" comme réponse. J'étais en train de faire une dépression nerveuse avec cette affaire-là. Je me rendais pas compte que c'était pour ça que je faisais une dépression. Alors un jour je me suis ouvert les yeux. Je ne sais pas pourquoi, ça m'a frappée. Mais je me dis : "Ça n'a pas de bon sens ; il est en train de faire une folle de moi", ça fait qu'à partir de ce jour-là, on a mis cartes sur table, puis je me suis un peu plus imposée. Puis, ça va bien maintenant. Mais il faut quand même qu'il garde une certaine autorité, parce que c'est dans son caractère de vouloir dominer ainsi.*

Qu'elle ait raison ou pas sur certaines de ses analyses (par exemple, la peur de Gilles de perdre son autorité) est bien secondaire. Ce qu'il compte de retenir c'est que, devant cette situation très anxiogène pour elle, elle prend conscience de ses insatisfactions et réussit à "s'imposer" à son mari. Sa dépendance envers lui n'est pas totalement disparue. Elle ne tient d'ailleurs pas à faire complètement disparaître cette dépendance à l'égard de Gilles parce qu'elle associe l'attitude de ce dernier à "un point de son caractère que j'aime beaucoup" et qu'elle partage avec lui l'ambition qui sous-tend son activisme et son autoritarisme. Aujourd'hui, elle se contente souvent de le laisser dire et faire à son rythme et se contente d'ajouter ses commentaires courts et précis. Après un long exposé sur la politique de Duplessis montrant comment celui-ci misait surtout sur les débats constitutionnels et sur le fait français, elle ajoute : "et sur la religion" ; au moment où Gilles explique abondamment comment les hommes politiques, souvent, changent peu de choses à la société, elle commente : "D'ailleurs les hommes politiques eux-mêmes n'ont pas beaucoup de pouvoir".

En exposant plus loin leurs attitudes à l'égard de la religion, on verra comment ce même processus vers l'indépendance a joué dans le cas de Claire. Il reste, pour elle, une expérience nettement insatisfaisante qui implique encore cette dépendance : c'est l'expérience de la solitude dont on a rendu compte plus haut et qu'elle-même n'ose pas aborder de front pour ne pas nuire aux cours suivis par son mari.

De toutes ces expériences, elle conserve le sentiment qu'elle est moins influencée qu'avant :

> *J'ai gardé ma vie, ma personnalité... Au fond je ne suis pas facilement influençable. Je me fais une idée moi-même puis après...*

Ici s'applique bien la distinction entre avoir du pouvoir et être autonome. On a l'impression à partir de l'ensemble de son témoignage, que Claire est relativement autonome quand il s'agit de prendre conscience de ses expériences et de les évaluer. Elle a, par exemple, une conscience relativement claire de ses sentiments pour son mari, de son expérience de solitude, de son rôle traditionnel de femme, etc. Mais elle a peu de pouvoir pour modifier la situation ou pour modifier ses propres conduites. C'est sans doute en fonction de cette autonomie qu'elle n'a pas confiance à tous les genres de conseils qu'on donne aux émissions de radio du type "Hot line" : "Je ne vois pas comment on peut nous aider... il faut réagir par nous-mêmes".

Le changement personnel et social

Jusqu'ici nous n'avons pas envisagé les expériences de Claire et de Gilles sous l'angle de leurs perceptions, leurs attitudes et leurs conduites à l'égard du changement lui-même. Il est évident que le thème du changement était sous-jacent à bien des témoignages portant, par exemple, sur le sentiment d'appartenir à une génération, sur la mobilité sociale, sur l'éducation des enfants, etc. Mais il importe d'explorer ce thème de façon plus particulière. Nous allons faire cette exploration en centrant notre attention sur les quatre thèmes suivants : la religion, la nouvelle morale (le sexe, le divorce, la drogue, etc.) le travail de la femme "à l'extérieur de la maison" et le système politique.

La religion

Claire et Gilles ont à l'égard de la religion des opinions et des attitudes très différentes. Gilles est catholique et pratique de façon régulière.

> *Pour moi être catholique, c'est important. Mais surtout il est important de pratiquer : quelqu'un qui a la foi en Dieu doit obligatoirement pratiquer, se conformer aux lois de Dieu et de l'Eglise.*

La religion fait partie des valeurs essentielles auxquelles adhère Gilles et qu'il veut transmettre à ses enfants. Dans sa propre famille, la religion était d'ailleurs importante :

> *La question d'assistance à la messe, pour lui (son père) c'était important. Il ne s'imposait pas, mais son exemple suffisait. Comme la question de manger de la viande le vendredi... comme le carême et ces choses-là... Avec l'exemple qu'il nous donnait, nous on observait les règlements de la religion.*

Il sait fort bien que beaucoup de choses ont changé dans le secteur religieux au Québec au cours des dernières années. En ce qui concerne les modifications liturgiques, il croit que ces changements ont du bon :

> *Car ça permet un plus grand rapprochement entre l'Eglise et les laïcs. Je suis en faveur de la messe en français et de la musique qui accompagne les offices mais il ne faut pas que ça devienne du gogo. Je trouve que ça rend la messe plus vivante. Avant on*

allait à la messe et on assistait privément à ce qui se déroulait devant nous. Maintenant on ne s'ennuie plus, c'est vivant.

Il sait aussi que le nombre de pratiquants a beaucoup diminué mais il juge que cela est préférable qu'il y ait moins de gens et que ceux qui demeurent pratiquants soient les gens "sérieux, réellement convaincus".

C'est la différence avec avant : aujourd'hui, ceux qui croient pratiquent ; les autres ne pratiquent pas ; il n'y a plus d'hypocrisie.

Enfin les changements dans le secteur religieux l'amènent à exprimer ses opinions sur les changements à l'égard de la sexualité, de la drogue. Nous y reviendrons. Il est surtout important ici de noter que la religion est, à ses yeux, directement liée à ses expériences. Ces nombreux changements ne représentent toutefois pas l'essentiel à ses yeux :

Le respect de la religion, c'est important parce que pas de religion, c'est l'anarchie. Une religion c'est une base, c'est une ligne de conduite. Ça peut arriver que ça change comme nous on a connu le carême, le jeûne. Aujourd'hui ça a évolué mais l'observance des règlements d'aujourd'hui est bien importante. Si on n'a pas de principes de base au départ il n'y a rien qui va les guider (les jeunes). C'est essentiel.

La liturgie peut changer, les règlements religieux peuvent changer, mais, à ses yeux, ce qu'il appelle "les principes de base" ne changent pas. Si pour lui-même il ne divorce pas ses "principes de base" et une pratique régulière dans une institution qu'est l'Eglise, il accepte à la limite que cette distinction s'applique aux jeunes.

Quand je vois les jeunes qui ne pratiquent pas ça me fait de la peine parce que je crois que la religion joue un rôle important ; c'est l'élément contrôle du comportement humain. La religion n'est pas entièrement contrôle non plus. Si les jeunes délaissent la religion mais croient fortement à une certaine règle de base, c'est-à-dire le principal commandement : "Aime ton prochain comme toi-même", si au fond de lui-même il croit à cela, il n'est pas obligé d'être dans la religion. Il y en a qui n'ont jamais été dans la religion et qui peuvent donner l'exemple à beaucoup qui y sont. Je ne le condamne pas...

Voici comment il s'explique l'abandon actuel de la pratique religieuse.

> *C'est une crise matérialiste je pense. On s'attache aux biens de la terre, à l'importance de faire des gros salaires, d'avoir une maison très belle, très bien meublée. On voudrait faire mieux que tout le monde. Tout ça a beaucoup d'importance. Mais j'ai l'impression que ça va changer parce que l'emprise du capitalisme sur la jeunesse, sur le monde, est changée de beaucoup. Il y en a beaucoup qui protestent, ils ne savent pas réellement pourquoi mais ont le sentiment de quelque chose qui n'est pas correct. Ils ébranlent tout présentement et ça va amener des réformes en profondeur, des réformes qui commencent à se faire, dans le milieu du travail, dans le milieu scolaire, etc. Et j'ai l'impression que ces réformes vont détacher les gens du matérialisme pour aller à l'autre extrême...*

Ces explications semblent, envisagées de l'extérieur, très platoniques et rationalisantes. On ne sait pas vraiment comment lui se situe face aux réformes auxquelles il vient de faire allusion. Lui-même a le sentiment de subir "l'emprise du capitalisme". On a l'impression que ces changements, il les observe sans en être touché. En tout cas, il n'applique pas à lui-même la distinction qu'il faisait entre ses croyances, ses principes de base, et la pratique régulière : "celui qui croit doit la pratiquer". Il ne croit pas que son attitude à l'égard de la religion changera beaucoup dans les années à venir. Le principal changement dont il parle à propos de lui-même concerne la participation à certaines activités paroissiales.

> *J'essaie constamment de faire de mon mieux... Peut-être que de ce côté-là aussi il y a place pour améliorations... Si c'est possible j'essaierai de participer davantage à la vie religieuse. Quand je serai moins occupé, je pourrai y consacrer plus de temps...*

Concrètement son travail et les cours qu'il suit présentement prennent une grosse partie de ses énergies. La raison qu'il donne actuellement pour ne point participer à des activités religieuses est la même qu'il donne pour ne pas participer à certaines associations, pour ne pas faire plus d'activités de loisirs avec sa femme et sa famille.

Même si, comme on l'a vu, il est conscient de tous les changements qui se produisent chez les jeunes à l'égard de la religion, il espère que ses propres enfants adopteront une conduite semblable à la sienne :

> *J'aimerais que mes enfants se comportent envers la religion de*

la même façon que je le fais. Actuellement tous mes enfants
pratiquent assez régulièrement et je crois qu'ils sont sincères.
Ils ont la conviction de faire ce qu'ils doivent faire. J'essaie de
ne pas trop leur imposer mes idées dans le domaine de la
religion. Je leur parle tout de même assez souvent de la néces-
sité de pratiquer pour un croyant. Je ne vois pas pourquoi ils
se comporteraient de façon différente une fois devenus adultes :
quand on est convaincu, on ne change pas radicalement.

Dans l'ensemble, il perçoit donc la religion comme un secteur qui
est en pleine évolution. Mais celle-ci devrait se terminer de façon
"heureuse" parce qu'un jour les gens vont délaisser les attitudes maté-
rialistes qui les empêchent aujourd'hui de pratiquer la religion. Ces
changements dont il se rend compte ne l'amènent pas cependant à
remettre en cause ses propres attitudes et ses propres conduites.
Il est intéressant de noter, par exemple, qu'il ne se demande pas pour
lui-même s'il subit l'emprise du capitalisme. Lui-même n'a fondamentalement pas le sentiment d'avoir changé à l'égard de la religion et il
espère que ses enfants ne changeront pas non plus. Même quand il dit
qu'un des bons côtés des changements actuels est que seules les personnes convaincues continuent de pratiquer, il ressent une certaine
tristesse, une certaine nostalgie et on a l'impression qu'il se dit :
"un jour tous ces gens-là comprendront qu'ils doivent revenir à la
pratique religieuse." Gilles considère enfin qu'il n'a jamais été
influencé par la religion :

Non. Ce que je suis aujourd'hui, je ne le dois pas au fait d'être
catholique. Ca n'a pas modifié quoi que ce soit dans ma vie.
Si je n'étais pas catholique, je serais le même que je suis, je
serais au même point, je ferais la même chose qu'aujourd'hui.

Dans son champ de conscience, la religion apparaît comme un
secteur "important" mais qu'il ne perçoit pas comme dynamique et
comme pouvant expliquer certains aspects de ses expériences. Il a un
ensemble de croyances et de pratiques traditionnelles mais ne s'y
réfère pas pour donner un sens à ses diverses expériences. Quand il
aborde le thème de la religion, c'est en termes "objectifs" et imper-
sonnels qu'il le fait.
Claire adopte une attitude très différente à l'égard de la religion.
Même quand elle partage en partie les opinions de son mari (à propos
des changements liturgiques, de l'abandon de la politique, de la "crise
religieuse" des jeunes, etc.), elle se sent personnellement et émotivement impliquée :

D'avoir vécu dans une famille très religieuse, ça a marqué ma propre vie, même si aujourd'hui — et même dans ce temps-là — je n'ai jamais été très pieuse ni très croyante.

Aujourd'hui Claire "pratique" rarement — "quand ça me tente" — alors qu'autrefois elle se sentait obligée d'aller à la messe chaque dimanche. Ce fut là d'ailleurs une source de tension très grande entre elle et son mari. Celui-ci insistait, dit-elle, pour qu'elle pratiquât régulièrement. Nous décrivions plus haut comment elle se percevait maintenant plus indépendante à l'égard de son mari. La distance qu'elle prit à l'égard des attitudes "autoritaires" de ce dernier est une dimension importante de ce sentiment d'indépendance.

Pour mon mari, la messe, c'est très important. Pour moi, ça l'est moins. Il est beaucoup plus pieux. C'est rare pour un homme. Au début, il insistait beaucoup pour que j'aille à la messe, mais j'allais pas parce que j'y croyais. Je crois en Dieu mais je crois qu'il faut être assez naïf pour croire qu'on fait un péché en allant pas à la messe... On croit en Dieu, pas au prêtre qui est là pour remplir un service...

Elle aussi se rend compte que ça a beaucoup changé, surtout chez la jeunesse :

Je trouve les jeunes plus éveillés qu'il y a vingt-cinq ans. Ils se rendent compte qu'il y a des choses dans ça qui n'ont pas d'allure... Je trouvais, vers treize, quatorze ans, que des choses avaient pas de bon sens. Aujourd'hui les jeunes voient bien plus clairement qu'on voyait. De payer $5 pour le repos de l'âme de quelqu'un, j'ai toujours trouvé ça ridicule. Si l'Eglise avait besoin d'argent, pourquoi pas en demander ?

Elle s'identifie donc beaucoup à ces jeunes qui "se posent des questions" et qui cessent de croire et de pratiquer. Elle retrouve là des opinions qu'elle a été longtemps à ne pas pouvoir exprimer tout haut et qu'elle ne pouvait pas non plus concrétiser dans ses propres conduites.

Quand j'étais jeune, on m'avait trop raconté d'histoires à ne pas tenir debout. Ca m'a rendue sceptique. Je n'ai jamais cru qu'on pouvait racheter des âmes pour $5...

Ces croyances et ces pratiques religieuses qu'elle rejette aujourd'hui, ne sont d'ailleurs qu'un des éléments de la vie de son enfance dont elle réussit difficilement à garder un bon souvenir.

La pratique religieuse, à ses yeux, n'est valable qu'en autant qu'elle sert à exprimer des croyances auxquelles on adhère. Elle n'est pas une fin en elle-même. Il ne faut pas juger de la religion des autres de façon absolue :

> *Si un jeune cesse de pratiquer parce que son copain cesse, c'est pas correct, ça y apportera rien. S'il a bien réfléchi, s'il réalise que ça y apporte rien de faire acte de présence devant quelqu'un à qui il croit pas... il est mieux de laisser, quitte à changer d'idée plus tard. Ca veut pas dire qu'il croit à rien, qu'il ne croira jamais plus. Pour le moment ça ne lui convient plus, c'est mieux qu'il quitte.*

Il est donc impensable pour elle de ne pas tenir compte des sentiments vécus au moment même où on pose un geste religieux. A l'égard de celui-ci, elle adopte une morale de l'authenticité dans l'expression de soi. C'est en termes "d'authenticité" qu'elle décrit son critère de valeur :

> *Je pense pas qu'on ait à aller à la messe toutes les semaines pour prouver à Dieu qu'on l'aime, qu'on est honnête, qu'on le remercie. La vie de tous les jours, c'est déjà la preuve qu'on est honnête. L'honnêteté ne se prend pas sur les bancs de l'église. C'est intérieur, l'honnêteté.*

La religion est devenue, à ses yeux, un secteur qui relève des croyances de chacun. Ceci s'applique à tous, aussi bien à elle-même qu'à son fils :

> *Je blâme pas la personne qui va à l'église, mais d'après ma conscience, je ne suis pas coupable de ne pas y aller toutes les semaines (...) Mon fils a déjà une tendance pas tellement pieuse lui non plus. Mais il va à la messe tous les dimanches avec son père. (...) Quand il aura dix-sept, dix-huit ans, un âge raisonnable, il décidera lui-même (...) La religion c'est une affaire qui devient de plus en plus une activité privée. Autrefois c'était la collectivité, tout en groupe, l'ensemble, disons, qui imposait de faire sa religion. Maintenant chacun fait lui-même ce qu'il veut...*

En un sens, elle n'a pas changé d'attitude à l'égard de la religion puisqu'elle n'a jamais eu conscience d'être croyante. Ce qui est relativement nouveau dans son expérience c'est : a) de trouver un support dans le processus de privatisation de la religion et surtout dans l'attitude actuelle des jeunes ; b) de pouvoir exprimer ouvertement sa non-croyance en n'allant pas à la messe chaque dimanche ; c) d'espérer que son fils deviendra aussi indépendant qu'elle à l'égard de la religion.

L'attitude de Claire demeure cependant plus complexe que l'image que nous venons d'en donner. Car elle ne mésestime pas, au contraire, les attitudes religieuses de son mari ("c'est rare pour un homme"), mais s'oppose seulement aux contraintes qu'elle ressentait de sa part. De plus, à un moment de l'interview, elle fait une étonnante déclaration :

> *J'espère que je vais changer, que je deviendrai plus pieuse, plus croyante. Mais il faut attendre pour voir comment l'Eglise va évoluer... J'aimerais bien être plus religieuse...*

Comme il s'agissait ici de l'interview de couple (Claire et Gilles ensemble) et que Gilles venait d'expliquer qu'il espérait (et croyait) que ses enfants seraient plus tard des catholiques pratiquants, doit-on interpréter cet énoncé comme visant à atténuer la sévérité de ses jugements et à éviter ainsi un conflit avec son mari ? Ou exprime-t-elle sa propre ambivalence vis-à-vis la religion ? Dans une autre interview, quelques semaines plus tard, elle revenait sur le même thème (à ce moment-là elle était seule avec l'interviewer) :

> *Q. Est-ce vous-même qui avez décidé de vos idées religieuses ?*
> *R. Oui, ça vient pas de quelqu'un d'autre. Ca vient de moi-même. Je connais des personnes qui sont très pieuses. Parce qu'à certains moments, elles ont eu bien des difficultés et elles ont passé au travers. Je connais une petite femme qui croyait tellement en Dieu, que c'est peut-être avec ça qu'elle a sauvé son ménage, admettons. Puis, je l'enviais, je me disais : elle est bien chanceuse. Moi, s'il m'arrivait une chose comme ça, je pourrais pas réagir de la même façon, ça ne me donnerait rien ; je pourrais pas aller m'agenouiller à l'église et prier le bon Dieu en espoir qu'il va arranger ma cause. Parce qu'au fond de moi-même, je le croirais pas...*

Fondamentalement, elle ne croit pas que la religion puisse venir à son secours si elle en avait besoin. Mais elle se rend compte que pour certaines personnes de son entourage, la religion apporte un support en cas de "difficultés". Or, elle semble avoir le sentiment que si elle n'a pas la possibilité d'avoir recours à ce support, elle ne l'a jamais remplacé par quoi que ce soit. S'il lui arrivait de faire face à des situations aussi difficiles que celles qu'a connues "la petite femme" dont il est question plus haut, elle n'aurait aucune mesure de sécurité pour remplacer la religion. Ce que sa remarque semble exprimer indirectement et symboliquement est un profond sentiment d'insécurité : son "irréligiosité" ne la pousse pas à se dire que *personne* ne devrait compter sur la religion pour "arranger sa cause". Au contraire, elle regrette en quelque sorte de ne pas pouvoir y recourir elle aussi. En même temps elle se définit comme n'étant ni pieuse, ni croyante (tout en disant parfois qu'elle croit en Dieu), et elle croit que le fait d'être pieux peut aider les autres. Elle n'en est pas absolument certaine ("C'est *peut-être* avec ça qu'elle a sauvé son ménage..."), et elle n'est pas prête à adopter une attitude définitive ou radicale. Elle en vient presque à se concrétiser comme "malchanceuse" et comme n'ayant pas le droit de communiquer cette attitude à ses propres enfants :

> *C'est pour ça que je réalise que c'est inutile que mes enfants sachent que je ne crois pas, parce qu'eux autres, la religion peut leur apporter le secours que moi elle ne m'apporterait pas. Alors si déjà moi je leur fais connaître mes sentiments à cet égard-là, c'est certain qu'eux seront influencés par ma façon de penser.*

A un niveau profond de sa personnalité, elle ne fait aucune référence aux sentiments de dépendance et de sécurité qui sont souvent liés à l'expérience religieuse, au moins dans le catholicisme. Sa propre ambivalence se reflète dans sa relation avec ses enfants : d'une part, elle valorise beaucoup la transparence et l'expression de soi, mais n'ose pas communiquer cette attitude à ses enfants ; d'autre part, elle valorise aussi la liberté ou l'indépendance de l'adolescent qui devient adulte, mais elle ne peut se résoudre à poser clairement une alternative à la position traditionnelle plus explicite, prise par son mari. Enfin, dans l'ensemble, elle est favorable à la remise en question de la religion par les jeunes ("ils sont plus éveillés qu'il y a vingt-cinq ans...", "les jeunes voient plus clairement qu'on voyait", etc.), mais par rapport à ses enfants, elle hésite entre cette attitude nouvelle et l'attitude traditionnelle. Cette ambivalence se reflète également dans sa relation avec son mari. D'un côté, comme nous l'avons rappelé plus haut, elle a le sentiment d'être plus indépendante de son mari qu'elle l'a déjà été et elle donne l'impression d'être assez satisfaite d'elle-même à ce sujet :

Je me sens libre de faire ce que je veux. Plus qu'auparavant. Comme je vous ai dit, mon mari, auparavant, exigeait beaucoup plus de moi. Il voulait toujours que je fasse sa volonté à lui. Au début, j'allais à la messe. Si je manquais, par exemple, quand j'étais enceinte, j'étais beaucoup malade. Mon mari croyait que je n'étais pas malade. Pour lui, il ne fallait pas manquer la messe : ce n'était pas une chose à faire, c'était mal. Il me forçait d'y aller. Maintenant, il a cessé de m'importuner avec cela, d'insister que j'aille à la messe. Il a appris que si je veux aller à la messe, c'est mon affaire, et si je ne veux pas y aller, c'est aussi de mes affaires. Je m'en fais pas un cas de conscience. Tandis que lui s'en fait un, en manquant la messe.

Mais elle ajoute tout de suite :

De ce côté-là je l'ai influencé un peu. Ce n'est peut-être pas de ce côté-là que j'aurais dû influencer. Mais en tout cas...

Finalement ce qu'elle rejette de la religion traditionnelle de son enfance et de celle de son mari, c'est l'institution qu'est l'Eglise. Il est évident qu'elle ne partage pas, par exemple, la définition du prêtre comme représentant symbolique de Dieu. Elle n'est probablement pas d'accord non plus pour adhérer à un certain nombre de croyances définies et proposées par cette Eglise. En ce sens, quand elle dit qu'elle croit en Dieu, ce n'est pas exactement le Dieu de ses parents, de son mari, de sa paroisse, des "groupes" ou des "collectivités" auquel elle faisait allusion plus haut. Ses références viennent d'ailleurs et sont beaucoup moins institutionnalisées :

Tous les humains se raccrochent à une pratique religieuse. Même les Zoulous se raccrochent à quelque chose de surhumain. Je pense que les humains ont besoin de ça. Si on croit à rien, c'est l'anarchisme, on se fout de tout... Ca peut pas marcher, un régime comme ça ; un jour, ça va se tasser...

Si l'expérience religieuse constitue pour Claire une expérience de changement, c'est en définitive parce qu'elle a rejeté cette religion traditionnelle de son univers pour en arriver à une position qui lui est beaucoup plus personnelle. Il est important de noter que cette expérience de changement s'est alimentée surtout à partir de ses propres expériences, de ses propres doutes, etc., et non pas par d'autres modèles d'expérience religieuse avec lesquels elle aurait été mise en contact. Les ambivalences qu'elle vit au sujet de la religion peuvent être finalement interprétées comme l'expression des tensions ou des conflits entre, d'une part, ses opinions, ses croyances et ses pratiques qui sont individuelles et personnelles, et d'autre part, les opinions, les croyances et les pratiques proposées par l'Eglise traditionnelle, qui sont collectives et impersonnelles. En d'autres termes, l'expérience religieuse, pour elle, est le lieu d'un conflit entre une religion "privée" et une religion "publique". En même temps, on peut dire que, dans sa religion "privée", elle se réfère à un nouveau "public" qui est constitué par les jeunes (auxquels elle s'identifie, on l'a vu). Les changements dont elle a fait l'expérience dans le secteur religieux ne se limitent pas à ses expériences individuelles, mais impliquent tout un réseau de relations, allant des relations interpersonnelles (son mari, ses enfants), aux relations organisationnelles (la paroisse, l'Eglise), aux relations inter-générations. Enfin, cette expérience religieuse impliquait sa relation avec sa société :

> *De façon générale, je considère, que la religion catholique a eu une influence importante sur la mentalité des gens de notre société ; comme tout était péché, le commerce et le profit n'étaient pas permis, ça a eu pour effet de créer une société trop conservatrice, pas assez libérale...*

Elle ne poursuit pas ses commentaires à ce sujet. Mais cette référence au système social et économique de notre société, à elle seule, montre comment son expérience religieuse n'est pas isolée des valeurs qu'elle exprime dans les autres secteurs de son activité. En ce sens, les changements dans le secteur religieux impliquent plusieurs éléments importants de sa personnalité et de son système d'appartenance.

Morale nouvelle ou traditionnelle ?

L'attitude à l'égard du changement peut être explorée par rapport à la morale. On sait comment la religion traditionnelle pratiquée au Québec proposait, entre autres choses, une morale sexuelle rigide. Face à celle-ci s'oppose ce que l'on a appelé la morale des jeunes qui propose des normes radicalement différentes.

En demandant à nos informateurs comment ils percevaient des phénomènes comme ceux de la sexualité et de la drogue chez les jeunes, nous leur demandions en somme de se situer devant l'expérience d'un changement social important. L'aîné des trois enfants de Claire et de Gilles n'ayant que douze ans, il est évident que les questions posées sur ces thèmes suscitent des réponses verbales qui pourront coïncider ou non avec les attitudes qu'ils auront peut-être à adopter concrètement dans quelques années seulement. De toute façon, l'important ici est de comprendre comment chacun d'eux perçoit cette "génération jeune" qui, en elle-même, symbolise un type de changement social.

Gilles exprime d'emblée une attitude de méfiance à l'égard du "phénomène des hippies" :

> *C'est une révolte contre le système, il y en a qui vont définitivement trop loin, au point que c'est un peu une déchéance de l'être humain. Il faudrait que les autorités puissent trouver quelque chose qui puisse être le substitut, pour répondre aux besoins de ces gens. Il y en a qui sont des profiteurs mais il y en a pour qui c'est un besoin de protester contre ce qui est conforme à la règle générale. Ils le font d'une manière extravagante. Je ne sais pas si ça va continuer.*

"Aller trop loin", "déchéance de l'être humain", "manière extravagante" : Gilles ne perçoit rien de positif dans cet univers. La sexualité est un autre thème qui l'amène à évoquer les "filles ramassées dans le coin", "les chutes" :

> *Q. Vous attendez-vous à ce que vos enfants aient des expériences sexuelles ?*
> *R. Je ne sais pas. C'est possible, aujourd'hui c'est beaucoup plus libre qu'il y a quinze, vingt, vingt-cinq ans. A ce moment, c'est les circonstances dans lesquelles ça se fait. Il faut peser le pour et le contre. Si c'est une fille ramassée sur le coin, c'est plus grave que si c'est une fréquentation de trois, quatre ans et qu'il y a une chute. Ca ne se compare pas. On a tendance à croire que les gars peuvent avoir des relations, tandis que les filles, elles ont les preuves. Lequel des deux est plus coupable ? C'est aussi grave pour un que pour l'autre. Ca dépend des circonstances. Il faut peut-être passer le linge...*

S'il est prêt à pardonner ("à passer le linge") aux coupables, il est évident que les relations sexuelles chez les jeunes lui apparaissent "graves" et mauvaises. Son attitude reflète bien la morale traditionnelle à l'égard de la sexualité : avec son fils de douze ans, il a abordé le sujet. Même s'il explique que le "côté moral" est plus important que le côté "physique", il fait référence aux maladies vénériennes et aux "mises en garde". La sexualité de son fils apparaît également comme quelque chose de dangereux avant tout :

> *Avec le plus vieux on en a déjà parlé, on a même parlé de l'acte*
> *du mariage, comment ça se faisait, pourquoi. On a abordé le*
> *sujet. A son âge, c'est le côté moral qui compte le plus, le côté*
> *physique est peu important, ça viendra avec l'âge. On essaie de*
> *lui donner les principes de base et les mises en garde. On a parlé*
> *des maladies vénériennes, ces choses-là.*

Quand il compare avec "il y a dix, quinze, vingt ans", il considère l'évolution à l'égard de la sexualité comme inéluctable :

> *La sexualité est tellement étalée : on se promène et tous les*
> *théâtres l'étalent, il y a beaucoup de magazines, il y a la publi-*
> *cité qui étale la femme continuellement. Ca ne peut pas faire*
> *autrement qu'influencer le jeune.*

La façon même d'expliquer cette évolution ("la sexualité est tellement *étalée*, la publicité *étale* la femme") exprime clairement son désaccord avec cette évolution.

A l'égard de la drogue, il exprime son inquiétude, surtout à cause des possibilités que les "fumeurs de mari n'en restent pas là". Par ailleurs, il serait favorable à la législation afin qu'un plus grand contrôle puisse s'exercer :

> *Oui, j'ai une certaine inquiétude de ça et déjà j'ai commencé*
> *à le mettre en garde contre ça parce qu'il y a un risque. On dit*
> *que si on prend de la mari il n'y a aucun problème, mais est-ce*
> *qu'ils en restent là ? Certains disent oui, d'autres, le contraire.*
> *Moi je ne connais pas ça. Je n'ai jamais essayé. Je n'ai aucune*
> *idée de ce que ça donne (...) A venir jusqu'à dernièrement,*
> *j'étais contre la légalisation de ça, parce que j'avais peur que ça*
> *se répande encore plus, mais peut-être il serait mieux que ce soit*
> *légalisé et contrôlé par des autorités compétentes. A ce moment,*
> *les charlatans et les profiteurs seraient beaucoup moins*
> *influents.*

Dans l'ensemble, Gilles adopte donc nettement une attitude défavorable à cette dimension de la vie sociale et ses attitudes sont essentiellement les mêmes, qu'il s'agisse des jeunes en général ou de son fils de douze ans.

Claire, pour sa part, exprime une attitude souvent plus nuancée, plus complexe et plus favorable aussi à tout ce qui caractérise cette nouvelle morale. Si, à propos de la drogue, elle se rapproche des conclusions de son mari (il y a le danger que les jeunes passent de la mari à "des drogues plus fortes"), elle nuance beaucoup ses opinions. Elle exprime même ses doutes à ce sujet : à propos du Festival de Manseau où "beaucoup de drogues avaient été utilisées", elle se déclare défavorable, mais ajoute quand même : "c'est peut-être une bonne chose". A propos des motivations à prendre de la drogue, elle distingue les motivations "physiques" et les "problèmes" que les jeunes cherchent à masquer :

> Les drogues, je les connais pas beaucoup. L'année dernière, on a eu quelques conférences à l'école de mon fils, par un officier de police ; on a eu quelques assemblées de parents pour en discuter. J'en connais un peu par leur nom : la marijuana, le hachisch. Mais leur degré de force... La mari apparemment, c'est pas tellement fort. Un jeune homme de vingt-trois ans disait qu'il voulait que ce soit permis. Je pense que c'est pas correct. Le mal, c'est que le jeune, bien que ce soit pas plus dommageable qu'une cigarette, recherche pas les mêmes sensations qu'un fumeur de cigarettes. Cette sensation y va la trouver dans les débuts. A force de fumer, y la trouvera plus, y cherchera quelque chose de plus fort. C'est psychologique. C'est pas de fumer qui est dangereux, c'est ce que le jeune recherche ; ça peut l'amener à des drogues plus fortes. C'est la clé qui ouvre la porte. Ca commence à être dangereux. Ca règle aucun problème ; les jeunes qui en prennent parce qu'ils ont des problèmes, que ça va mal à l'école, avec leurs parents, ça règle rien du tout. Ca fait qu'amoindrir la personne humaine, la rendre un peu dingue.

Pour ce qui est de son fils, elle est "inquiète", mais n'exprime pas de panique :

> Présentement, non. Pas à l'école où y est. Ca a l'air assez sévère, quoique y peut toujours s'en passer ; mais y faut pas se mettre martel en tête, on vivrait plus. Aux conférences, ça m'a assez inquiétée de voir combien c'était répandu dans les écoles... On surveille quand même. On l'a bien averti, si quelqu'un voulait y en passer, de jamais accepter.

Enfin, même si l'expérience de la drogue est dangereuse à ses yeux, tous ne réagissent pas de la même façon.

> C'est pas comme se faire allonger les cheveux ; ça implique autre chose que le superficiel, le physique. Ca implique l'habi-

*tude d'en prendre, la difficulté à laisser, après. Quand y sont
trop engagés, y peuvent difficilement en sortir. Y en a qui sont
traités, qui retombent après. Ça peut passer aussi, mais y
faudrait que quelqu'un fasse quelque chose... les autorités.*

Notons que la référence aux autorités est pour rappeler qu'elles
peuvent aider à faire en sorte que les expériences ne soient pas toujours
malheureuses ("ça peut passer aussi, mais faudrait que quelqu'un...").
Quant à la sexualité, elle *s'attend* à ce que ses enfants aient des
relations sexuelles et exprime d'emblée une attitude favorable. Elle y
voit des avantages pour les jeunes eux-mêmes, pour les couples, pour
la femme. Elle est contre la vie commune hors le mariage, mais on
apprend tout de suite qu'elle favorise le divorce quand il y a désaccord
entre les deux partenaires. Elle exprime ses réticences à reconnaître
la même liberté à ses filles qu'à ses garçons ("des vieux sentiments qui
remontent de ma jeunesse") mais poussant son raisonnement jusqu'au
bout, elle accepte que les jeunes utilisent des méthodes de contrôle des
naissances, etc. Voici un long extrait d'interview à ce sujet :

*Q. Pensez-vous que vos jeunes auront des expériences sexuel-
les ?*
*R. Oui, je m'y attends. Presque tous les garçons en ont pis c'est
pas une mauvaise chose non plus. Un homme, autant qu'une
femme, c'est normal pis c'est pas mauvais. Quand une fille
arrive au mariage, sans avoir eu d'expériences avant... Si y en ont
eu avant, ça les empêchera peut-être pas d'être malheureuses. Y
a des couples qui se marient, qui s'aperçoivent après qu'y sont
pas faits l'un pour l'autre, qui savent absolument pas ce qu'est
un homme ou une femme. Je pense pas d'avoir des expériences
nouvelles à tous les jours, mais c'est pas mauvais qu'un jeune
ait des expériences. J'aimerais pas que mon fils aille rester avec
une femme, mais qu'y ait des expériences de jeune, de garçon...
Avoir une expérience sexuelle comme ça, si y sont d'accord tous
les deux, mais pas rester ensemble. Je pense pas que le fait de
rester ensemble six, huit mois va plus les faire se connaître ; ça
prend plus de temps que ça pour savoir si ça va marcher ou non
dans le mariage. Du côté sexuel, y peuvent découvrir qu'y sont
faits l'un pour l'autre. Y a des gens mariés qui sont pas faits l'un
pour l'autre ; soit que l'homme a plus de désirs que la femme a
le désir d'en donner ou vice versa. De rester ensemble, je vois pas
les avantages. Si sexuellement y s'entendent, pourquoi y se
marieraient pas si y sont pour rester ensemble des années
pour voir si les caractères conviennent. Qu'y se marient, qu'y*

divorcent si ça marche pas... (...) Je serais plus consentante que mon garçon fasse des expériences ; je pense que c'est un point de vue de protection. C'est comme si je devais sentir mon garçon plus libre que ma fille. Je sais pas si c'est des vieux sentiments qui remontent de ma jeunesse, mais on a toujours l'impression qu'une fille doit pas être touchée.

Si je suis consentante que mon garçon ait des expériences, y doit avoir d'autres mères consentantes aussi... Si mes filles en avaient, ça me ferait quelque chose, mais je trouve quand même que c'est une bonne chose, je le tolérerais. Evidemment, faut qu'y s'arrangent pour pas mettre d'enfants au monde. Mais avec toutes les méthodes... (...) Je voudrais pas voir ma fille à douze ans avoir des expériences sexuelles, c'est des enfants. Vers dix-huit, dix-neuf, vingt ans, une fille sait ce qu'elle fait, encore plus qu'un garçon, a sait ce qu'a va faire ; si a veut pas, a sait ce qu'a manque... (...) Je voudrais pas que mon garçon ait des expériences sexuelles trop jeune aussi. Faudrait qu'y soit conscient, responsable de l'acte qu'y pose. A dix-sept, dix-huit ans, si la jeune fille est enceinte, y peut pas être responsable... Je pourrais pas l'empêcher, on peut pas les suivre à cet âge-là. Mais je pense qu'un garçon devrait pas se permettre tant qu'y est pas en mesure de prendre la responsabilité de ce que ça impose.

Comme Gilles, elle explique l'évolution de la morale sexuelle par le contexte social :

Avec l'évolution de tout ce qui nous entoure, c'est un phénomène normal. L'évolution de la télévision, des annonces, des films ; c'est normal qu'un jeune y pense plus jeune à avoir des relations. On ne présente que des films de sexe ; à la T.V. on présente des choses qui éveillent les désirs. C'est normal dans ce contexte, que les jeunes réagissent comme ça.

Cette évolution, en plus de lui apparaître "normale", lui semble fort heureuse. Quand elle compare à la situation qu'elle-même a connue :

Je trouve qu'une personne qui a des relations sexuelles plus jeune, la femme est plus épanouie, si elle se sent libre de le faire. Dans les pays où les femmes sont libres sexuellement, sans passer pour une putain ou une donnée, elles sont beaucoup plus épanouies que nous l'étions il y a dix, vingt ans.

Cette conception de la sexualité se reflète aussi à propos de l'éducation sexuelle de leurs enfants, en particulier de leur fils :

> *Le plus vieux, on y a fait lire certains livres que le gouvernement canadien publie, aussi ceux de Jeannette Bertrand. Pour le moment, y est assez renseigné, mais pas excessivement. Jusqu'au printemps dernier, y était encore petit garçon ; y est devenu un jeune homme ; on lui a parlé ; on lui a dit ce qu'on croyait devoir lui dire ; on lui a fait lire des livres sur la sexualité, sur la mentalité des petites filles. On n'a pas encore de problèmes de ce côté.*

Notons comment elle relie la sexualité à toute l'adolescence et non pas seulement aux aspects physiologiques et moraux : ("on lui a fait lire des livres sur la mentalité des petites filles"). Il serait intéressant de savoir si ces livres reflètent l'image qu'elle-même se fait de la femme et de la sexualité...

Que les comportements des jeunes surprennent parfois, qu'il y ait conflit entre leurs valeurs et celles de sa génération, rien de cela ne semble la surprendre. On a vu déjà comment elle s'identifiait à cette génération nouvelle (à propos de la religion entre autres). De plus, ces conflits de génération lui apparaissent à la fois inévitables et très peu menaçants :

> *Y'a eu des crises à toute époque, à toutes les jeunesses. C'est parce que maintenant ça se voit plus, les jeunes parlent beaucoup, revendiquent leurs droits. De tous les temps, les jeunes ont paru faire des excentricités ; ça passe, c'est une mode. Ca va partir dans quelques années, y va venir autre chose.*

Sur ce thème de la nouvelle morale sexuelle — et sur celui des jeunes en général — elle exprime une très grande ouverture au changement. A propos du travail de la femme, l'histoire ne s'écrit pas cependant de la même façon.

Travail de la femme

Il faut bien voir comment ce thème est différent de celui de la religion et de la nouvelle morale. Les changements dans le secteur religieux faisaient appel, du point de vue de Claire elle-même, au secteur *privé* plutôt que *public*, aux *consciences individuelles* plutôt que *collectives*. La sexualité également. Ceci ne signifie aucunement qu'il n'existe pas de normes sociales concernant ces secteurs, mais plutôt que ces normes s'appliquent à ce qui, dans notre société, est défini comme le "secteur privé" : les relations privilégiées à l'intérieur de la famille et/ou des réseaux d'amitié. La participation au marché du travail dépasse le cadre de ce secteur privé. De plus, alors que les changements à l'égard de la religion et de la sexualité supposent d'abord des changements normatifs (des changements de croyances, d'opinions, de valeurs), les changements à l'égard du travail impliquent d'abord : a) l'apprentissage d'un rôle technique (professionnel) ; b) l'insertion dans des organisations complexes et beaucoup plus structurées que ne l'est la famille ou la religion (plusieurs niveaux d'autorité, division du travail, mécanismes de promotions, politiques sociales, etc.) ; c) enfin, l'intégration au système de production socio-économique. Par ailleurs, il est évident aussi que le thème du travail de la femme — comme celui de l'homme — évoque tout un ensemble de normes et de valeurs culturelles associées à ces rôles professionnels, organisationnels et socio-économiques.

Nous avons déjà vu comment Claire ressent très fort la solitude. Elle trouve son travail de maison routinier, elle aimerait rencontrer plus de personnes, sortir plus souvent avec Gilles, etc. Par ailleurs, elle n'aime pas avoir des loisirs de groupes ni faire partie d'associations. Elle tâche de ne pas trop communiquer à Gilles ce sentiment de solitude afin de ne pas le distraire de ses cours. Ce dernier se dit que la seule solution possible serait d'abandonner ses cours. Ni lui ni Claire n'envisagent sérieusement cette possibilité. C'est dans ce contexte que plusieurs fois les interviewers sont revenus avec Claire et Gilles sur ce thème du travail de la femme à l'extérieur du foyer. Il est évident, par son témoignage, que le sentiment d'ennui et de solitude qu'elle ressent est associé au fait que ses relations sociales s'établissent dans un réseau trop étroit à ses yeux :

Je voudrais sortir des fois, du cercle familial. Je voudrais sortir de l'habitude routinière. C'est toujours la même routine, c'est toujours les enfants, c'est toujours mon mari, c'est toujours la même chose. On va chez ma soeur, c'est toujours ça. Il me semble qu'un jour j'aimerais ça faire quelque chose, sortir, aller ailleurs, voir d'autre monde ou changer d'un peu le mode de vie... quelque chose, parce que ça devient quand même monotone, disons. Pas monotone, mais, c'est trop routinier, c'est toujours la même chose. (...)

La solution qu'elle entrevoit d'elle-même est de "sortir" plus, de "rencontrer d'autres gens".

> *Je me promets bien que quand mon mari va avoir fini ses cours,*
> *ça va être dans quatre ans, il lui reste quatre ans à faire, mais*
> *qu'on va essayer de changer un peu notre vie. Sortir plus, de*
> *faire partie d'associations ou quelque chose où on pourrait*
> *rencontrer d'autres gens peut-être.*

On a vu toutefois ses réticences à l'égard de la participation à des associations : ce n'est pas dans sa "nature", dit-elle, de participer à des groupes, elle s'y trouve mal à l'aise, elle "étouffe".

Si elle cherche une réponse à ses sentiments d'ennui et de solitude, Gilles pose le problème sur un plan beaucoup plus rationnel qu'affectif :

> *C'est le contact intellectuel, le développement de l'esprit, qui*
> *peut lui manquer le plus, à ma femme. Elle est toujours prise*
> *dans son petit cercle fermé. Elle ne peut pas se développer au*
> *même pas que la société parce qu'elle n'est pas assez en contact*
> *avec. Comme ma femme dit, il y en a qui s'assurent ces contacts*
> *parce qu'elles en souffrent. Mais même celles qui en souffrent*
> *moins, il serait peut-être bon de trouver une formule...*

Quand on lui demande, à un autre moment, "par quels moyens les femmes peuvent s'intéresser au monde extérieur tout en s'occupant de la famille", il n'inclut pas là non plus, le travail à l'extérieur :

> *Par les arts, par leurs enfants ; ce que leurs enfants font à l'exté-*
> *rieur peut les amener à s'intéresser au monde extérieur, à les*
> *garder en contact. Ce que le mari fait aussi à l'extérieur ça peut*
> *leur donner un contact. La femme doit essayer d'avoir le plus*
> *de contacts possibles, tout en élevant sa famille.*

On a vu plus haut comment Claire elle-même considère dans son rôle d'épouse d'être "compréhensive", "attentive" au travail de son mari. Mais ce rôle ne suffit pas à réduire son sentiment d'ennui. Dans l'ensemble, Gilles et Claire ne posent pas le problème dans les mêmes termes ("solitude, ennui" ; "développement de l'esprit"), mais ils sont d'accord pour exclure spontanément le travail à l'extérieur "parmi les solutions possibles". Cela est déjà révélateur de leur attitude à ce sujet.

Voyons d'abord ce que répond Gilles quand on lui pose directement la question à propos du rôle de Claire :

Bien je pense qu'une femme qui a une famille, des enfants, une maison à entretenir, qu'elle veut réellement remplir son rôle de mère, elle ne peut pas tellement y arriver en ayant des occupations à l'extérieur. Je ne veux pas nécessairement dire qu'elle ne peut pas avoir des loisirs, certains divertissements. Elle peut participer à des mouvements d'aide pour les pauvres ou certains mouvements de loisirs de la paroisse. Elle peut faire partie d'une association, de quelque chose qui l'intéresse en dehors de la maison. Mais pour aller travailler quand on a une famille, je peux pas concevoir qu'une femme puisse faire les deux. Il faut que quelque part, il y ait quelque chose qui en souffre. En général, c'est la famille qui en souffre parce qu'au travail, si elle fait pas son travail, ils vont la foutre dehors. Elle est obligée de faire son travail, puis quand elle arrive à la maison, que voulez-vous ?...

Notons qu'il met l'accent sur le rôle de *mère* et non pas sur la relation entre elle et lui. Puis il prend pour acquis que si sa femme travaillait, elle demeurerait seule entièrement responsable de l'éducation des enfants et du travail de maison. Il n'envisage aucunement de modifier en même temps, soit son propre rôle, soit le rôle de mère (par le recours à de l'aide domestique, à un système de garderie, etc.).

Claire partage cette définition de son rôle. Elle en est insatisfaite mais il serait, pour elle aussi "impensable" de s'y soustraire. Voici la très longue réponse qu'elle donne à la question : "Est-ce que vous pensez que les femmes devraient travailler... ?"

Oh, ça c'est un vrai problème. Ce serait mieux que les femmes travaillent pas. Une femme mariée, surtout quand elle a des enfants, la première des choses, si son mari fait un salaire raisonnable, si la femme travaille, elle enlève déjà la situation à quelqu'un qui est en chômage probablement. Ca c'est un point. Deuxièmement, je pense que faire élever ses enfants par les autres, c'est un autre point qui n'est pas bon. Les enfants manquent de sécurité. Les enfants s'attachent pas au milieu familial. Puis je crois que c'est une grosse erreur dans la vie actuelle ; c'est un manque dans la vie actuelle que les enfants ont pas assez d'amour puis d'attachement au foyer, dans certains cas. Sans ça, ça irait bien mieux, je pense, dans plusieurs domaines. Puis aussi, je pense qu'une femme qui a des enfants, est toujours épuisée. Ca peut pas aller en dehors du ménage, d'après moi, c'est mon opinion. Je sais que dans certains cas la femme doit travailler à cause des finances aussi ; parce que

> *beaucoup d'hommes ne font pas un salaire assez élevé pour arriver à vivre convenablement, avec les loyers qui sont très chers, la nourriture qui est très chère, les vêtements, tout ça. Un couple, disons, qui a deux, trois enfants à faire vivre, c'est quelque chose, ça coûte assez cher. Alors il y a des femmes qui travaillent parce qu'elles ont besoin d'argent, y en a d'autres qui travaillent pour se payer un peu plus de voyages, des choses comme ça. Si les enfants n'ont pas... disons que les enfants sont grands ou sont à l'école toute la journée, c'est quand même pas si mal...*

La femme peut donc travailler pour des raisons financières, mais autrement elle prend indûment la place d'un homme ; les jeunes enfants risquent de manquer "d'amour" et de "sécurité" en se faisant élever par les autres, mais la mère peut travailler si ses enfants sont des adolescents et que son emploi lui permet d'entrer tôt à la maison :

> *Disons qu'une femme s'en tirera bien à un certain âge même si elle a des adolescents à la maison. Ils sont à l'école une partie de la journée. Alors si la femme fait un travail qui ne la retient pas trop le soir (cinq heures, cinq heures et demie), ça va, c'est pas mal...*

Mais comme elle aura quand même le travail de la maison à faire, la fatigue ("l'épuisement") devient un autre obstacle au travail à l'extérieur. Quand on lui pose la question en termes moins généraux : "aujourd'hui, est-ce que vous aimeriez ça travailler ?", elle revient à l'éducation des jeunes enfants :

> *Tant que les enfants seront jeunes, il n'en est pas question...*

Mais elle fait aussi plus directement référence aux difficultés qu'elle rencontrerait sur le marché du travail :

> *Surtout moi qui n'ai pas beaucoup d'instruction, je peux difficilement avoir du travail, disons, qui ne soit pas dur à faire. Parce que j'ai pas la santé, disons, pour travailler à la maison, faire mon ouvrage, puis faire un travail dur à faire, comme celui que j'ai fait quand j'étais presseuse ; c'est extrêmement dur ce travail-là. Je ne serais plus capable aujourd'hui de faire ce travail-là. Alors... j'aimerais ça travailler, mais pas un travail aussi exténuant.*

Or on sait comment, à ses yeux, elle a le sentiment d'être déva-
lorisée parce qu'elle n'a pas l'instruction qu'elle souhaiterait avoir.
Dans sa famille, son mari suit des cours du soir pour compléter cette
instruction, mais elle ne le fait pas. Ce manque d'instruction l'obligerait
à prendre un travail plus "dur" se dit-elle, alors qu'elle n'en a pas la
capacité. Surtout qu'elle aussi — comme Gilles — prend pour acquis que
rien ne changerait dans son rôle de "maîtresse de maison".

Mais ceci dit, quand la question lui est posée en termes personnels,
elle accepte d'abord l'idée qu'elle puisse retirer un revenu de son
travail :

> *J'aimerais ça parce que ça me ferait un revenu...*

Même si travailler pourrait, dans son milieu, signifier que sa famille
est "financièrement" dans le besoin, elle serait prête à le faire. Ceci
est important quand on se rappelle la place qu'occupe le critère de
réussite sociale dans leur vie. Elle accepte ensuite l'idée que ce travail
puisse être une réponse valable à ses expériences actuelles :

> *Quand les enfants seront assez grands pour s'organiser tout
> seuls, j'aimerais ça travailler... Comment je dirais, je trouve
> qu'une femme qui travaille un peu, ça lui remonte le moral, ça
> passe la routine parce qu'on devient tanné de toujours rester à la
> maison. Moi en tout cas. Y a peut-être des personnes qui aiment
> ben gros la maison, mais moi, y a des journées où je suis bien
> tannée d'être dans la maison. Les enfants me fatiguent, je
> m'ennuie, je suis nerveuse. Des fois, y a des journées où je me
> dis : j'aimerais donc ça, j'ai envie de travailler...*

Nous avons commencé tout à l'heure en citant Gilles. Bouclons la
boucle en rappelant la suite de ce témoignage. L'interviewer lui
demande :

> *Q. Est-ce que vous avez déjà parlé à votre mari de travailler ?*
> *R. Ah oui, j'en ai déjà parlé, mais il n'est pas d'accord. Il ne
> veut pas du tout en entendre parler. Il dit qu'une femme qui
> travaille c'est pas payant parce qu'il n'y a personne pour s'oc-
> cuper des enfants. Puis avoir des enfants puis les faire élever par
> d'autres, ça ne marche pas. Et puis il dit : le salaire que toi tu
> peux faire, si tu travailles, ils vont me l'enlever sur l'impôt à
> moi. Ce qui va te rester, c'est pas payant financièrement non
> plus. Puis tu devrais penser à ce que tu as : ça ne prendrait pas
> de temps que tu serais exténuée...*

S'il est évident qu'il reprend des arguments auxquels elle est elle-même très sensible (les enfants, sa santé et la fatigue), il est aussi évident qu'il ne réussit pas à sentir à quels besoins ce travail répondrait chez elle, qu'il ne comprend pas la signification profonde qu'aurait pour elle un travail à l'extérieur. Il est possible aussi qu'il soit finalement plus soucieux qu'elle de l'impact d'un travail sur sa santé. Mais il n'y a aucune recherche d'un type de travail qui pourrait quand même lui convenir[3].

Si, à ces arguments de son mari on ajoute ses témoignages antérieurs où elle explique comment elle retire des satisfactions de son rôle de mère (les enfants, la "joie" des mères, etc.) et d'épouse ("je m'intéresse vraiment à son travail", etc.), on comprend qu'elle fait l'expérience d'un conflit entre ses rôles traditionnels et cette conduite relativement nouvelle que serait, à ses yeux, un travail à l'extérieur.

Notons enfin que sa façon d'aborder ce conflit n'est pas étrangère à ce que nous savons de son adhésion à une éthique de compétition, de responsabilité individuelle, de succès ou d'échec :

> C'est chacun pour soi. On vit dans une société, mais si moi j'ai pas eu l'occasion d'avoir de l'instruction, ce n'est pas parce que c'est pas possible d'en avoir. Je peux y aller, je pourrais y aller, prendre des cours...

En définitive, elle prend sur elle la responsabilité entière de la situation dans laquelle elle se trouve. Son éthique l'empêche d'élargir cette zone de responsabilité pour inclure des facteurs sociaux. Elle ne semble pas, non plus, s'opposer à son mari sur ce point, même s'il est plus absolu qu'elle dans sa façon de l'aborder. Par ailleurs, si au niveau des décisions et des conduites, elle n'apparaît pas ici très ouverte au changement, elle n'y est cependant pas absolument étrangère. Sa façon d'explorer ses expériences, (d'associer le travail à ses expériences d'ennui et de solitude, d'envisager les diverses autres possibilités, etc.) est en elle-même un type d'ouverture au changement, en ce sens qu'elle accepte d'envisager des possibilités qui dépassent les limites des rôles traditionnels. Sans accepter de transgresser les normes sociales qui régissent ce rôle de femme, elle réussit à explorer les possibilités.

Le système politique et social

Bien des thèmes que nous avons explorés nous ont déjà fourni des indications sur leurs attitudes à l'égard des possibilités de changement dans le système politique. Ainsi on sait qu'ils ne voudraient pas aller vers un type de "socialisme" parce que celui-ci irait à l'encontre d'une de leurs valeurs centrales : l'ambition et l'esprit de compétition. Pour la même raison, ils ne sont pas favorables aux diverses mesures législatives qui font se mouvoir notre système politique vers le type pur du *Welfare State* : ils ont le sentiment que ceux qui réussissent dans notre société ne doivent pas être ainsi dépendants de l'Etat. Le syndicalisme peut être considéré comme une des forces de changement dans notre société, mais on sait que Gilles ne souhaite pas leur voir jouer plus qu'un rôle de "chien de garde" auprès du gouvernement et qu'un rôle de protecteur du consommateur. La "classe des travailleurs" à leurs yeux ne peut, elle non plus, être un élément très dynamique de la société parce que ceux-ci sont trop vulnérables, trop faibles. Les partis politiques traditionnels eux-mêmes ne constituent pas à leurs yeux une source de changement : au niveau d'une critique socio-politique, c'est peut-être par ce rejet des partis traditionnels qu'ils sont plus ouverts au changement. Mais cette attitude ne semble pas être très forte, car s'ils ont voté créditiste aux dernières élections, c'est surtout parce qu'ils connaissent peu l'équipe de Bourassa. Au moment des interviews, Gilles déclarait être de "plus en plus favorablement impressionné par Bourassa". Le Parti québécois (tout comme le Parti créditiste) leur apparaît plus "proche des travailleurs", mais on sait qu'ils s'identifient peu aux travailleurs et ne croient pas à l'indépendance politique du Québec. Leur acceptation profonde du système économique actuel les porte probablement à considérer l'aventure indépendantiste comme étant très risquée. De toute façon, ils n'ont pas l'intention de participer davantage au fait politique dans l'avenir, même si, à leurs yeux, le gros problème de la démocratie est l'absence de participation. On a vu également que "les événements d'octobre 1970" amenaient Gilles à en évoquer plus les significations sociales en général (la jeunesse, le chômage) que les significations politiques et nationales. Il a bien associé l'entreprise du F.L.Q. "au fait français", mais cette "question du Québec" tient très peu de place dans l'ensemble de son témoignage. De plus, l'élément de violence caractérisant les gestes du F.L.Q. va aussi à l'encontre de leurs valeurs libérales. C'est Claire qui explique pourquoi ils en ont parlé très peu devant les enfants :

> *Parler de politique devant les enfants, c'est correct. Mais pas parler des fonds crapuleux que les adultes découvrent dans la politique. A ce moment-là, je trouve que les enfants ont pas besoin de savoir que les adultes sont à ce point corrompus, crapuleux. Oui, c'est vrai. Je trouve, j'ai peut-être tort, mais je trouve que les enfants ont bien assez le temps pour voir le mauvais côté de la vie. En temps et lieu, ils sont informés.*

S'ils savent que "dans le système politique qu'on prétend avoir" tout n'est par vraiment "démocratique", ils ne sont pas prêts pour autant à accepter l'idéologie et le fait d'une pratique révolutionnaire. D'un autre côté, à l'heure où sont remises en question les sociétés multinationales et leur impact sur les systèmes politiques nationaux, ils ne participent pas à ce courant d'idées (ils ne le mentionnent même pas), même si Gilles a toujours travaillé dans une compagnie de ce type.

Est-ce à dire qu'ils sont fermés à tout changement dans le système social et politique ? Certainement pas à leurs yeux, car quand ils considèrent ce qu'a été, dans leur propre expérience, leur point de départ dans la vie, ils ont probablement le sentiment d'avoir participé à l'évolution du Québec : leur mobilité sociale, le passage de la vie rurale (pour Claire) et de la petite ville (pour Gilles) à la vie urbaine, constitue bien une participation à un type de changement, mais à un changement institutionnalisé, intégré à l'évolution de notre système social. Les expériences de travail de Gilles peuvent être envisagées dans la même perspective : les succès professionnels qu'il a connus, les efforts qu'il fait pour suivre des cours du soir sont autant de façons qu'il a de participer à une société libérale qui a intégré le changement dans son propre système. Le fait de travailler actuellement dans une industrie qui s'appuie sur une technologie de pointe, favorise probablement ce sentiment de participer au changement. Mais dans tous les cas, il s'agit d'un changement domestiqué, bien intégré à notre système social. Dans le contexte du système de valeur de Claire et de Gilles, accepter ce changement, y participer, est à la fois un facteur de succès et le symbole de ce succès.

Il demeure cependant que dans les secteurs qui ne sont pas exclusivement politiques — la religion, la morale des jeunes, le travail de la femme — il leur est plus facile d'adopter une attitude d'ouverture au changement. Dans tous ces secteurs, Claire exprime une plus grande ouverture au changement que ne le fait son mari. Celui-ci consacre le gros de son temps et de ses énergies à son travail qui constitue, à ses yeux, l'élément dynamique de ses expériences : s'il doit vivre des expériences de changement, c'est à travers son travail qu'il le fait : soit par le système de promotion, soit par l'exercice de nouvelles compétences techniques, soit pour un revenu qui lui permettra de remplir mieux son rôle de soutien de famille.

Quand nous leur avons demandé s'ils avaient des projets pour l'âge de leur retraite, ils répondaient tous deux souhaiter acheter un "lopin de terre" à la campagne pour pouvoir y faire un jardin potager. Cela symbolise sans doute l'indépendance à l'égard de la société, indépendance pour laquelle ils auront travaillé fort toute leur vie. L'idéal, dit Gilles, serait "qu'on puisse continuer à être un peu utile à la société". Claire, en disant partager ce projet de lopin de terre expliquait : "il m'a convaincue"... Peut-être songeait-elle en même temps à cette dépendance à l'égard de Gilles contre laquelle elle a beaucoup lutté et peut-être aussi se demandait-elle si c'est en allant vivre en pleine campagne qu'elle résoudrait le sentiment d'ennui et de solitude qui est au centre de ses expériences actuelles...

Image de soi : son unité et ses contradictions

Jusqu'ici, tout au long de notre analyse, nous avons décrit la façon dont Claire et Gilles se percevaient par rapport aux réseaux d'appartenance qui soutiennent leurs activités quotidiennes ; nous avons exploré aussi leur façon de se situer par rapport à des dimensions comme leur pouvoir ou leur non-pouvoir, leur dépendance ou leur indépendance, et par rapport à une attitude favorable ou défavorable aux changements. Par rapport à chacune de ces dimensions, il est évident que Claire et Gilles se définissent quotidiennement, qu'ils se réfèrent plus ou moins implicitement à l'image qu'ils ont d'eux-mêmes et de l'univers qui les entoure. A ce moment-ci, la question à laquelle nous tenterons de répondre est la suivante : à travers ces différentes appartenances, à travers ces différentes dimensions de leur vie quotidienne, comment réussisent-ils — ou non — à établir une certaine cohérence, c'est-à-dire à percevoir une unité, un sens à l'ensemble de leurs perceptions, de leurs attitudes, de leurs conduites ?

Quand nous avons demandé à Gilles comment il percevait l'ensemble de sa vie, quelles étapes importantes il avait l'impression d'avoir traversées, il répondit en deux temps. Il considérait d'abord qu'il y avait eu trois périodes importantes dans sa vie : son adolescence qui allait de douze à dix-neuf ans, le moment où il a commencé à travailler et le moment où il est entré à la compagnie pour laquelle il travaille aujourd'hui. A un autre moment, il nous dit que les principaux points de repère, les "tournants" dans sa vie ont été les suivants :

1. *Mon mariage qui m'a permis de me "compléter", de réaliser mon désir d'avoir des enfants et d'avoir une vie familiale.*
2. *Ca été au moment de mon transfert au département de l'instrumentation et de contrôle de la compagnie Z. C'est à ce moment-là que j'ai vu ce que je pourrais faire dans la vie, c'est là que j'ai pu prendre une certaine orientation que j'ai suivie par la suite.*
3. *Mon entrée à la compagnie X (celle pour laquelle il travaille actuellement). Ca m'a permis de réaliser mon désir de me créer une position intéressante et aussi de faire un travail que j'aimais.*

4. Le dernier tournant a été la décision que j'ai prise de suivre des cours du soir. Ces cours m'offrent une nouvelle porte dans le domaine administratif et j'espère, il est possible que ce soit le cas.

On retrouve à travers ce témoignage ce que l'ensemble des interviews a clairement démontré : la place centrale qu'a tenue dans sa vie et que tient encore actuellement le secteur de son travail. Comme il le disait lui-même ailleurs : ce travail lui permet de "se réaliser" c'est-à-dire d'avoir un type d'emploi, un type d'activivé professionnelle qu'il est heureux de faire et dans lequel il se sent compétent. Ce travail qui est un travail technique, correspond à ce qu'il a toujours pensé devoir être le sien. Avant même de terminer son cours secondaire, il avait été question avec son père qu'il aille à l'institut X... "qui était à ce moment-là une des principales écoles techniques de Montréal". En même temps, ce travail technique ne l'oblige pas à établir et à entretenir des communications à un niveau très personnel avec ceux avec qui il est en contact. Et ceci aussi constitue une constante dans l'ensemble de son témoignage : il aime à travailler et à être seul. Comme on l'a vu, cela ne l'empêche pas de parler beaucoup à sa femme de sa situation de travail, de tout lui raconter. Mais cette communication, il semble bien, se situe plus au niveau de la description des situations dans lesquelles il se trouve, des problèmes techniques qu'il rencontre, qu'elle ne porte sur des dimensions plus personnelles de son travail. Là aussi on retrouve une certaine continuité dont il a lui-même conscience car, en parlant de son adolescence, il dit : c'est à cette période que j'ai appris à vivre seul et à ne compter sur personne d'autre que moi-même. Cette dernière expression "ne compter sur personne d'autre que moi-même" caractérise aussi sa façon habituelle d'être. On a vu en effet comment l'indépendance représente pour lui une valeur centrale qu'il essaie de concrétiser dans la plupart des secteurs de sa vie. Il a le sentiment, en définitive, de n'être influencé par personne, ni par sa femme ou sa famille, ni par la religion à laquelle il adhère quand même de façon assez ferme, ni par le système social qui l'entoure. Il est très fier de lui à la pensée qu'il ne dépend de personne et surtout qu'il ne vit pas "aux crochets" de la société. Son effort de tous les jours vise en quelque sorte à éviter ce type de dépendance et il espère qu'au moment de sa retraite il pourra demeurer utile à la société et surtout ne pas être dépendant d'elle.

Son travail lui permet également de jouer le rôle qu'il perçoit être le sien : celui de pourvoyeur financier aux besoins de sa famille. Mais de l'ensemble de son témoignage, on retient l'impression que son travail n'est pas surtout un moyen pour faire vivre sa famille. Il y a plutôt une priorité qui est donnée au travail lui-même. D'ailleurs dans l'extrait de son témoignage que nous venons de citer, il dit à propos de son mariage que cela lui permettait de "se compléter". Dans sa famille, et en particulier avec sa femme, il poursuit les mêmes préoccupations en lui racontant tout ce qui se passe à son travail. En même temps, dans ce milieu familial, il continue à travailler en ce sens qu'il est constamment actif, qu'il s'occupe de rénovations, de bricolage, etc. Et lui-même dit qu'il se trouve très souvent seul dans son sous-sol plutôt qu'avec le reste de sa famille.

Cet activisme — que nous ne prenons pas ici dans un sens péjoratif — cette tendance à *faire* des choses, à ne jamais s'arrêter, à manipuler des idées ou des objets, constitue une autre constante dans l'ensemble de ses activités. Sur ce point, Gilles et Claire sont tous deux d'accord. Il est fort possible d'ailleurs que cette attitude soit très précieuse à Gilles dans son milieu de travail.

Cette tendance "à ne pas compter sur personne d'autre que moi-même" doit aussi être mise en relation avec la très grande valeur qu'il attribue au libéralisme économique et social. Pour lui, la vie est un combat dans lequel chacun est en compétition avec autrui et dans lequel chacun essaie de survivre et de remporter un certain succès. On a vu comment cet esprit de compétition, d'individualisme (et encore ici il n'y a pas de jugement impliqué par ce terme) sous-tend l'image qu'il a de lui-même et du système social dans lequel il est impliqué. Il ne voudrait pas qu'on arrive au "socialisme" parce que cela brimerait l'esprit d'ambition des individus; il n'est pas favorable à ce qu'on étende des politiques d'aide sociale à la population pour les mêmes raisons; il croit qu'à son travail il n'a pas besoin de l'aide de syndicats; et, enfin, il s'agit là d'une valeur qu'il a le sentiment d'avoir reçue de ses parents et qu'il a bien l'intention de transmettre lui aussi à ses propres enfants.

Enfin, un dernier trait qui caractérise sa façon d'être et d'agir est sa rationalité. Celle-ci se perçoit aisément quand on la compare à l'émotivité que l'on retrouve très souvent dans les interviews de Claire. On a vu, par exemple, comment il concevait le problème principal de Claire et celui de la plupart des femmes : une absence de développement de l'esprit, de contacts intellectuels à l'extérieur de la famille, alors que Claire elle-même définit son "problème" beaucoup plus comme étant celui d'un sentiment de solitude. Par ailleurs, cette rationalité n'est pas sans lien avec le sentiment très fort qu'il a de bien contrôler sa propre existence : il essaie constamment par exemple de savoir d'où il vient et où il va, de poser des gestes qui l'aideront à obtenir une promotion dans sa carrière, à passer d'un employeur à un autre en fonction des besoins qu'il a à tel moment, etc. De la même façon, tout au long des séances d'interviews, il a gardé un très grand contrôle de lui-même et du contenu de ce qu'il allait dire, tout en exprimant ses opinions et en décrivant ses attitudes par rapport à un très grand nombre de thèmes. La rationalité n'est évidemment pas la seule façon de se contrôler soi-même et de contrôler son univers, mais il est évident que ce type de fonctionnement est l'outil principal dont se sert Gilles. Ceci doit aussi être associé au fait que son travail est avant tout un travail technique qui implique le recours à des procédés rationnels beaucoup plus qu'émotifs. On a vu enfin comment sa situation de travail à l'intérieur d'une grande compagnie était aussi un support à ce type de rationalité : dans cette grande compagnie — comme dans la plupart des compagnies de ce genre — il y a toute une rationalité impliquée dans l'organisation du travail, la structuration des tâches et des niveaux d'autorité, dans l'évaluation des employés, dans le système de promotions, etc. Gilles trouve donc dans ce type de travail un support très rassurant quant au type de fonctionnement rationnel qui le caractérise et pour lequel il se perçoit comme compétent.

Tendance à vivre seul et à ne compter sur personne d'autre, attitude libérale "face à la vie", très grand activisme, attitude rationnelle, voilà donc les principaux traits qui caractérisent sa façon d'être et d'agir. Ces traits, il les utilise dans la plupart des secteurs de sa vie quotidienne, mais ils trouvent leur point de focalisation dans sa vie de travail. Ce sont ces traits qui, à ce qu'il semble, donnent une très grande cohérence, une très grande unité à l'ensemble de sa vie quotidienne. On pourrait théoriser davantage et dire qu'il a trouvé une façon satisfaisante à ses yeux d'intégrer parfaitement l'ensemble des rôles quotidiens dans une société capitaliste.

Cette unité n'est toutefois pas sans être menacée : tout chez Gilles n'est pas absolument rectiligne et univalent. On a vu, par exemple, qu'à propos de la politique et des processus démocratiques, il se dit qu'il devrait "participer" davantage parce que le processus démocratique lui-même suppose une participation de la "population", du "peuple". On a vu aussi qu'à propos de la religion, il se dit qu'il aimerait ou qu'il devrait participer plus à des organisations paroissiales. De la même façon et en termes analogues, il se dit qu'il ne sort pas très souvent avec Claire, qu'il ne joue pas autant qu'il le pourrait avec les enfants. Enfin, il ne participe à aucune association volontaire, à aucun mouvement. Or il donne — et se donne à lui-même constamment — deux types d'explications à ce manque de "participation". D'une part, il se dit que ce n'est pas "dans sa nature" de le faire, et surtout que son travail et ses cours du soir ne lui permettent pas une telle participation. Son travail et ses cours deviennent l'élément central qui donne un sens, non seulement à ce qu'il fait, mais aussi à ce qu'il ne fait pas, tout en disant ce qu'il devrait faire. Un jour, se dit-il, il pourra consacrer plus de temps à la famille et à la religion, etc. Ce type d'explications qu'il se fournit à lui-même, et aussi sa façon de fonctionner à un niveau très rationnel, lui masque une partie de la réalité vécue par les autres autour de lui, surtout quand cette réalité est vécue à un niveau émotif. Il perçoit difficilement toute la charge émotive associée au sentiment de solitude de Claire, il ne perçoit pas (ou fait comme si) qu'il est possible que son fils soit moins religieux qu'il ne l'espère, qu'il est non seulement possible mais probable que son fils et les jeunes de sa génération adhèrent à des normes sexuelles autres que les siennes, que les chômeurs (par exemple) ne sont pas uniquement et toujours des individus qui n'ont pas les capacités de réussir dans le système de compétition sociale, que la question nationale est importante et viscérale pour certains de ses concitoyens, etc. Indépendamment du contenu de ses propres opinions et de ses propres attitudes, il a tendance à nier tout ce qui ne correspond pas à ses propres expériences ou, surtout, à son propre système de valeurs. Tout se passe comme si, valorisant fortement le fait de pouvoir contrôler son environnement immédiat — et en particulier son travail et sa carrière — il ne réussit pas à avoir une perception adéquate de ces autres "réalités".

Son projet le plus pressant et le plus valorisé dans le secteur de ses loisirs est de travailler au montage d'un train électrique :

> *C'est ma passion. Actuellement je suis en train d'aménager le sous-sol et je réserve toute une pièce pour mon train électrique. C'est un train qui sera à moi et à personne d'autres. Je vais certainement passer des heures à l'installer et à le faire fonctionner... Depuis l'âge de huit ans que je rêve de faire ça, et là je suis près de mon but... Je ne me souviens pas comment cet engouement-là a commencé, mais je veux réaliser mon rêve...*

Ce rêve exprime très bien ce qu'il est : il y trouve un travail technique, il y sera le plus souvent seul, il sera absolument indépendant de tous. Avec un train électrique dans son sous-sol, tout l'univers avec lequel on est fondamentalement en désaccord disparaît pour quelques heures : on peut être à la fois ou tour à tour, mécanicien, conducteur, premier officier à bord, chef de gare et président de cette compagnie de chemin de fer.

Par comparaison à Gilles, Claire apparaît comme beaucoup moins centrée sur quelques valeurs et quelques attitudes fondamentales qui donneraient un même sens à l'ensemble de ses expériences. Le type de cohérence que l'observateur peut retrouver dans le champ psychologique de Claire repose plus sur un système de contradictions. C'est par l'ensemble de ces contradictions, de ces tensions, que les expériences de Claire prennent tout leur sens.

Ainsi on a vu jusqu'à quel point elle partage avec Gilles les mêmes valeurs libérales (responsabilité individuelle, compétition, etc.), et comment elle se réfère souvent à ces valeurs pour donner un sens à ses activités. Mais, en même temps, elle valorise l'expression de soi et les contacts personnels, ce qui suppose des valeurs qui sont souvent étrangères aux premières. De la même façon, elle est très favorable à tous les comportements financiers et économiques (planification de leur budget, achat d'obligations et de fonds mutuels, etc.) qui impliquent une activité rationnelle, mais en même temps, elle réagit souvent de façon très émotive ou, en tout cas, très consciente des émotions qu'elle expérimente...

Parmi les sentiments dont elle prend souvent conscience, la solitude occupe une place centrale. Mais elle hésite à l'exprimer devant son mari pour ne pas l'empêcher de continuer ses cours du soir, qu'elle valorise autant que lui. Ces cours du soir symbolisent sans doute, pour elle, une réussite à laquelle elle s'identifie. Par ailleurs, quand elle songe à elle-même, et non plus seulement à son mari ou à son rôle d'épouse qui aide son mari dans sa carrière, elle se sent souvent inférieure aux autres parce qu'*elle* n'a pas d'instruction. Finalement sa solitude — et les réponses qu'elle voudrait y donner — vient en conflit avec son désir de voir son mari terminer ses cours. Par rapport à cette expérience de solitude, il y a aussi un écart entre la capacité qu'elle aurait d'entrer facilement en contact avec d'autres personnes, et l'absence de tels contacts au niveau de la réalité. Il y a d'ailleurs aussi une autre contradiction entre le peu de contacts réels qu'elle entretient avec sa parenté et le fait — bien évident dans ses témoignages — que la plupart des membres de cette parenté provoquent encore chez elle tout un monde d'émotions, d'images, de sentiments. Par rapport à cet univers parental (et aussi à celui des relations amicales), il y a un fossé entre ce qu'elle vit, d'une part, et ce qu'elle souhaiterait et ce dont elle serait capable d'autre part.

Son sentiment de solitude, elle l'explique non seulement par l'absence de contact avec des parents et des amis, mais aussi par le fait que le travail de maison est devenu "routinier", "automatisé". Or, si une des solutions possibles à sa solitude serait de travailler à l'extérieur, elle ne se permet pas d'y songer sérieusement tant que ses enfants n'auront pas atteint l'adolescence. Il y a à ce propos un ensemble de règles, de normes, de valeurs qu'elle a parfaitement assimilées et qu'elle ne remet pas en cause. Mais il ne s'agit pas seulement pour elle d'un conflit de valeurs. Son mari "ne veut pas entendre parler de travail à l'extérieur", de sorte qu'une décision de sa part de travailler à l'extérieur ne mettrait pas seulement en cause son propre système de valeurs, mais provoquerait un conflit interpersonnel avec son mari.

Finalement la dépendance est probablement une des dimensions centrales de ses expériences. Elle-même dit être dépendante de son mari en regard de tout ce qui touche la politique et le monde extérieur à sa famille, mais elle est dépendante de lui dans bien d'autres secteurs de sa vie. Dans bien des cas, elle est d'accord avec lui, mais en même temps, elle pourrait difficilement se permettre de ne pas l'être sans provoquer des conflits avec son mari. L'ensemble de son témoignage ne permet pas facilement de voir jusqu'à quel point elle évite — plus ou moins consciemment — d'affronter son mari.

Par rapport à la religion, par exemple, elle se sent différente de son mari et c'est là un des faits sur lesquels elle a le sentiment d'avoir changé de façon positive et d'être devenue plus indépendante. Mais cela ne vide pas la question pour elle, car en même temps, elle souhaite que ses enfants soient plus pieux qu'elle (et elle même regrette parfois de ne pas l'être davantage) parce que la religion symbolise pour elle une forme de sécurité dont elle sent plus ou moins confusément le besoin et qu'elle ne retrouve nulle part. Au niveau des valeurs et de ses pratiques (religieuses, éducationnelles, etc.) elle rejette la religion qu'elle a connue, mais aspire à quelque chose d'autre qu'elle n'a pas.

Si l'indépendance est pour elle une dimension de son expérience qui est une source de contradictions et d'ambivalence, il y a par contre deux éléments qui assurent l'unité de ses expériences. Il y a d'abord le fait qu'elle a le sentiment de réagir de façon autonome à chaque fois qu'elle a à poser un jugement évaluatif sur quelque chose, qu'il s'agisse de l'éducation des enfants, de son travail de maison, de la religion, de ce qu'elle entend sur les "hot-lines" téléphoniques, etc. A l'égard de son mari aussi elle se sent autonome, c'est-à-dire capable d'aller chercher en elle-même ce qu'il faut pour évaluer ce qui est bon ou mauvais pour elle.

L'autre source d'unité dans ses expériences est le sens du changement. Dans bien des secteurs de sa vie, elle a le sentiment d'avoir changé d'opinions, d'attitudes ou de comportements au cours de sa vie. A ses yeux, ces changements ont un sens parce qu'ils ont modifié des situations qu'elle trouvait personnellement insatisfaisantes ou qu'elle percevait comme correspondant à une "époque révolue". De plus, elle a le sentiment que ces changements ont aussi un sens pour d'autres qu'elle-même : elle s'identifie beaucoup aux jeunes qui s'orientent vers un style de vie auquel une partie d'elle-même s'identifie. Elle a aussi le sentiment qu'il n'y a pas que les jeunes qui changent ("les parents aussi sont plus gâtés qu'avant..."), mais que toute la société évolue en même temps qu'elle.

Nous parlions plus haut de son sentiment d'autonomie. Il reste, à cet égard, qu'elle ne prend pas pour autant conscience de tous les déterminismes sociaux et culturels qui influencent, en dernier ressort, ses diverses expériences qui viennent du fait qu'elle-même et son milieu social utilisent, sans les critiquer, les définitions socio-culturelles des rôles masculin et féminin. Mais on a l'impression qu'elle sent confusément le poids de ces définitions socio-culturelles, quand elle dit, à la toute fin de la série d'interviews, que "la maison, c'est le seul endroit où je peux vraiment donner tout ce que je peux donner", mais qu'elle ajoute aussitôt que son désir à elle serait de posséder plus tard un petit magasin de tabac.

Ce magasin de tabac, cette *tabagie*, c'est un rêve qui n'est peut-être pas très réaliste, mais c'est un rêve qui exprime le désir de sortir d'un rôle "féminin", d'être en "affaires", d'avoir plus de contacts avec le monde extérieur, et de ne pas être réduite au travail de maison.

Durant les soirées où elle serait à la tabagie – sans doute attenante à la maison – Gilles pourrait faire fonctionner son train électrique dans la salle de jeu... La tabagie, c'est vraiment le symbole de ce qui lui permettrait de résoudre son problème de solitude tout en ne cassant pas tous les pots, tout en ne brisant pas tous les liens traditionnels. Au niveau, non plus du rêve mais de la réalité, il demeure que ce sont probablement ses expériences de contradictions, d'ambivalence, de conflits, qui lui ont permis de changer d'attitude dans certains secteurs de sa vie.

On se rend compte, au moment de faire une synthèse de l'expérience de Claire et de Gilles, jusqu'à quel point l'univers de ce que nous avons appelé les *grands ensembles* est périphérique dans leurs expériences. Certes, nous avons vu comment leurs opinions et leurs attitudes, leurs conduites à l'égard de ces *grands ensembles* ne sont pas "déconnectées" de leurs expériences dans d'autres secteurs, mais ce n'est pas par ces *grands ensembles* qu'ils se font une image d'eux-mêmes, ce n'est pas d'abord par référence à eux qu'ils se définissent. Nous avons mentionné plus haut le poids culturel des rôles masculin et féminin et, ici, nous retrouvons celui de la distinction entre la vie privée, le travail et la vie publique.

notes

[1] Notons que Claire relie son manque d'aptitudes par rapport à la politique parce que chez elle, la plupart des enfants étaient surtout des filles (et les filles ne parlent pas de politique !) et aussi parce que son père était souvent absent de la maison. Elle-même ayant quitté très jeune la maison de ses parents, cette explication est peut-être mal fondée. Mais le rappel du statut et du rôle traditionnel de la femme

n'est pas sans signification. Claire est consciente du poids de cette définition culturelle de la femme même si elle ne sait trop comment réagir à ce sujet.

2   Il n'entre pas dans nos propos de reconstituer un dossier médical de nos informateurs. Mais Claire elle-même a fait état de sa santé et les interviewers ont eux aussi remarqué qu'elle semblait avoir certaines difficultés respiratoires.

3   L'expérience de la peur ou de l'insécurité est vraiment un des thèmes qui ressort tout au long des interviews de Louise. Ainsi elle rappelle au passage ses peurs au moment de sa première menstruation, le fait qu'elle a souvent eu peur que ses jeunes enfants soient malades, qu'elle est toujours préoccuppée pour ses enfants adolescents et qu'elle craint toujours qu'il "leur arrive quelque chose", qu'elle se sent protégée dans sa maison mais que devant un étranger elle se sent mal à l'aise et qu'elle ne s'imagine pas capable de tutoyer un étranger elle se sent mal à l'aise et qu'elle ne s'imagine pas capable de tutoyer un étranger, qu'en octobre '70 elle a eu peur, qu'elle se sent comme une étrangère "au dehors" de la maison, etc. On se souvient aussi comment elle a accepté d'avoir d'autres enfants pour se conformer aux règles de l'Eglise et pour pouvoir faire ses pâques. Ces exemples ne sont pas les seuls qui montrent comment son expérience de la peur ou de l'insécurité est au coeur de sa vie quotidienne depuis longtemps.

*"Quand mon père est mort, il a dit :
"Je vous laisse mon héritage : la
province de Québec. Travaillez
dedans et gagnez votre vie." Je dis
encore la même affaire à mes garçons (...)
Puis mes enfants, s'ils veulent un
héritage, ils feront comme moi :
ils ont le Québec pour travailler
dedans..."*

André

II
Louise et André

André et Louise X... ont respectivement cinquante-six et cinquante et un ans. Ils sont mariés depuis trente-trois ans. Ils ont neuf
enfants. Les trois premiers ont trente-deux, trente et vingt-neuf ans et
les six autres ont entre vingt-trois et dix ans. Après la naissance du
troisième, Louise avait décidé qu'elle ne voulait plus d'enfant. Son
confesseur lui refusa alors l'absolution. Après six ans, Louise voulant
faire ses pâques, décide "de ne plus empêcher la famille". C'est ainsi
qu'ils eurent six autres enfants : une fille qui est maintenant mariée et
cinq autres garçons vivant encore à la maison. De ces cinq garçons,
trois sont sur le marché du travail et deux autres, plus jeunes, vont
encore à l'école.

André est né dans le centre-sud, quartier qu'ils habitent encore.
Louise est originaire du Manitoba. Ses parents étaient sourds-muets
tous les deux. Ils sont venus s'établir à Montréal lorsqu'elle avait dix
ans. Ils ont habité le centre-sud où ils ont eu une vie particulièrement
difficile. C'était au moment de la crise économique. Louise a fait ses
études en anglais (sa mère était d'origine anglaise) et elle a complété
sa septième année. Elle parle le français couramment, mais il lui arrive,
encore aujourd'hui, de dire quelques phrases en anglais pour mieux
exprimer sa pensée. Les enfants qui habitent encore avec eux ne parlent
que le français.

André a complété sa quatrième année. Il a commencé à travailler à quatorze ans chez un marchand, puis deux ans plus tard il a travaillé dans le commerce des légumes avec son père. Celui-ci est mort alors qu'il avait dix-sept ans. Il a continué à vendre des légumes pour d'autres commerçants, puis il s'est installé à son propre compte. Il a acheté des voitures et des chevaux et il fait le commerçant ambulant. Le commerce des légumes c'est son métier, selon lui, même s'il l'a abandonné à plusieurs reprises durant la guerre pour occuper de multiples emplois : à l'usine, conducteur de tramway, vendeur de charbon, etc. Il est revenu au commerce des légumes en 1950 et il a abandonné en 1969. Lorsque nous l'avons rencontré, il était chauffeur-livreur pour une grande entreprise de plomberie de Montréal.

Lorsqu'il faisait le commerce des légumes, il lui arrivait de se faire un revenu de $300.00 à $400.00 net par semaine. Il ne travaillait que l'été, cependant, et il "dépensait tout à mesure". Actuellement, son salaire net est de $100.00 auquel s'ajoutent les pensions que lui versent deux de ses fils qui travaillent et un "chambreur". Le revenu hebdomadaire de la famille est de $175.00.

Louise, pour sa part, demeure à la maison où elle remplit ses rôles d'épouse, de ménagère et de mère de famille.

Relations familiales et parentales

Quand l'interviewer a demandé à Louise de faire un dessin pour indiquer son univers personnel, c'est-à-dire le réseau de personnes avec qui elle est en contact ou de qui elle se sent "proche", elle a indiqué dans un premier cercle son mari, ses enfants et leur conjoint respectif, puis, dans un second cercle, elle a inclus une soeur, des beaux-frères et des belles-soeurs, un cousin et une voisine.

De tous les noms mentionnés dans le premier cercle, cependant, il y en a trois qu'elle considère sans doute comme privilégiés : elle a dessiné spontanément une flèche entre elle-même et son mari, et entre elle et ses deux enfants qui sont "les plus vieux".

Nous aurons l'occasion, tout au long de l'analyse, de revenir sur la relation entre André et Louise. Bertrand et sa femme Isabelle demeurent en Arizona depuis six ans. Avant qu'il ne parte pour les USA, elle le voyait toutes les semaines. Depuis, elle y est allée deux fois et ils sont venus une fois. Elle se sent affectivement très proche d'Isabelle :

> *Elle a été séparée de sa mère très jeune et elle m'appelle "maman". Je la considère comme une de mes enfants et je l'aime beaucoup.*

Quand elle rencontre Isabelle, elle a beaucoup de plaisir à "jaser" de toutes sortes de choses :

> *Des maisons, de l'ouvrage, des enfants, le genre de monde qu'ils rencontrent, les amies qu'elle s'est faites : une est japonaise, d'autres sont américaines...*

Quand elle était encore à Montréal, il y avait tout de même des sujets qu'elle évitait avec elle. Ceci était vrai, en particulier, des difficultés de vivre avec un homme, du besoin de se donner du temps pour s'adapter à lui, etc. :

> *Isabelle n'a que 24 ans et elle était trop jeune pour parler d'affaires comme ça, ça fait six ans qu'ils sont partis et sept ou huit ans qu'ils sont mariés.*

Etant donné que ce sont là, pour elle, des thèmes qui la préoccupent et dont elle s'est souvent entretenue avec ses filles, il est fort possible qu'elle n'en ait pas senti le besoin ou l'urgence. Bertrand et Isabelle lui apparaissent comme un couple "heureux".

Louise-Hélène est la plus vieille de ses filles et celle à qui elle s'est rattachée par une flèche dans son destin. Cet "attachement", Louise l'explique de diverses façons : Louise-Hélène est demeurée plus long-temps à la maison, elle a beaucoup aidé sa mère dans ses travaux, elle-même a connu certaines difficultés, ce qui amena sa mère à l'aider le plus possible, etc. A travers le témoignage de Louise, sa fille apparaît tour à tour comme l'enfant faible qu'il faut protéger, comme l'amie ou la confidente qu'elle comprend, accepte, admire.

> *C'était une fille qui a eu une peine d'amour et elle a eu de la misère à se rétablir. Elle a 29 ans. Elle restait à la maison et elle m'aidait beaucoup. C'est elle qui faisait le ménage quasiment. Le gros ménage. Elle ne voulait pas que je fasse ça. Elle est restée ici jusqu'à 23 ans et ensuite elle est partie avec des amies de filles. Là, elle a connu Denis (...) Moi, je me confiais pas mal à elle. On va dire que le budget allait mal. Je "jonglais" avec elle. On parlait de "manger", de couture. On parlait de la religion, parce qu'elle se révoltait contre tout. Quand un enfant avait fait un mauvais coup, on en discutait, elle me disait : "essaye donc cette manière-là" (...) Je suis plus attachée à elle parce qu'elle a été plus longtemps avec moi et que c'est la plus vieille des filles. Quand il arrive de quoi, j'ai toujours de la peine pour elle. Les autres, je sais qu'ils sont heureux, ils ont*

réchappé leur vie ; correct, ils vont avoir des petits grabuges,
mais ça, c'est normal. Louise-Hélène, elle, était toute seule. Je
jonglais beaucoup à elle. Je me demandais : "comment elle
prend ça ?". Elle était très sensible : pour une petite affaire, elle
pleurait des semaines et des semaines. Ça me faisait toujours
plus de peine pour elle que pour les autres. Malgré que les
autres, quand ils ont de la peine, j'essaye aussi de... "

Si Louise parle de Louise-Hélène au passé, c'est bien sûr parce
qu'elle ne demeure plus chez ses parents, mais c'est surtout parce
qu'elle est partie en Arizona il y a deux mois. Jusqu'au moment de son
départ :

> *... elle ne manquait pas de venir me voir et elle aimait beaucoup*
> *ses petits frères. Elle leur apportait des cornets de crème glacée,*
> *des chips, du "coke". Elle travaillait à X (grosse compagnie*
> *multinationale).*

Et ce départ marque une étape dans la vie de Louise-Hélène — et dans
celle de sa mère aussi — parce qu'elle est partie avec Denis :

> *On fait juste s'habituer à lui parce que c'était un homme marié.*
> *Il a demandé son divorce et il l'a obtenu. Là, c'est Louise-*
> *Hélène qui ne veut plus se marier tout de suite. Elle veut*
> *attendre pour voir : il a un enfant qu'il a laissé avec sa femme et*
> *elle veut voir comment il va agir. Elle veut attendre un an et voir*
> *s'ils sont réellement faits un pour l'autre. Ils sont partis tous les*
> *deux. Ils s'arrangent bien pour le moment. (...) On parlait de sa*
> *vie. Elle me demandait quelle sorte de vie elle allait mener.*
> *Elle m'a dit qu'elle aimerait ça être mariée et avoir des enfants.*
> *Elle a décidé qu'elle était pour s'essayer pour voir si elle était*
> *capable de s'habituer...*

C'est avec une sorte de tendresse que Louise comprend et accepte
ce mariage à l'essai. Dans un sens, il va probablement à l'encontre de sa
propre philosophie de la vie et constitue, en tout cas, une expérience
qu'elle-même ne se serait pas permise. Mais pour que Louise-Hélène
soit "heureuse", pour qu'elle ne coure pas de trop grands risques, pour
qu'elle tienne compte de sa fragilité, Louise accepte de remettre en
cause l'institution du mariage. Finalement les projets de bonheur de
Louise-Hélène deviennent ceux de sa mère. Ce n'est peut-être pas par
hasard, au fond, que la mère et la fille portent le même nom (Louise et
Louise-Hélène) : Louise s'identifie fortement à sa fille.

Par ailleurs, Louise ne se pose pas la question du bonheur uniquement pour cette fille aînée. Le fait d'être heureux — ou malheureux — constitue vraiment un des principaux critères qu'elle applique à tous ceux qui vivent près d'elle et, en particulier, à tous ses enfants. Elle ne rêve pas à un bonheur béat, déconnecté de la vie réelle et de ses petites et grandes misères : le bonheur auquel elle se réfère se gagne à la petite semaine ou, plutôt, à longueur d'année. Quand, dans l'interview, elle en arrive à son autre fille, Monique, voici en quels termes elle en parle :

> *Elle a 26 ans. Ça va sur des roulettes pour le mariage. Elle a trois enfants. Comme je lui avais dit, les premiers cinq ans, c'est toujours dur pour s'adapter un à l'autre. Ils ont eu beaucoup de misère à s'adapter ensemble parce qu'elle avait un caractère bien prompt, comme son père. Sans le mener par le bout du nez, quand elle disait de quoi c'était l'autorité ! Lui n'aimait pas ça. Ils pognaient souvent des chicanes. Deux fois elle est revenue à la maison avec ses petits et elle voulait le laisser. Mais à force de lui expliquer...*

Monique vient chez ses parents environ toutes les deux semaines et lui téléphone souvent :

> *Elle va m'appeler presque tous les jours et va me demander ce qu'il y a de nouveau, ce qui est arrivé avec les enfants. S'il y a eu de quoi, je le lui dis. Elle me conte ce qui se passe à la maison, ses enfants, son mari et son ouvrage. Quand ils viennent à la maison, ils parlent de toutes sortes d'affaires. Son mari aime le camping, le skidoo, il aime à voyager, à tout voir. (...) Quand elle achète des nouvelles affaires, télévision, des nouveaux rideaux, elle aime ça que je sois là pour le voir, elle me demande mon opinion.*

Même s'il y a des contacts fréquents entre Monique et sa mère, l'une et l'autre gardent une certaine réserve.

> *Q. : Est-ce que Monique se confie à vous ?*
> *R. : Je ne le pense pas. Elle me raconte un peu, mais pas trop. Moi de mon côté, je n'en conte pas parce que ça vire en cancans et je n'aime pas ça. Des affaires personnelles, je n'en parle pas.*

En parlant de Monique, elle explique une règle qu'elle s'est donnée pour elle-même et qu'elle applique à tous ses enfants : elle ne visite ses enfants que quelques fois par année :

Je me dis qu'une mère qui va trop souvent chez ses enfants, ça fait du trouble.

Une autre fille avec qui elle est régulièrement en contact est Rita. Elle a 22 ans et vient d'avoir un premier enfant.

Elle vient presque toutes les fins de semaines et une journée dans la semaine. Elle téléphone tous les jours... Elle me conte sa vie, vu qu'elle est très heureuse. Elle est tellement heureuse d'avoir un bébé! Elle en parlait depuis longtemps. Dans le moment, elle parle juste de son bébé, son linge, le manger... D'habitude on parle de son mari, de l'avancement qu'il a. Avant d'être enceinte, elle avait pris un cours de secrétariat en comptabilité. Elle l'a lâché mais elle parlait de son progrès dans ça, de ses beaux-parents, de ses voyages, des invitations, des mariages, du nouveau monde qu'elle rencontre dans son cours. ... Moi, de mon côté, je lui raconte comment on est, l'ouvrage de mon père, si j'ai des nouvelles d'Arizona, si les deux petits ont été bien tannants ou bien "smarts"...

Quand l'interviewer lui demande s'il lui arrive de discuter de l'actualité, elle explique :

Oui, quand on est tous ensemble, aux réunions de famille, on va parler de politique. Du maire Drapeau, de René Lévesque, de Paul Cliche, des grèves, etc. On a tous des points de vue différents.
Q. : Quand vous êtes seule avec vos filles ?
R. : On en parle moins parce qu'elles n'en parlent pas. On peut discuter de bien des choses : des actrices, des vues, si ça devrait être censuré. On parle des travaux qu'ils font, des bâtisses qu'ils font descendre pour mettre des appartements en hauteur, de Terre des Hommes, des Etats-Unis, de Nixon, des nègres, le trouble qu'ils ont là-bas. C'est comme dans le temps des élections, on donne chacun notre opinion...

Enfin, trois autres enfants, tous des garçons (Jacques, Roger et Gilles) demeurent encore à la maison. Le premier vient de cesser ses études. Il joue aussi dans un orchestre, ce qui l'introduit dans un univers très différent de l'univers familial :

Jacques va parler de l'orchestre dans lequel il joue, du genre de monde qu'il rencontre, les homosexuels, les lesbiennes... et il nous demande notre opinion, comment c'était dans notre temps.

Dans l'ensemble, Louise a l'impression que les trois garçons sont plus "attachés" à leur père qu'à elle-même.

A moi, ça va plus souvent être des choses comme "Maman as-tu pressé mes pantalons, est-ce que j'ai une chemise propre ?...

Quand l'interviewer lui demande si les trois garçons discutent de politique à la maison, elle commence par répondre rapidement :

Non, ils sont trop jeunes encore...

Mais, de fait, elle enchaîne tout de suite pour expliquer que "les enfants" expriment des opinions politiques auxquelles elle est carrément opposée. Rappelons-nous que nous sommes à l'automne 70 et que, d'autre part, la mère de Louise était d'origine anglaise : les événements d'octobre 1970 constituent pour elle une période antiogène et ce n'est pas par hasard, sans doute, qu'elle se met, tout à coup, à s'exprimer partiellement en anglais :

Ils commencent un peu (à discuter de politique) mais de la manière dont ils parlent, ils ne savent pas trop de quoi ils parlent. On veut les reprendre parce que... on va dire comme les FLQ : pour les enfants c'était quelque chose qui était bon, ils ne réalisaient pas que ce n'est pas bon de faire des choses par la violence, que s'ils passaient par la démocratie, ce serait plus lent, mais qu'ils se perfectionneraient par les erreurs qu'ils font. Comme lui (un de ses garçons), je lui ai dit : Que je ne te voie jamais là parce que je te laisserai plus rentrer. Il était tout jeune, il avait quatorze ans. Ce n'est pas bon, c'est une place pour du trouble. Les jeunes avaient du fun, ils ne savaient pas what was going on, ce qui était en arrière, les idées de ces hommes-là.

Dans le dessin de son univers personnel, apparaissent ensuite une soeur, des belles-soeurs et des beaux-frères, deux cousins et une voisine. Tous les jours, elle voit sa soeur Joyce et sa belle-soeur Anita (la femme du frère de son mari). Elles demeurent toutes les deux dans le voisinage immédiat : dans la même maison ou dans la maison voisine. Il lui arrive d'aller "magasiner" avec l'une d'elles, mais cela n'arrive pas souvent. Ce sont vraiment des personnes qu'elle rencontre sur place au cours de sa vie quotidienne. Elles parlent "un peu de tout, des enfants, de la maison", mais deux genres de sujets sont rarement abordés : la politique, parce que ces deux femmes ne s'y intéressent pas et toutes "les affaires qui pourraient faire du trouble, qui pourraient devenir du cancan". Un autre frère de son mari est rendu en Arizona avec sa femme depuis trois ans. Auparavant, ils avaient eu des contacts fréquents avec eux :

> *Eux aussi, ils étaient ici à toutes les fins de semaines. Pierre nous écrit toutes les trois semaines. Il raconte ce qui se passe, de l'accident qu'ils ont eu, des feux de forêt, de son ouvrage...*

Une autre soeur de son mari, Diane, demeure dans un autre quartier. Les contacts avec ce couple sont moins fréquents, mais réguliers. Avec eux aussi elle a l'impression de "parler de tout", mais de conserver, par rapport à sa propre vie privée, une certaine réserve :

> *On les voit une fois par deux mois à peu près. On se téléphone assez souvent, pas tous les jours. On parle de tout avec elle aussi : la politique, le cinéma, elle me conte ce qu'elle a vu, elle me parle par exemple de sa fille qui est allée faire un voyage... Des fois, ça devient assez profond. Elle va me parler de certains troubles, elle va me parler de ses enfants, de Marc son mari... Q. : Vous, est-ce que vous lui dites des choses "profondes"? R. : Non pas trop... Je ne me sens pas assez en confiance. Je ne lui conte rien de ma vie privée.*

Enfin, une voisine, madame Gagnon, complète son univers personnel : elles se rencontrent fréquemment et fait partie de son univers quotidien.

> *Elle vient quasiment tous les jours, quand elle s'ennuie. Je l'aime et j'aime bien quand elle vient ici. Mais moi, je ne vais pas chez eux. Si je sors et que j'oublie la clé, je vais passer par là, je vais lui laisser des messages, je vais garder ses petits durant ses commissions, des choses comme ça. Pour ce qui est de parler, je ne lui conte rien et elle non plus. On parle plutôt d'actualité.*

Plus tard, au cours de l'interview, elle mentionne sur le voisinage et exprime fondamentalement la même attitude :

> *Je ne dirai pas que je m'enferme dans ma maison à l'année longue. Je deviendrais folle. L'été si je suis sur la galerie et*

*qu'une voisine me parle, je vais lui parler. On va parler. On va
parler du temps, du linge, mais pas de leur vie.*

Le réseau d'appartenance n'inclut pas exclusivement des personnes
avec qui l'on a des contacts quotidiens. Dans le cas de Louise, il est
évident qu'une partie de son univers psychologique est en Arizona où se
retrouvent un fils et sa femme, sa fille aînée et son ami, des frères et
des belles-soeurs. Dans tous ces cas, il s'agit de personnes avec qui elle
avait longtemps entretenu des contacts *avant* leur départ. Dans le
dessin auquel nous avons fait allusion, elle a cependant inclus deux
autres personnes : un cousin qu'elle n'a pas revu depuis l'âge de 10
ans, mais avec qui elle se sent en relation profonde.

> *Joan et Bert, ce sont des cousins. Je n'ai plus revu mon cousin
> depuis que j'ai 10 ans, mais on n'a jamais arrêté de s'écrire. Je ne
> connais pas sa femme, mais par ses lettres c'est comme si je
> l'avais déjà vue. Ils restent à Winnipeg. Ils m'écrivent deux fois
> par année. Avant, il écrivait à tous les mois et demi, mais, là,
> il vieillit et il est malade...*

Louise n'a pas parlé longuement de ce cousin. Mais il est déjà significatif qu'elle l'ait inclus spontanément parmi ceux qui constituent
son univers. Il est fort possible et probable que ce cousin symbolise
à ses yeux l'univers de son enfance qu'elle a abandonné quand ses
parents ont décidé de quitter Winnipeg pour venir à Montréal, à centre-
sud plus précisément.

Comme on s'en rend compte, son réseau d'appartenance inclut
uniquement des membres de la parenté ou de sa famille immédiate.
Aucun étranger n'entre dans cet univers. D'ailleurs, au moment où
l'interviewer l'invitait à comparer sa situation à celle d'autres familles,
elle répond :

> *Je ne peux pas dire comment ça marche dans les autres familles
> parce que je n'ai jamais fréquenté d'autres amis.*

Dans l'ensemble, André se fait une image de son univers assez
semblable à celle de sa femme. Son réseau de relations personnelles,
à part le travail, exclut toute relation avec des amis et se concentre
sur la famille ou la parenté :

> *Des amis sincères, je n'en ai plus depuis que je suis marié... Des
> bons amis... Avec le temps, on s'est dispersés. Ca fait trente-
> trois ans qu'on est mariés et je ne sais plus où ils sont. J'ai des*

*amis d'occasion, mais pas d'amis intimes. ... Oui, ce sont des
connaissances que j'ai à l'ouvrage. On se dit : "Bonjour! Comment ça va ? Je n'ai plus d'ami intime. Je ne me tiens plus en
groupes. J'ai mon chez-nous, j'ai pas d'affaires à aller trotter
au restaurant du coin.*

Le passé auquel il se rèfère ("je ne me tiens *plus* en groupe") et les
normes qu'il énonce ("j'ai pas d'affaires...") ne font pas seulement
allusion à la période qui précéda son mariage. Nous verrons qu'il a
changé d'attitude à cet égard au cours des années qui suivirent son
mariage.

Quand l'interviewer lui avait demandé, à lui aussi, d'indiquer
graphiquement son réseau d'appartenance, il ne l'avait pas fait en
indiquant des noms, mais des catégories de personnes, et, de plus, il
n'avait pas placé celles-ci en cercles concentriques, mais sur une seule
ligne qui allait du "plus proche" au "plus loin" de lui-même : ma
femme, mes enfants, mes petits-enfants, mes frères et mes soeurs, mes
gendres, mes amis, les femmes de mes frères. Il n'établit pas moins
cependant, une nette démarcation entre sa famille immédiate et sa
parenté.

Quand on lui demande pourquoi sa femme est la plus proche, il
répond :

*D'après ma vie, c'est comme ça. C'est elle qui a été mon soutien
dans mes bonheurs et mes malheurs, dans mes chances et mes
malchances. C'est la mère de mes enfants. C'est avec elle que je
suis le plus d'accord. C'est avec elle que j'ai fait ma vie...*

Ces quelques phrases dites au tout début de cette série d'interviews
révèlent déjà certaines attitudes ou certaines valeurs qu'il viendra à
expliciter par la suite : l'importance d'un climat d'intimité ("avec elle,
je suis le plus d'accord... j'ai fait ma vie..."), la notion d'aide ("elle a
été mon soutien..."), la responsabilité liée à la relation par le sang et
par le mariage ("c'est la mère de mes enfants..."). La relation avec
Louise, en ce sens, est inséparable, à ses yeux, de sa relation avec ses
enfants : ils forment ensemble une famille et c'est celle-ci qui donne
un sens à toutes ses expériences, même celles qui, comme le travail,
se situent dans un espace extérieur à la famille.

*C'est toute ma vie qui concerne ma femme et mes enfants.
Je vis et je travaille pour eux autres. C'est eux qui sont la
principale source de ma vie : c'est le plus important. Avoir
voulu être tout seul, je ne me serais pas marié...*

L'expression de la sexualité est, à ses yeux, le seul secteur de sa vie où il établit une distinction entre sa femme et ses enfants :

> *Il y a l'intimité sexuelle : je ne me présente pas devant mes enfants, je fais ça privément. L'autre intimité... on est tous intimes dans la maison parce qu'on est tous sur le même pied d'égalité. Il n'y a pas de différence, pas de cachette. Si j'ai envie de parler d'une affaire, c'est ouvert (...) On vit dans un milieu ensemble... Il faut dire ce qu'on veut dire à vive voix, pas se cacher.*

La famille est un lieu où il peut se permettre d'être lui-même, de ne pas "faire de cachette", d'être "ensemble", de parler ou de faire comme il le désire sans avoir à prendre garde, sans réserve. La famille, n'est cependant pas seulement le lieu de l'*intimité*, c'est aussi un lieu où prime la *responsabilité* dont les liens par le sang sont à la fois la "cause" et le symbole. Au moment où il explique pourquoi ses enfants apparaissent tout de suite après sa femme :

> *C'est mon sang. Je suis responsable d'eux jusqu'à un certain âge. C'est naturel pour un père d'aimer ses enfants plus qu'autre chose à part de sa femme.*

André rencontre assez souvent des membres de sa parenté : un frère demeure dans la même maison, sa belle-soeur est voisine, ses filles et ses gendres viennent souvent à la maison avec leurs enfants, l'été, ils se rejoignent à plusieurs sur le terrain de camping. Même si André avoue :

> *Franchement, je suis bien content quand ils viennent, puis bien content quand ils partent : bla, bla, bla, ça jase, les enfants vont d'un bord puis de l'autre. Et ils arrivent souvent quand il y a un bon programme à la T.V. !*

il n'en demeure pas moins qu'il ajoute dix secondes plus tard :

> *Ça jase, ça jase. C'est une vie de famille : ça s'accorde tous...*

Mais si la famille immédiate (père, mère, enfants) est l'endroit ("ici, la maison") où il peut se permettre d'être intime et spontané, la parenté (frère, soeurs, beaux-frères, etc.) suppose beaucoup plus de réserve ou d'auto-contrôle sur ce qu'il peut se permettre de dire ou de faire : il arrive rapidement à ressentir qu'il n'y a "rien à se dire" ou que certaines choses importantes ne doivent pas être divulguées. De la même façon que Louise évitait toute communication qui risquait de "tourner en cancan", André s'organise pour que les relations avec sa parenté ne causent "pas de problèmes" :

> *Q. : Votre frère d'en bas, vous le rencontrez souvent ?*
> *R. : Non. C'est sur la rue en allant chercher le journal, des choses comme ça, on se parle... Quand on se voit trop souvent, on n'a plus rien à se dire... Je le vois à toutes sortes d'occasions, pour n'importe quoi. Je descends, il monte, il vient chercher sa femme, il badine, ou jase... quotidiennement. Ah oui, c'est pas aussi intime qu'avec ma femme. Si j'ai des dettes à régler, j'en parle pas à mes frères ou à mes soeurs. Ca les intéresse pas. On discute d'actualité, de politique, des nouvelles sur les journaux... Avec ma femme aussi : comment est ton mari, qu'est-ce que tu fais... Avec mes gendres, on parle des sports, des chars... Il n'y a pas de problèmes des deux côtés. D'abord, ça ne m'intéresse pas de savoir s'ils ont des affaires à discuter... A moins qu'ils seraient mal pris et que je pourrais leur rendre service.*

Il est intéressant de noter comment des "sujets de conversations" comme le sport ou la politique constituent pour André une garantie que ses communications avec sa parenté ne dépasseront pas une certaine limite, ne franchiront pas la frontière qui sépare un univers public d'un univers privé. Cette frontière entre le privé et le public apparaît déjà entre la famille immédiate et la parenté. Pour André, cette frontière apparaît encore plus clairement quand il résume spontanément en une phrase ses relations avec ses amis (qu'il a dit être avant tout des camarades de travail) :

> *Mes amis, il n'y a pas de services à leur rendre : on discute de choses banales.*

Il y a d'un côté, les choses qu'on aurait à discuter, mais qu'on ne discute pas ailleurs que dans sa famille immédiate et, d'un autre côté, les choses dont on discute volontiers, mais qu'on considère comme "banales", comme étant du "bla, bla, bla".

Il n'y a au fond qu'une seule raison qui puisse légitimer le fait de transgresser cette règle sociale : l'occasion d'établir une relation d'aide, de "rendre service" à quelqu'un. Avec ses frères et soeurs, on va se limiter à "jaser", à entretenir des communications "en surface" comme le dit André, mais si un événement particulier se produit, si une soeur perd son mari, par exemple, les communications deviendront "plus profondes". Mais dans la vie quotidienne, cette relation d'aide est véritablement mise en disponibilité : à moins que quelqu'un ne communique ouvertement qu'il (ou elle) a besoin d'aide, jamais cette disponibilité ne sera actualisée, mise en acte.

Sur ce point comme sur bien d'autres — probablement sans jamais se le dire — Louise réagit de la même façon que son mari. Elle aussi privilégie la relation d'aide dans sa relation avec les personnes qui l'entourent. Les contacts dans lesquels elle investit le plus d'énergie sont ceux qu'elle établit de cette façon : sa fille Louise-Hélène qui risque toujours de ne pas être aussi heureuse que les autres, Monique qui, durant ses premières années de mariage a des difficultés à "s'adapter" à son mari, sa soeur Joyce au moment où elle perd son mari et où "elle était découragée", sa bru qui n'a jamais connu sa mère en bonne santé et qui appelle sa belle-mère "maman", sa voisine qui vient la visiter "quand elle s'ennuie", etc. Cette relation d'aide est, pour Louise, une des seules occasions qui se présentent à elle de dépasser la frontière de la banalité et de dépasser aussi les frontières de la famille ou de la parenté. Elle nous en donne spontanément un exemple au cours de l'interview :

> *Ma fille avait une amie de fille et je ne sais pas ce qui s'était passé chez elle, mais ses parents l'ont mise dehors et ma fille l'avait amenée à la maison en me demandant si elle pouvait rester. Je lui ai fait expliquer le cas. Ses parents trouvaient qu'elle rentrait trop tard et ci et ça... Je lui ai dit quand même : "Tu resteras ici mais tu ne pourras pas sortir plus tard, il faudra que tu rentres à l'heure la même chose. Je vais te garder à la condition que tu me donnes le numéro de téléphone de tes parents. Je ne te laisserai pas dans la rue, mais tu vas m'écouter." J'ai appelé ses parents. Je l'ai gardée trois jours et elle est retournée chez elle par elle-même...*

C'était là une exception. En général, on fait tout pour régler ses "troubles" en famille :

> *Je ne pense pas qu'il y aurait aucun de mes enfants qui irait trouver un voisin pour y conter leurs troubles. Ils vont aller chez des amis jaser, ils sont bien, mais ils ne parleront pas de leur vie privée comme ils peuvent en parler ici. Je ne sais pas si c'est la manière dont on les a élevés et la manière dont on agit qui fait agir les autres de la même manière.*

Pour Louise, comme pour son mari, la famille immédiate demeure dans un lieu privilégié, celui de l'intimité et de l'entraide qui fondent "l'amour", la "camaraderie" :

> *La camaraderie, l'amour l'un pour l'autre : s'il n'y avait pas ça, je ne verrais peut-être pas mes enfants si souvent. Ils savent qu'ils peuvent venir ici et tout conter et ils savent que ça ne va pas ailleurs...*

Au cours des interviews, Louise a témoigné de nombreux cas où dans leur vie quotidienne leurs expériences sont vécues en termes d'intimité et de relation d'aide (ou en termes d'absence d'intimité et d'aide). Si André, pour sa part, est souvent le plus discret là-dessus, il semble bien d'accord avec sa femme et, surtout, il exprime très clairement ce qui, à ses yeux, constitue le fondement de ces expériences : le "lien de parenté", le "lien par le sang". Il avait déjà dit, à propos de ses enfants : "C'est mon sang, je suis responsable d'eux jusqu'à un certain âge" et, à propos de sa femme : "C'est la mère de mes enfants." Quand l'interviewer lui demande pourquoi, dans son dessin de départ, il avait placé ses petits-enfants avant ses frères et ses soeurs, il explique :

> *Ce sont les enfants de mes enfants. C'est la deuxième génération de mon sang. C'est quasiment mes enfants : s'ils perdaient leurs parents, c'est moi qui les aurais. Je ne les enverrais pas dans une crèche.*

Et quand on lui demande pourquoi il a placé ses frères et ses soeurs avant ses gendres :

> *C'est de ma famille, c'est encore de mon sang. Quand j'étais garçon, c'était un lien de famille déjà. Mes gendres, avant qu'ils marient mes filles, c'était pas un lien de parenté.*

A propos de ses gendres :

> *C'est un petit lien de parenté vu qu'ils ont marié mes filles... puis, ils viennent avec elles toutes les semaines...*

De fait, le lien de parenté n'est pas seul à jouer, comme le rappelle ce dernier témoignage : la proximité, la quantité de contacts entrent également en jeu ("puis, ils viennent à toutes les semaines..."). D'ailleurs quand on lui demande pourquoi il n'a pas inclus sa bru dans sa liste de départ, il précise :

Je l'ai pas mise parce que j'ai un garçon et qu'il est en Arizona.
Elle pourrait passer avec mes petits enfants.

Les règles de parenté, pour André, ne sont donc pas une chose simple et rigide : sa bru n'est pas l'*équivalent* de ses gendres. Sans doute, l'identification de sa bru à ses petits-enfants est-elle une façon de rappeler que sa bru n'avait que seize ans quand elle a connu son fils.

Le fait d'avoir "oublié" de mentionner sa bru exprime peut-être aussi le sentiment que la famille et la parenté constituent un univers "féminin" dont il se sent relativement étranger. Sa femme, Louise, en tout cas, fait plus souvent référence aux expériences de communications qu'elle a dans sa famille et avec sa parenté. Mais, à l'analyse, on se rend compte que les expériences de Louise sont, pour sa part, beaucoup centrées sur ses relations avec d'autres femmes : ses filles, ses soeurs, ses belle-soeurs, sa voisine ; elle a le sentiment que les trois garçons qui demeurent à la maison sont plus "près" de leur père que d'elle-même. A l'intérieur de la famille et de la parenté, se retrouvent donc deux sous-univers féminin et masculin. C'est, sans doute, ce que veut exprimer André quand il place ses belles-soeurs en dernier sur sa liste :

C'est juste mes belles-soeurs. C'est encore plus loin. On peut
pas avoir les mêmes conversations. Avec mes gendres, on parle
de sport... les femmes, ça les intéresse pas, elles sont plus amies
avec ma femme. Quand elles viennent, c'est avec elle qu'elles
jasent.

Encore ici, André et Louise partagent – au moins implicitement – la même conception de l'univers de la famille, de la parenté et des amis.

Dans l'ensemble, André et Louise partagent également un sentiment de fierté par rapport à leur famille. Pour André, cette vie de famille correspond, en tout cas, à un genre de vie qu'il a voulu : "si j'avais voulu être tout seul, je ne me serais pas marié..." Louise, de son côté, compare sa famille à une autre qu'elle connaît :

Ce n'était pas comme ici. Il y avait un père qui buvait, une mère
qui sortait, qui ne s'occupait pas de ses enfants, qui n'était
jamais à la maison... Il n'y avait pas d'amour dans la famille, les
enfants ne pouvaient pas confier rien à leur mère. Ici, quand ils
viennent, il y a de l'amour partout, les oncles, les tantes... ils
aiment les enfants... ça joue...

Le travail d'André

Quand André dit : "ma famille, c'est toute ma vie ; je vis et je travaille pour eux", il place la famille avant le travail dans son propre système de valeurs. Il exprime d'ailleurs la même attitude à un autre moment :

> *Ma famille, c'est la seule chose qui me préoccupe. Le travail, c'est secondaire. Naturellement, si personne ne travaillait, de moi ou de mes garçons, ça m'inquiéterait. Mon ouvrage me préoccupe un peu, mais ça ne prend pas ma vie.*

Il a déjà expliqué qu'avec ses "amis" ou ses collègues de travail, il n'était pas question de s'intéresser à leur vie personnelle ni même d'avoir à les aider d'une façon ou d'une autre. Quand il compare sa situation familiale à celle qu'il rencontre au travail :

> *Non, c'est pas les mêmes frais de conversation. Moi, je suis dans le département des pièces, je ne suis pas pour leur parler de la maison ici. A l'occasion, peut-être... mais c'est en partie des sujets sur l'ouvrage. Les routes sont glissantes, ils ont fermé telle rue...*

Cela signifie-t-il que sa vie au travail lui apparaît sans signification et sans intérêt ? Non, parce que d'abord il y trouve là un contexte "masculin" qui permet des activités qui apparaissent peut-être superficielles, mais qui ne sont pas dépourvues de sens à ses yeux. Puis, ce milieu de travail lui permet aussi d'exercer un niveau d'activité plus grand :

> *Au travail, c'est pas les mêmes discussions. Au travail, ce sont des gars, ou des gens mariés... ça parle comme ça marche ! Une gang de gars ensemble, c'est pas les mêmes conversations que celles qu'on a dans la famille. C'est toujours du fun, puis on n'a pas toujours les mains croisées. Des fois, il y a des conversations sérieuses quand il faut réparer un morceau. Il s'en dit des affaires ! Il y a bien des mots qui se disent pour rien, ça jase de n'importe quoi !*

On sent bien que pour lui, des "mots qui se disent pour rien" veulent dire beaucoup parce qu'il se retrouve "avec une gang de gars ensemble", parce qu'il peut se permettre de "parler comme il marche", etc. Il se retrouve dans un monde qu'il connaît :

*Oui, j'haïs pas ça. Je suis habitué de travailler au dehors, jamais
à la même place, Je vois pas les journées passer, puis je suis avec
toutes sortes de monde. On ne peut pas s'ennuyer. Puis l'ouvrage est pas tellement forçant : c'est plus du voyagement que
d'autre chose. J'ai un petit camion qui se conduit comme un
charme. C'est un vrai plaisir... ça ne m'emmerde pas.*

Le fait que la famille et le travail constituent deux univers clos se
reflète aussi dans les réactions de Louise. Si on considère l'ensemble
du témoignage de cette dernière, nous n'avons pas le sentiment qu'elle
a réussi à percer un certain mystère qui entoure ce milieu du travail
de son mari. Non pas qu'il n'en soit jamais question à l'intérieur de la
famille : elle fait souvent allusion au fait qu'avec ses filles, par exemple,
l'échange de "nouvelles" inclut le travail de son mari, mais elle ne
va jamais très loin sur ce sujet.

Au moment des interviews, André est camionneur-livreur pour une
grosse entreprise de plomberie à Montréal. Il ne travaille cependant à
cet endroit que depuis deux mois après avoir cessé de travailler à ce qui
a été sa véritable profession : le commerce de légumes. Après avoir
quitté l'école à 14 ans, il travailla pendant deux ans comme messager
chez un marchand. Puis, il travailla avec son père qui avait lui-même un
petit commerce de légumes. Voici comment il décrit la chronologie de
ses emplois :

*J'ai fait ça (travailler avec mon père) pendant un an, jusqu'à
ce que mon père meure. Après j'ai continué tout seul pendant
sept ans. Ensuite les affaires sont devenues mauvaises. En '38,
je travaillais comme charretier à $12.00 par semaine. En '39,
la guerre s'est déclarée : j'étais dans la réserve de l'armée. Je n'y
suis pas allé parce qu'ils n'ont pas voulu me prendre. Je me suis
marié. Les salaires ont commencé à monter. J'ai travaillé chez
X qui était une manufacture de guerre. J'ai lâché ça parce que
c'était trop dangereux, le sable n'était pas bon et les formes
fondaient : j'ai brûlé deux paires de bottines en quinze jours.
Après, j'ai travaillé dans une fonderie pendant un mois. J'ai
lâché ça. A partir de ce moment-là, de l'ouvrage, il y en avait
facilement. Le commerce a repris pour vrai : on vendait tout
ce qu'on voulait. On pouvait faire des salaires de fou. J'ai fait
ça de '42 jusqu'en '50. Je me disais que ça valait bien un métier.
Je vendais mes légumes, j'avais deux camions. J'ai fait de l'argent, mais je la gaspillais... En '50, ça a commencé à baisser...
J'ai lâché. J'ai travaillé à l'usine Y pendant deux ans. Puis le
mal du commerce m'a repris et je suis retourné là-dedans. L'été,*

j'en faisais assez pour ne pas travailler l'hiver. Mais l'an dernier, ça ne marchait plus. C'est bon, on travaille deux, trois jours par semaine : ce que je gagne, je le dépense les trois autres journées. C'est pas bien plaisant. Là, depuis deux mois, je travaille pour la compagnie Z... C'est un emploi que le plus vieux de mes garçons avait obtenu. Mais il ne connaissait pas assez la ville. Ils m'ont pris. J'ai bien peur de l'hiver qui s'en vient, ça va être toffe l'hiver...

Quand l'interviewer lui demande alors s'il serait capable de changer d'emploi, il répond :

Je peux faire n'importe quoi ! Il n'y a rien que je fais pas. J'ai toujours été un Jack of all trade...

Mais il ajoute aussitôt :

... A mon âge, je ne suis plus capable de travailler fort. Le vouloir absolument, j'irais sur les vans et j'aurais $160.00 au lieu de $100.00 Mais je n'ai plus les yeux et les réflexes de 25 ans. J'en ai assez mené, j'en mène plus... D'abord, je pourrais pas toffer. C'est vrai que l'hiver, je me reposais, mais j'ai toujours travaillé bien fort l'été. Et sincèrement, je ne suis plus intéressé à travailler...

Il ne souhaite pas cependant devenir chômeur. Il préfère travailler même s'il aurait pu, au moins un certain temps, demeurer sans emploi :

Je travaillais pas : c'était une occasion, parce que sans me vanter, je n'avais pas besoin de travail. Mes garçons travaillent tous puis j'ai un chambreur. Avec ce que j'ai de côté, j'aurais pu me permettre de ne pas travailler...

Il souhaite continuer à travailler, mais sans oublier qu'il n'a plus vingt-cinq ans. Sans préjuger de l'avenir immédiat, il est satisfait d'avoir obtenu, à 56 ans, ce travail de camionneur-livreur, lui qui a commencé à quatorze ans comme messager. Il pense à la retraite et, en pensant à ses enfants et à sa femme :

Je suis tanné. J'ai assez travaillé. C'est à eux autres (les enfants) asteur. Je souhaite d'avoir ma pension à 65 ans avec la bonne femme. Eux autres (les enfants) ils viendront me voir...

Cette dernière référence à sa femme et ses enfants montre bien comment, concrètement, la vie de travail et sa vie de famille sont entièrement liées tout en s'inscrivant dans deux univers différents. D'ailleurs, l'interaction entre ces deux univers demeure toujours présente. Ainsi quand vers 1950, il a abandonné pour une deuxième fois le commerce de légumes, la seule raison n'était pas une baisse dans les affaires. Ce commerce de légumes consistant à acheter des légumes à Montréal et à les vendre sur la route de l'Abitibi, il était souvent absent de la maison au moment où sa femme prenait soin des jeunes enfants. Louise, qui se sentait isolée et qui n'était pas d'accord sur le genre de vie qu'il menait à ce moment-là, ne fut pas étrangère à sa décision.

> *Ma femme était tannée de me voir juste une fois par semaine (...) Je faisais un bon salaire. Mais j'en avais trop et je prenais un coup assez fort. Avant de faire trop de chicane, malgré que j'en ai pas eue, j'ai arrêté ça pendant deux ans...*

Quand plus tard, Louise expliquera à ses filles que les premières années de mariage sont souvent difficiles, qu'il faut souvent une longue période d'adaptation, etc., elle se réfère à son expérience personnelle, à sa propre relation avec son mari.

La référence au fait qu'il aurait pu arrêter de travailler parce que ses enfants travaillent et qu'ils ont un pensionnaire à la maison, rappelle une des principales sources de tension entre lui et sa femme : elle lui reproche de ne pas encourager assez ses enfants à demeurer aux études et à trop compter sur la "pension" de ces derniers. Nous reviendrons sur ce sujet.

Le travail de maison et l'éducation des enfants

Louise n'a travaillé à l'extérieur de la maison que quelques années. Pendant longtemps, elle était demeurée chez elle à aider sa propre mère et, après son mariage à l'âge de dix-huit ans, elle s'est entièrement consacrée au "travail de maison" et à l'éducation de ses neufs enfants.

De son rôle de "ménagère", elle dit peu de choses. "Il est toujours intéressant mon travail de maison" dira-t-elle en interview, mais elle ajoutera quelques instants plus tard :

> *Il y a des moments où c'est monotone (...) Quand on devient bien tannée, on a qu'à sortir, à se changer les idées (...) Et après ça, le moral change dans la maison... Comme quand le prin-*

temps arrive, là, je change les rideaux, je peinture (...) La seule chose que j'aime pas, c'est faire... c'est la popote! Ça, j'aime pas ça! Ça fait trop d'années que je suis près du poêle. Je suis tannée!"

Ce qu'elle trouve le plus difficile à vivre quotidiennement, ce n'est pas l'aspect "technique" du travail à la maison :

Le travail (à la maison), ça m'énervait beaucoup **avant**. *Maintenant, là, si je suis pas capable de le faire, ça va à demain...*

C'est pour cela, sans doute, qu'elle ne rêve pas de changer de cuisine, qu'il n'y a pas de gros changement d'ameublement qu'elle souhaite très vivement (à part une sécheuse à linge pour l'hiver). Ce qui lui pèse le plus sur le dos, c'est la solitude qui, depuis quelques années, caractérise son existence. Quand, au cours d'une interview, son mari dit qu'à ses yeux, la situation idéale pour sa femme serait de pouvoir avoir deux servantes, elle ne rejette pas cette fantaisie, mais ce n'est pas au travail lui-même qu'elle songe immédiatement, mais à l'idée qu'elle ne serait plus seule :

Ça ferait pas de tort. Ça ferait une compagne : on s'aide, on jase, on écoute la radio... parce que maintenant, depuis que les filles sont parties, je suis tout le temps toute seule...

Malgré les contacts avec une soeur et une belle-soeur, qui demeurent dans le voisinage immédiat, il lui manque la présence d'un monde féminin. Aussi le travail de maison, malgré qu'elle se dise souvent "tannée", constitue, pour elle, la seule réponse au sentiment d'ennui et de solitude qu'elle ressent :

Si j'avais trop de temps libre, je m'ennuierais peut-être... oui, je m'ennuierais peut-être. Parce que, par exemple, cet après-midi, j'ai pris du temps libre parce que j'étais fatiguée ; puis je m'ennuyais, je cherchais quoi faire...

Ce qui, à ses yeux, justifie le plus et le mieux toute l'énergie qu'elle passe à la maison, c'est sa responsabilité dans l'éducation des enfants. Cette responsabilité va jusqu'à l'âge de dix-huit ans. Quand l'interviewer rappelle qu'elle s'est dite pleinement d'accord avec l'énoncé "la place de la femme mariée est à la maison...", elle s'explique ainsi :

Oui. Surtout pour les enfants quand ils sont jeunes. Je ne dis pas quand ils sont rendus à dix-huit ans. Un bébé a besoin de beaucoup de soins. Un enfant qui arrive à la maison et qui ne retrouve pas sa mère, il est tout seul. C'est pas gai. Les miens, quand ils arrivent, ils savent que je suis ici (...) il faut qu'un enfant ait l'amour de quelqu'un. Il cherche toujours ça. Il a besoin de quelqu'un pour conter ses troubles, ses projets à l'école... Il faut quelqu'un pour l'écouter. Puis de dix à dix-sept ans, c'est un autre âge important. L'enfant essaie de s'éloigner de la maison, il ne veut plus rester aussi souvent. Si on ne les surveille pas, on ne voit pas quelle sorte d'amis ils se font. C'est nécessaire pour les partir sur un bon chemin, pour leur donner une chance dans la vie... Ils vont avoir assez à se débattre après ça...

"Après ça", même si le travail d'éducation est terminé, elle continue à vivre ses responsabilités. Même ceux qui ne demeurent plus à la maison et ceux qui ont plus de dix-huit ans entrent dans ce champ de ses responsabilités :

J'essaie de voir que nos enfants soient heureux dans leur mariage. Si je peux réchapper la balance de nos cinq garçons !... Je les surveille pas autant que quand j'étais plus jeune, il n'y a pas autant de règlements...

Cette dernière allusion à ses cinq garçons (encore à la maison) et au moment où elle était "plus jeune" fait référence implicitement à quelque chose qu'elle considère central dans son expérience : le fait d'avoir eu neuf enfants alors qu'elle aurait désiré en avoir seulement deux ou trois et, surtout, au fait qu'après avoir eu ses trois premiers enfants, ce sont les normes religieuses qui l'ont obligée à en avoir six autres.

Dans ce temps-là on allait à l'église et c'était péché d'empêcher la famille. Au troisième enfant, j'ai fait une hémorragie et le docteur m'a dit : "Pas d'enfant pendant cinq ans". On a fait attention pendant cinq ans. Après ça... je n'allais plus à l'église. Après ça, j'ai fait mes pâques. C'était la mode de faire des pâques. Dans ce temps-là, le prêtre disait qu'il ne fallait pas faire ci et ça et ça a recommencé (...) J'en ai eu trop.

Elle se réfère souvent à ses deux "batches" d'enfants et au fait qu'elle n'a jamais été exactement la même après avoir recommencé à avoir des enfants. Quand on lui demande, par exemple, de se comparer à ses parents, elle se réfère spontanément à ces deux périodes de sa vie :

> *Oui, je suis plus sévère que mes parents. Je suis plus brusque et plus mauvaise. Pour les trois premiers, j'ai été bien douce. J'ai été six ans sans avoir d'enfants et, après, j'ai eu cinq garçons de file...*
> *Ca m'a découragée un peu. Je ne pensais pas avoir une si grosse famille. (...) Il y a une différence entre moi et mes parents. Je suis fatiguée, je n'ai plus la patience de jouer avec eux. Je n'ai pas le temps, je suis toujours occupée. Il y en a encore cinq à la maison et en vieillissant, on n'a plus le même moral. Je me tanne plus vite. Une mère ne devrait pas avoir neuf enfants...*

Quand, dans l'interview, on lui demande ce qu'elle pense de la limitation des naissances, elle précise :

> *Moi, actuellement je prends des pilules. L'idéal c'est d'avoir trois enfants et de prendre des pilules. Le mieux, c'est d'attendre que le premier ait trois ans et après ça en avoir un autre... Trois enfants, ça fait une famille.*

Une famille de trois enfants permet d'être plus à l'aise financièrement et réduit la tâche de la mère de famille :

> *A cause de la finance.... Ca permet de leur donner ce dont ils ont besoin. Quand je me suis mariée, on trouvait toujours l'argent pour manger. Ce n'est pas pour le manger... mais on ne peut pas leur donner ce qu'ils ont besoin réellement. On va dire, par exemple, des souliers : il faut que tu attendes. Quand il y en a deux ou trois, c'est plus facile d'arriver... (...) Aujourd'hui, je pourrais me reposer, être tranquille avec mon mari. J'aimerais avoir une maison un peu plus petite. Actuellement, il faut que je travaille encore ici...*

Ce sentiment d'avoir été contrainte à avoir une grosse famille, d'en "avoir eu trop" coexiste avec cet autre sentiment qu'est l'amour :

> *Elever des enfants c'est une joie. Je les aime tous pareil. On va dire que je n'étais pas de bonne humeur quand j'étais enceinte, mais quand venait le temps, j'avais hâte, je l'aimais déjà...*

L'éducation des enfants demeure avant tout sa propre responsabilité. Elle sait qu'elle peut compter sur son mari, ("on est deux", dira-t-elle à plusieurs reprises), mais elle a recours à lui surtout si elle-même ne réussit pas, si elle désire l'intervention d'une autorité plus forte :

> *C'est plutôt moi (qui s'occupe d'éducation). Je me suis toujours arrangée seule. C'est moi qui connais leurs manières, leurs habitudes, et je me fiais sur moi. Je vais parfois en parler à mon mari... on est deux... Quand il y a quelque chose qui ne fait pas mon affaire, j'avertis mon mari : "Il y en a un qui est entré très tard hier, occupe-toi donc de lui". Vu qu'il est un homme, il est très autoritaire. Moi, il va m'écouter, mais il va le refaire. Je ne le domine pas assez. Mais quand le père parle, ça passe... Si je viens à bout de l'avoir, je n'achalerai pas mon mari...*

Celui-ci se limite souvent à ce rôle de juge et d'arbitre :

> *De l'éducation des enfants, moi, j'en discute pas. D'abord que je les vois qui font du progrès. C'est la mère ici qui s'en occupe. Des fois, elle va en discuter avec ma belle-soeur en bas.*

Cela ne l'empêche pas d'adopter et de développer certaines opinions, certaines attitudes à l'égard de la religion, de la sexualité, de l'école et du travail, etc., mais il ne s'attribue pas à lui-même la fonction de transmettre aux enfants ces opinions et ces attitudes. Du moins, il ne le fait pas directement : ainsi il ne discute jamais de religion, de sexualité avec ses enfants. Indirectement, toutefois, il leur communique une certaine tolérance, une certaine ambivalence peut-être aussi. Ainsi, en parlant des enfants qui ne veulent plus aller à l'école, il dit :

> *Ca dépend du vouloir des parents. Si un enfant embarque sur le dos de ses parents à douze ou treize ans, à dix-sept ou dix-huit ans il leur fera manger de la marde. Il faut être autoritaire pour les enfants.*

Pourtant, il n'exerce pas toute l'autorité qu'il souhaite et, même il est d'accord avec ses garçons qui veulent travailler plutôt que continuer l'école :

> *Le plus vieux a doublé sa huitième, c'est là qu'il s'est tanné. Ils l'ont envoyé dans une école de métiers. Ca faisait six mois qu'il était en train de me bâtir un coffre d'outils. Je lui ai dit :*

"Aie, déniaise-toi, quatre planches en six mois... ! " Il m'a dit :
"Je n'y vais plus, ils ne nous montrent rien." Je lui ai dit :
"Si tu ne veux pas y aller, vas-y plus." Je trouvais ça niaiseux
moi aussi : je n'ai pas insisté...

A propos des "deux jeunes", il dira aussi :

Je vais essayer de les tenir le plus longtemps à l'école. Mais ce
sont des petits gars et quand ils ont dans la tête de travailler,
on ne peut plus mener ça par le bout du nez avec la vie qui
court. On se fait traiter de vieux jeu et je ne veux pas...

Tout en étant soucieux et désireux d'affirmer son autorité, il tient
compte de la "vie moderne", de la "vie qui court" et évite de paraître
"vieux jeu" :

Si je leur parle trop fort... on ne sait jamais, ça se rebelle... il
faut faire attention... (...) je leur laisse plus de liberté parce que
le monde et les années ne se ressemblent pas. Ca change. Pour
ne pas me faire appeler vieux jeu, je leur laisse de la corde."

Cela ne l'empêche pas de s'inquiéter à propos de ses enfants, mais il
garde dans son "for intérieur" ses réactions personnelles.

Un adolescent, c'est un autre problème. Ca me cause un peu
plus de soucis. Ca me tient sur le qui-vive. On lui dit : "Rentre
pas tard à soir" et il me répond : "Non, non, vers onze heures".
Il est minuit et il n'est pas rentré. Là je ne dors pas. Comme le
samedi, ils vont au théâtre toute la nuit. S'il avait fallu que je
dise ça à mon père, j'en aurais mangé une maudite! Mais
c'est vrai qu'ils vont au théâtre pour la nuit au St-Denis. **Dans**
mon for intérieur, *je n'aime pas ça. Je ne suis pas pour aller aux*
vues avec eux rien que pour voir s'ils sont là. Je les laisse suivre
le cours de la vie... Il leur faut plus de liberté. Les tenir comme
j'ai été tenu, le diable serait aux vaches par bouts!"

Louise, de son côté, n'est pas en désaccord avec la plupart des attitudes
de son mari (concernant la sexualité, la religion, etc.) et, de plus, lui
attribue, en quelque sorte, son rôle d'autorité suprême. Par comparaison avec son mari, elle adopte toutefois une attitude plus active :
elle s'intéresse aux activités de ses enfants, au choix de leurs amis, aux
difficultés à l'école, à leur éducation sexuelle, etc. A propos de
sexualité, par exemple, elle tient à ce que ses enfants aient certaines
informations :

*J'ai été bien franche réellement. Je leur ai expliqué comment
ça se faisait. Même avec les garçons. Ils ont des petites blondes :
"Je le sais que vous sortez, vous n'êtes pas des anges", je parle
des plus vieux évidemment. Je leur ai dit : "Faites attention, il
y a des maladies vénériennes, la minute qu'il y a quelque chose,
n'attendez pas, allez voir le docteur. Essayez de faire attention.
Ne violez jamais une petite fille en bus de votre âge. Tu peux
être accusé." Je lui ai expliqué pas mal. Jamais avec une jeune
qui ne veut pas... Il faut surveiller les conséquences : "Tu peux
être tenu responsable et payer une pension. Je ne veux pas dire
qu'elle peut te forcer à la marier. Mais pour un soir où tu n'es
peut-être pas en amour... ... tu peux être responsable pour
l'enfant". Ils m'ont dit : "Elles prennent des pilules". Je leur
ai dit : "Arrangez-vous, c'est votre vie"...*

A travers ces informations, sont véhiculées des normes et des valeurs
assez claires : "la sexualité n'est pas mauvaise en elle-même", "c'est
un besoin", "il faut prendre ses responsabilités" :

*Ca devient un besoin vers quinze ou seize ans. C'est la nature.
Je ne vois pas de différence entre quinze, vingt-cinq ou
cinquante ans ! La nature est là...*

Cette référence à la "nature" permet à Louise d'adopter une très
grande tolérance. Cette tolérance, dans le cas d'une de ses filles, s'est
traduite par des gestes concrets :

*Chez les plus vieux, il n'y avait pas de pilule. C'est arrivé à
Monique à quinze ans d'être enceinte, mais pas parce qu'elle ne
le savait pas. Elle savait tout d'avance et quand on l'a su on
n'a pas voulu qu'elle le marie parce qu'elle était trop jeune.
Elle a gardé l'enfant. Aujourd'hui, elle est mariée et elle va à
merveille. Mais s'il n'avait pas voulu (le mari), je l'aurais gardé...
(...) Il devait y en avoir autant (d'enfants illégitimes) dans mon
temps, mais on était obligé de le donner pour ne pas que ça
paraisse. Là, au moins, c'est plus* **naturel** *pour la fille de garder
son bébé. C'est plus beau qu'elle le garde et l'élève. Elle peut
se marier après si son mari accepte l'enfant. Il voit que c'est une
erreur si elle a quinze ou seize ans. Rendu à vingt et un ans,
par exemple, ce n'est plus une erreur..."*

Notons que Louise inclut son mari dans la décision de ne pas marier
Monique ("*on* n'a pas voulu..."). André partage d'ailleurs la même

conception de la sexualité — comme besoin *naturel* et, en parlant de
ses garçons, il dit :

> *Les deux plus vieux, de dix-neuf et vingt ans, je ne leur demande*
> *pas mais je sais toujours bien qu'ils en ont eu certain avec des*
> *filles (des expériences sexuelles). Je sais toujours bien qu'à*
> *dix-sept ans, j'en avais eues. Ils ne sont pas plus niaiseux que*
> *moi ! Mais je ne l'ai jamais dit à mes parents et eux ne viendront*
> *pas me le dire non plus... C'est normal pour le sexe, pour la*
> *nature... "*

Sans doute, cette conception de la *nature* n'est pas non plus étrangère
à l'attitude d'André à l'égard du grand nombre d'enfants qu'il a eus,
mais il serait faux de réduire ses expériences à cette seule dimension.
Voici comment André s'explique cette situation.

> *A part les deux ou trois premiers, ça a tous été des surprises.*
> *Des lunes de miel en voyage ! C'était des manques de jugement.*
> *Il n'y avait pas de médicament pour ne pas avoir d'enfants en*
> *voyage. (...) Moi, d'avoir beaucoup d'enfants, ça ne me faisait*
> *rien. Quand ça me faisait plaisir d'y aller, j'y allais. Je me disais :*
> *"Je suis capable d'en faire vivre trois, je suis capable d'en faire*
> *vivre quatre, je peux en faire vivre cinq." Moi, il n'y avait pas*
> *de problème. (...) D'abord que le moral et la santé de ma femme*
> *étaient bons. C'est ça qui était important.*

Il est intéressant de noter que nulle part, au cours des interviews, Louise
ne considère André responsable du fait qu'elle a eu "trop d'enfants".
Pourtant son "moral" n'était pas toujours bon. Peut-être résistait-elle
mal elle aussi aux "lunes de miel en voyage"? Peut-être aussi songe-
t-elle qu'André ne lui a tout de même pas fait d'enfant pendant les
cinq années prescrites par le médecin après la naissance de son troisième enfant. En tout cas, il partage aujourd'hui son point de vue sur
la limitation des naissances et sur le nombre idéal d'enfants :

> *Il faut en avoir moins. Trois c'est dans le maximum parce que*
> *ça coûte trop cher, le coût de la vie est trop cher : l'habillement,*
> *l'éducation... Il y en a qui font élever les enfants par des bonnes*
> *et des gouvernantes. Mais quand c'est le père et la mère qui les*
> *élèvent...*

Le seul point sur lequel il y a désaccord entre Louise et André concerne la place de l'école et de l'instruction formelle. Louise a toujours regretté que ses enfants n'aient pas plus d'instruction : "avec plus d'instruction, ils auraient plus de chance dans la vie" se dit-elle. En même temps, elle se rend compte que ses enfants, pour la plupart, se désintéressent de l'école et contribuent à l'organisation financière de la famille dès qu'ils commencent à travailler (en payant "pension"). Voici comment elle décrit la situation :

> *Mes plus vieux n'ont pas été chanceux parce que mon mari était seul pour travailler et avec neuf enfants, il fallait qu'un ou deux enfants lui aident. Le plus vieux a commencé à travailler à quinze ans et la fille à quatorze ans. Elle n'aimait pas du tout l'école. Les plus jeunes, j'aimerais qu'ils ne soient pas des drop-out. Je sais qu'ils ne pourront pas aller à l'université, je n'ai pas les moyens, qu'on vieillit nous aussi, mais s'ils pouvaient finir les deux ans de cégep... Parmi ceux qui sont ici, le premier était tanné lui aussi et il a arrêté à dix-sept ans. C'est surtout le linge qu'on ne pouvait pas leur donner. Pas du beau linge mais au moins du linge pour suivre la mode. En travaillant, ils peuvent s'habiller comme ils le veulent. Roger, lui, a arrêté en neuvième pour aider et parce qu'il était tanné. Son père lui a demandé d'arrêter. Lui, je voulais qu'il finisse sa douzième parce qu'il était bon. Gilles, c'est par lui-même qu'il est arrêté, il ne voulait plus aller à l'école. Son père lui a dit : "Tant qu'à traîner dans les rues, tu vas travailler. Et si ça ne marche pas pour travailler, tu retourneras à l'école".*

André, pour sa part, trouve un double intérêt à ce que ses enfants commencent à travailler : ils l'aident financièrement et ils apprennent aussi bien à "l'école de la vie", comme il a l'impression de l'avoir fait lui-même :

> *Mon père n'avait pas d'instruction et il a gagné honorablement sa vie. Moi je n'ai pas de problème avec l'éducation de mes enfants. Ils vont à l'école et quand ils ne veulent plus y aller, je ne les force pas. S'ils veulent travailler, ça sert à rien de m'entêter avec eux, ils n'apprendront rien. (...) Ce n'est plus tenable à dix-sept ans, les garçons. Quand ils disent non, c'est non. Tant qu'à les voir bambocher et ne rien faire à l'école, pourquoi pas me rapporter vingt-cinq piastres de pension par semaine. Tant qu'à les voir bummer des cigarettes sur le trottoir ou bien courailler... On sait pas jusqu'où ça peut se garrocher... Ils peuvent êtres éduqués pareil : pas de la même manière qu'en*

classe, mais ils peuvent développer leur intelligence pareil dans la rue. C'est bien beau l'école, je suis bien pour ça, mais moi ce que j'ai appris, je l'ai appris dans la rue... (En parlant d'un de ses garçons). Il m'a dit : "Je ne retourne pas à l'école, je vais travailler comme mes frères et je vais te payer ta pension". Sa mère ne voulait pas, il y a eu du grabuge. Je lui ai dit : "Tu ne veux pas y aller, travaille"! Il est parti travailler, il n'a pas arrêté, ça fait deux ans de ça. Je n'ai jamais insisté pour l'envoyer, il aurait usé ses culottes, sans rien faire de devoir, rien. Il aurait niaisé. Moi, j'aurais perdu deux ans de pension. Ce n'est pas parce que je suis séraphin : mais autant en profiter que de le faire niaiser à l'école... "

Dans cette famille, comme dans bien d'autres, l'abandon des études est une expérience complexe; elle est une source de tension qui provoque beaucoup d'anxiété et souvent beaucoup d'ambivalence. Chez Louise, cette situation la rend malheureuse de ne pouvoir fournir à ses enfants "les meilleures chances possibles". Chez André, ce sentiment de cupabilité ne joue pas puisqu'il se dit que ses enfants peuvent apprendre autant au travail qu'à l'école. Il n'en ressent pas moins les pressions venant de directions divergentes et exprime, finalement, une certaine forme d'ambivalence dans sa façon d'expliquer pourquoi ses propres enfants ont quitté l'école relativement tôt. La raison principale qu'il se donne pour les "jeunes" ("le manque de finance...") ne tient plus quand il pense à ses propres enfants. Ainsi quand l'interviewer, un jeune homme de vingt-cinq ans encore aux études et que le thème de l'abandon scolaire intéresse visiblement, revient un peu plus tard sur "les jeunes ... qui abandonnent leurs études", André reprend tout de suite :

R.　*Ca, c'est le manque de finance des parents. Quand un garçon a tout ce qu'il veut de ses parents, je ne vois pas pourquoi il lâcherait ses études.*
Q.　*Chez vous, ils y en a trois qui ont quitté ?*
R.　*C'est parce qu'ils n'apprenaient pas ...*

Même s'il exprime, au moins indirectement, une certaine ambivalence à l'égard de l'abandon des études, André demeure convaincu —contrairement à sa femme— qu'il ne prive pas ses enfants en adoptant cette attitude : c'est sa façon à lui de leur apprendre quelque chose de valable :

S'ils ne vous montrent plus rien à l'école, moi je vais vous montrer à me payer une pension.

Et quand ses enfants ne veulent plus aller à l'école, il ne les considère pas comme des paresseux ou des fainéants. Au contraire, en faisant allusion que deux de ses garçons sont actuellement en chômage, il ajoute aussitôt :

> *La première des choses, c'est d'avoir le coeur placé à la bonne place. Quand ils n'ont pas d'ouvrage, ils s'en trouvent. Quand ils n'en ont pas, je ne crie pas après eux, je sais que c'est parce qu'il y en a pas !*

Amener ses enfants à quitter l'école "parce qu'ils n'apprennent rien" constitue pour André presque une marque de confiance en ses enfants et une façon de leur reconnaître un statut d'adulte :

> *Maintenant, c'est à eux de se faire une bonne job, de se faire un bon métier. Qu'ils apprennent un métier, n'importe lequel, pourvu qu'il soit pas en régression naturellement ...*

Finalement, André n'est pas qu'une figure d'autorité qui interviendrait "en dernier recours" dans l'éducation de ses enfants ou, plutôt, c'est en remplissant cette fonction d'autorité qu'il communique à ses enfants les valeurs fondamentales à ses yeux.

Cette description de la vie familiale de Louise et André n'épuise évidemment pas l'ensemble de leur témoignage ni, surtout, la richesse des expériences vécues par eux. Mais elle permet, tout au moins, de faire ressortir le sens de cette appartenance familiale, les grandes lignes de ce par quoi elle prend un sens à leurs yeux.

APPARTENANCE AUX GRANDS ENSEMBLES

Déjà en faisant la description et l'analyse des systèmes d'appartenance que sont la parenté, la famille, le travail, nous avons fait arbitrairement abstraction de ce que nous appelons les "grands ensembles" : la ville, le Québec, la classe sociale, le système politique, etc. Pour l'observateur —comme d'ailleurs aux yeux de Louise et d'André eux-mêmes— la "frontière" entre ces deux univers n'est pas étanche : qu'il s'agisse de la famille, de l'éducation des enfants, de la religion, de l'école, de la sexualité, de la limitation des naissances, du commerce d'André ou de son nouveau travail, etc., on retrouve toujours la référence à ces grands ensembles. Ce sont ces références à ces grands ensembles que nous allons maintenant explorer et expliciter.

Classe sociale

Le terme de "classe sociale" n'est évidemment pas employé par Louise ou André. Une fois, cependant, André, en parlant des patrons, indique que ces derniers constituent "une classe de monde à part"; sans doute pour comprendre les liens entre la vie privée et son travail, l'interviewer demanda à André s'il inviterait son patron à dîner :

> R.: *Non. Il ne viendrait pas, c'est simple ! C'est pas la même classe. Je ne l'inviterais pas non plus.*
> Q.: *S'il vous invitait, iriez-vous ?*
> R.: *Privément, non. Dans un restaurant, un hôtel, oui, mais pas chez eux : je passerais pour un snob. Puis, c'est pratiquement impossible ! C'est une classe de monde qui se tiennent ensemble. Ce sont deux catégories, un employé puis le grand boss. Lui (le boss) quand il vient nous voir, il est tout "ainsi", mais dans son milieu, ça doit être une autre paire de manches.*

Ces questions de l'interviewer suivaient un long message où André s'était mis à parler des "pets-en-culs" i.e. des patrons.

> *Ils ne nous parlent pas, on leur parle pas. On n'existe pas. Puis pour nous autres, c'est rien qu'un boss, un grand bourgeois ou un gérant général. Eux autres se parlent ensemble ... Ils ne savent même pas qu'on travaille là. C'est pas eux qui nous ont engagés ... Eux autres ont leur manière de parler, leur caucus. Ils discutent de choses qui nous regardent pas. Ils discutent pour faire de l'argent. Nous autres, qu'ils fassent un déficit ou un bénéfice de 5 000.00 $, ça nous regarde pas, c'est pas notre problème. Nous, c'est cinq jours par semaine puis on va chercher notre paie le jeudi. C'est tout ce qui nous intéresse avec eux autres.*

Encore ici il y a une distinction nette entre "eux autres", et "nous autres", entre ceux qui "discutent pour faire de l'argent" et ceux qui vont "chercher leur paie le jeudi", etc.

Même si "tout le monde est égal", est "humain", tous n'ont pas les mêmes préoccupations, tous ne parlent pas le même langage. Ce n'est sûrement pas par hasard que le médecin symbolise, pour André, celui qui utilise un autre langage que le sien :

Tout le monde est mon égal, que ce soit du haut ou du bas de la société. Ca vient tous du même trou. Ceux qui se prétendent le nombril du monde ne sont pas plus haut que moi. C'est tous sur le même pied : un homme c'est un homme, puis une femme c'est une femme. C'est humain. Mais il y a des choses qui se discutent avec un et pas avec l'autre. Je peux pas discuter avec un médecin. Si c'est un sujet "normal", je vais discuter s'il ne prend pas des grands mots, s'il me parle dans mon langage. Là, je vais tenir une conversation ...

Si "tout le monde est égal" dans la société, il y en a tout de même qui sont "en haut" et d'autres, "en bas". Devant un autre interviewer, Louise employait presque les mêmes termes pour expliquer qu'elle était satisfaite des emplois (passés et actuels de son mari) :

On ne cherche pas à se pousser plus haut parce qu'on ne peut pas aller plus haut : on est heureux dans notre petit bonheur. D'abord qu'on a assez de cennes, on ne demande pas le luxe, mais d'être heureux, d'être capables de sortir de temps en temps et de leur (les enfants) donner un peu ce qu'ils aiment.

André, lui aussi d'ailleurs, dit devoir être satisfait de ce qu'il a et qu'il doit bien se résigner au fait qu'il n'est pas riche en expliquant que sa femme aimerait sûrement posséder un jour une maison de campagne, il dit :

J'haïrais pas ça, mais ça ne me ferait rien de ne pas en avoir. C'est pas parce que je veux pas : y'en a pas un qui ne veut pas être riche ! Mais on se satisfait avec ce qu'on a.

Louise et André sont tous les deux convaincus que le manque d'instruction de ce dernier explique en bonne partie le fait qu'ils se retrouvent en "bas" plutôt qu'en "haut" de la société. Mais aucun ne regrette entièrement cette situation qui est compensée, en quelque sorte, par le succès relatif qu'il a toujours obtenu à son travail ou dans la vie. Louise :

Il (mon mari) ne pourrait pas travailler dans un bureau : il n'a pas assez d'éducation pour ça et, à son âge, c'est encore plus difficile. Quand il était plus jeune, il était ambitieux. Durant la guerre, il avait deux trucks et une automobile pour les légumes. Les grandes chaînes d'alimentation ont fait du tort pour son commerce. Ca c'était sa ligne d'ouvrage qui nous a toujours fait vivre...

Quant à André, lui aussi a le sentiment que finalement son manque d'instruction ne l'a pas empêché de se "débrouiller dans la vie", d'être une personne qui a été "consciencieux" par rapport à ses responsabilités. Si, contrairement à ce que dit Louise, il affirme ne pas être "ambitieux" ce mot prend chez lui un tout autre sens et, en dernier ressort, son évaluation de sa situation sociale se rapproche de celle de Louise :

> *C'est de valeur de le dire, mais je ne suis pas ambitieux. J'ai jamais eu des rêves de grandeur ! Vivre normalement, oui, ça c'est le propre de tout homme consciencieux. Mais essayer d'aller au-delà de ma personne, non ! Premièrement avec l'éducation que j'ai, je ne peux pas. Ce serait me donner des troubles d'estomac ni plus ni moins ! J'ai fini en quatrième année, alors je ne peux pas dire que je suis aussi instruit que vous autres (les deux interviewers présents en même temps à ce moment-là). Vous faites des cours ... mais d'après mon intelligence, je peux discuter avec à peu près tout le monde mais pas en termes comme vous pouvez le dire vous autres. Je vais comprendre à quatre-vingt-dix-neuf pour cent ce que vous dites, par exemple, que ce soit en termes ou non. De l'instruction, je n'en ai pas. Mais pour me débrouiller, je me débrouille dans la vie !*

Si Louise se résigne au fait que son mari ait eu peu d'instruction, elle n'accepte pas aussi facilement le fait que ses enfants, eux, n'aient pas reçu plus d'instruction. On l'a vu, c'est là un thème de désaccord entre André et Louise. Encore ici, ce désaccord repose sur le principe de la chose plus que la réalité puisqu'elle-même conclut qu'ils ne seraient pas capables d'envoyer leurs enfants "dans les collèges jusqu'au bout" :

> *Je trouvais qu'il (mon mari) retirait les enfants pas mal jeunes de l'école. Je comprends son point de vue : il était seul à rapporter et ça prenait tout pour arriver. Correct, ça nous a donné un peu plus pour ne pas vivre dans la misère. Mais je trouve que c'était trop jeune pour notre génération d'aujourd'hui... Je ne demande pas d'aller dans les collèges jusqu'au bout : ça on n'est pas capable !*

André se réfère encore à la position sociale des parents quand on demande son attitude face à la drogue. Ici aussi, il distingue entre "la haute" et le milieu ouvrier. Si cette catégorisation est assez lâche et imprécise, on sent bien quand même qu'il fait référence à deux univers différents :

> *Le haschisch, ça ne coûte pas tellement cher. Mais s'ils prenaient de la cocaïne ou de la morphine à 35.$ ou 40.$ par jour ... Si le type du milieu ouvrier en a pris, c'est une loque humaine parce qu'il n'est pas capable de ramasser ça sans voler et il devient un bandit ou un tueur. C'est bon pour la haute, qui a le père pour cracher et qui a deux, trois, quatre cent mille piastres et qui peut le bourrer jusqu'à temps qu'il crève et il doit avoir hâte. Il n'y a pas un père de famille qui voit son gars devenir une loque sans essayer de le sauver ... Quand il n'est pas capable il (le père de la haute) peut le placer ...*

L'utilisation des drogues fortes comme l'héroïne n'est pas très répandue dans son milieu, mais ce qui importe ici, c'est qu'André fasse spontanément référence au *milieu ouvrier* et à la *haute*.

Finalement, à leurs yeux il y a deux catégories de personnes : les riches et les pauvres. Devant l'interviewer qui vient d'aborder le thème du chômage, ils se mettent à dialoguer entre eux. Voici un extrait de ce dialogue :

> *Louise* — *Quand il y a eu la guerre, ils en ont trouvé de l'argent. D'où est-ce qu'il venait, cet argent-là ? C'est correct ça fait des dettes. Mais ça permet de passer à travers.*
>
> *André* — *Du pauvre monde, il y en aura toujours. Depuis que le monde est monde, qu'il y a du pauvre monde ...*
>
> *Louise* — *Au moins que le pauvre monde soit capable de racheter les vieilles affaires. Qu'il puisse les arranger un peu. Si les riches veulent s'acheter le plus beau, qu'ils l'achètent. Mais au moins que le pauvre monde ait quelque chose.*
>
> *André* — *Je ne suis pas contre ça, un gars qui est bien riche. S'il a été chanceux, je suis bien content pour lui ... Mais qu'un autre qui se bat pour vivre ...*
>
> *Louise* — *Ma mère me contait que dans son temps c'était le "child labor". Elle avait neuf ans et elle travaillait dans une boulangerie. C'était la misère, puis ça l'est encore.*

Dans une entrevue précédente, André n'avait-il pas glissé dans la conversation :

> *Il y en a qui vivent dans la misère puis c'est du bon monde ...*

Sans doute, se considère-t-il dans cette dernière catégorie. Il n'y a pas de doute que le *nous autres* auquel André et Louise s'identifient exclut les riches, ceux qui sont indépendants d'argent, qui sont de la *haute*, des *big shots*, etc.

Par ailleurs, ces *eux autres* symbolisent tout de même la réussite sociale, ceux à qui on n'en veut pas :

> *Le* gros *plus il en a, plus il en veut, plus le diable en veut. Le* petit *est étouffé. Il faudrait limiter et donner une chance au plus* petit. *Pas pour qu'il vienne au même niveau que le* gros, *mais vivre à l'amiable, pas une vie de pacha, mais une bonne vie, qu'il puisse se faire des économies comme les* autres.

Au plus, André ose-t-il rêver à un meilleur partage entre le gros et le petit.

Le système économique

Comme nous le disions plus haut, André et Louise ne rejettent pas pour autant le système économique dans son ensemble. Les "autres", les "riches", les "gens de la haute", etc., symbolisent ceux qui ont réussi dans ce système de compétition, mais il ne leur vient pas à l'esprit de rendre ce système responsable de l'écart entre les diverses catégories qu'ils perçoivent dans la société. Au mieux, espèrent-ils une meilleure distribution des richesses, mais pas au point "d'être comme les riches", disait Louise.

S'ils n'en perçoivent probablement pas toutes les ramifications et tous les mécanismes, le système économique ne leur est pas complètement étranger. En parlant, par exemple, de la compagnie de téléphone, André fait très bien la distinction entre le point de vue du consommateur (le "nous" de la citation suivante) et le point de vue d'une grande compagnie :

> *C'est pas grand chose une augmentation de dix ou douze cents par mois. Si ça fait pas ton affaire, disconnecte-le ! ça nous ferait pas mal, mais ça lui fait bien moins mal à lui : ça lui rapporte des millions ...*

La propriété et le droit du patronat ne sont pas non plus remis en question. A propos de ses conditions de travail, voici ce qu'André précise :

> *Ca c'est entendu, C'est à l'employeur de décider des heures,*
> *mais il faut que ça soit égal pour tout le monde ...*

et Louise ajoute immédiatement :

> *Ben, c'est à lui la manufacture. C'est à lui l'argent qu'il nous*
> *donne.*

Même s'ils sont d'accord avec l'assurance-santé, l'assurance-chômage (dont bénéficient peut-être leurs deux garçons), le bien-être
social, etc., il est cependant évident que le "welfare state" doit
veiller exclusivement à aider les plus indigents de tous :

> *Pour le monde en pleine nécessité, je suis pour ça. Pour des*
> *vieux, du monde handicapé ... le gouvernement devrait s'en*
> *occuper comme il faut par exemple. Pas leur donner juste des*
> *croûtes.*

et il est évident qu'ils ne se considèrent pas comme entrant dans
cette catégorie de la population. Enfin, un autre indice de ce que l'uni
vers économique ne leur échappe pas entièrement se retrouve au
moment où André et Louise, en parlant du chômage, introduisent la
notion du commerce international, du "trade", comme ils disent :

> *André — ... il en faut du trade mais ...*
> *Louise— Mais pas du trade qui nous fait du tort.*
> *André — On fait du trade, mais qui est-ce qui en profite ? Ce*
> *sont des étrangers qui contrôlent notre propre com-*
> *merce (...)*
> *Louise — Les compagnies étrangères, ça fait de l'expansion.*
> *C'est beau, mais il faudrait que le Québec puisse*
> *acheter les parts de ces compagnies-là pour pas que*
> *tout notre argent s'en aille dans leurs pays. Il faudrait*
> *que le gouvernement mette un contrat pour qu'au*
> *bout d'un certain temps, il (le gouvernement) achète*
> *leurs parts.*

On voit comment ils se réfèrent à *notre* commerce, à *notre* argent
et comment, malgré leur sentiment très net d'être dans une position
sociale inférieure, ils s'identifient au système économique actuel. Il ne
faut peut être pas oublier ici que durant une bonne partie de sa vie
André a été un entrepreneur : son commerce de légumes en a longtemps
fait un *petit* entrepreneur, mais un entrepreneur tout de même.

Le système politique

Il est intéressant de noter que dans la dernière citation, c'est au gouvernement du Québec que Louise se réfère ("Le Québec pourrait acheter des parts"...). Ceci révèle sans doute une certaine forme d'identification au Québec comme entité politique ; par ailleurs, les références au Québec −à ses hommes politiques, au gouvernement, etc.− n'expriment pas toujours une telle identification, ni chez Louise ni, surtout, chez André. Celui-ci, par exemple, considère que le Québec est aux mains des "gros big shots". Après avoir dit que "ceux qui sont indépendants de l'argent disent que ça va bien au Québec", il ajoutait :

> *Parce que ça ne va pas bien dans le Québec (...). Au point de départ tous les problèmes qui s'amènent proviennent des gros big shots ...*

Ici aussi, nous retrouvons la distinction entre "eux autres" et "nous autres" :

> *La politique ? Ça me fait penser à une gang qui essaye de gouverner, à dominer. La politique, c'est de la domination, rien que ça. Ils sont supposés diriger, protéger le public. Ils se protègent juste entre eux autres (...). Parce qu'eux autres ils ont rien que ça en tête, faire de l'argent. Puis nous autres, on se contente de peu.*

Là-dessus, Louise enchaîne :

> *Moi, je pense la même affaire. Quand ils ont rempli leurs poches ...*

André n'a pas confiance en la plupart des hommes politiques :

> *Avec eux autres, c'est toujours de belles promesses. Mais attendez après les élections ! ...*

Non seulement ne se sent-il pas bien "représenté" par les hommes politiques, mais il met en doute le fait que ces derniers expriment vraiment leur propre opinion. Dans une de ses rares références à un homme politique oeuvrant au gouvernement fédéral, il s'explique ainsi :

> *Supposons que Trudeau dit : "Je parle au nom de tous les Canadiens, 95 % sont en faveur d'une telle chose". Est-ce qu'il m'a téléphoné ? Est-ce qu'il sait ce que je pense ? Qu'est-ce qui lui dit que je suis d'accord avec lui ? (...) Il parle au nom de toute la populace. C'est pas vrai ça. Ce sont des textes qu'il lit. Les trois-quarts du temps, il ne sait même pas ce qui y est écrit : ce sont des secrétaires qui font le travail... Ce qu'il dit, ça ne vient pas de son propre chef.*

André et Louise expriment tout à la fois ou concurremment une absence quasi totale de confiance dans les hommes politiques. Quel que soit le fondement de leurs arguments, ce qui ressort de leur témoignage exprime le jugement global négatif et une absence d'identification aux hommes politiques et aux gouvernements. En voici un autre exemple.

> *André — Les cent mille jobs de Bourassa, ce sont des promesses de rien. Il a parlé trop vite. Quand est-ce qu'il va les donner ? A la fin de son mandat ?*
>
> *Louise — Puis c'est rien qu'une petite portion ça ! Tout le reste du monde, eux autres ?*
>
> *André — Quand même il donnerait cent mille jobs dans tout le Québec, qu'est-ce que c'est ?*
>
> *Louise — C'est pas la tranche de pain au complet qu'il nous donne, c'est une croûte.*
>
> *André — C'est une goutte d'eau dans l'océan.*
>
> *Louise — Pourquoi vous pensez qu'il y a tant de vols, tant de meurtres ? Le monde ne sait plus quoi faire.*
>
> *André — C'est pas l'idée. Il veulent faire des routes tout partout. Est-ce que ça va donner des jobs aux Montréalais... ?*

Mais les hommes politiques ne sont pas les seuls à être associés, dans leur esprit, à cette image négative du gouvernement. Il y a aussi les "parasites".

> *Si le gouvernement menait ça comme il faut, il y aurait bien moins de chômage. Mais ça n'empêcherait pas les parasites, ceux qui ne veulent pas travailler. Ca il y en a. Dès qu'ils ont leur chèque de bien-être, ça va dans les hotels, puis ça lève le coude...*

Il est bien évident qu'André et Louise ne s'idenfitient pas du tout à ces bénéficiaires des agences gouvernementales. Ils s'identifient encore bien moins aux "bourgeois" qui ne leur semblent pas plus "honnêtes" que les hommes politiques eux-mêmes et qui "fraudent" le gouvernement et, indirectement, leurs employés. A propos de l'impôt, André disait en effet :

> ... Il y en a qui fraudent en Jésus. Là, ils ont le droit. Les grands bourgeois, c'est pas tous honnêtes. Pour ne pas le donner à l'employé ou au gouvernement, ils le placent dans les banques étrangères sous des noms fictifs, puis ils empochent ...

Dans cet univers politique qui englobe bénéficiaires parasites, bourgeois qui fraudent, hommes politiques malhonnêtes parce "qu'ils se protègent les uns les autres" ou simplement parce "qu'ils ne parlent pas de leur propre chef", etc., André retrouve toutefois des hommes politiques qui ont des "bonnes intentions". Caouette *est* ou, plutôt *était* l'un d'eux :

> C'est la même chose dans tous les partis. Mais il y en a qui ont des bonnes intentions, mais s'ils ne sont pas élus, ils virent leur capot de bord. On va en prendre un : Caouette. Il était bien indépendant. Où est-ce qu'il est rendu à présent ? Il renforce les autres partis. Un homme sincère, qu'il perde ou qu'il gagne, il tient sa tête !

Le seul homme politique qui trouve grâce auprès d'André est René Lévesque et il est significatif, à cet égard, qu'André le perçoive d'abord comme une opposition plutôt qu'un appui au gouvernement. Après avoir mentionné Caouette, André enchaîne immédiatement :

> Un qui est honnête, d'après mon point de vue, c'est Lévesque. Il n'appuie pas le gouvernement. Les autres, c'est comme des autruches. Il y en a un qui revire la tête dans le sable et les autres embarquent tous en-dessous du sable aussi...

Même vis-à-vis de Lévesque, la confiance n'est pas acquise d'emblée : il y a d'abord le fait que lui aussi le trompe peut-être "avec de belles paroles politiciennes" et il y a également la crainte qu'il ne réussisse pas à changer le comportement habituel des députés, celui de se "mettre riche avec l'argent du peuple" :

> Numéro un, il avait des bonnes intentions puis il les a encore. Il

essaie, il veut changer les affaires. Mais des belles paroles politiciennes, ça peut être comme Bertrand ou Bourassa (...) puis dans les députés peut-être que ça serait encore la même chose. Mais si les chefs (il vient de parler de Lévesque), mais si les chefs ont de bonnes intentions, peut-être que ça pourrait remédier aux choses. Il leur donnerait des ordres, ça ne serait plus chacun pour soi qui se met riche avec l'argent du peuple.

S'il a confiance en Lévesque, c'est finalement qu'il le reconnaît comme faisant partie de son propre monde ou, comme il le dit, comme ayant "été élevé dans le monde". Lévesque est le seul homme politique (parmi ceux qu'il mentionne spontanément) auquel il s'identifie et qu'il identifie comme faisant partie de sa classe sociale, du *peuple*. Là réside la différence principale entre Lévesque et les autres :

> *... ça peut être comme Bertrand ou Bourassa. Excepté que (Lévesque) c'est un homme du peuple, c'est un ancien journaliste. Il connaît le pauvre homme. Les autres ont toujours été élevés dans la ouate puis la soie. Trudeau, il ne connaît pas la misère — c'est un fils de millionnaire — et Bourassa non plus. Lévesque, lui, il a été élevé parmi le monde.*

Dans le cas d'André, il s'identifie non seulement aux qualités personnelles de Lévesque, (son honnêteté, ses bonnes intentions, sa compréhension du pauvre monde, etc.), mais aussi à ses projets publics d'indépendance. Après la citation précédente, il poursuit :

> *Oui, j'ai voté pour lui parce qu'il avait des bonnes intentions. Donnons-lui une chance pour voir s'il est capable de réaliser ses projets.*

Louise, pour sa part, n'a pas voté pour le Parti Québécois aux dernières élections. Ceci amène l'échange suivant entre elle-même, l'interviewer et son mari :

> Q. : *Vous, est-ce que vous aimez mieux Bourassa ?*
> R. : *Louise — Non, j'aime mieux René Lévesque.*
> Q. : *Pourquoi vous avez voulu voter libéral ?*
> R. : *Louise — J'avais peur du FLQ. Une révolution, je ne suis pas pour ça. Je suis anglaise, mais un Français est capable de s'entendre avec moi pour me marier ! Il y a du monde comme ça. C'est pas tous les Anglais qui ne vous aiment pas. J'aurais*

> pas voulu voir Québec barré comme Cuba. J'au-
> rais pas été heureuse.

Q. : *Il serait barré par qui ?*

R. : Louise —*Par le FLQ. Ils veulent faire un Etat indépen-
> dant.*

Q. : *René Lévesque aussi, c'est ça qu'il veut*

R. : Louise —*J'aurais pas aimé voir ça.*

> André — *Il veut être indépendant des autres provinces. Il
> veut que le peuple québécois subvienne à ses
> propres besoins, avec ses propres richesses.*

> Louise —*Ca c'est correct d'abord.*

Q. : *Vous pensez que l'indépendance ça deviendrait comme
> Cuba ?*

> André — *C'est pour ça qu'elle avait peur. Elle se pensait
> sur le bord de la Russie...*

> Louise —*Je pensais qu'on aurait une barrière tout le tour,
> qu'on pourrait plus sortir.*

> André — *Les Indes, ils sont dans le Commonwealth mais
> ils sont indépendants pareil.*

Un peu de la même façon qu'André craint que Lévesque ne réussis-se pas à empêcher les députés de s'enrichir aux dépens du peuple, Loui-se craint que Lévesque ne puisse pas empêcher l'infiltration du FLQ dans le Parti québécois. En parlant des dernières élections, elle expli-que :

> *J'ai bien aimé René Lévesque, sa manière de parler. Mais j'avais
> peur, pas parce que je suis Anglaise, mais à cause de l'infiltra-
> tion du FLQ dans ça. On avait tous peur de ça. Si c'était juste
> René Lévesque ...*

Même si Louise dit qu'elle ne comprend pas très bien la politique,

> *Ca m'intéresse, mais ça me prend quelqu'un pour m'expliquer
> ce qui se dit vraiment ...*

elle a développé quand même un certain nombre d'opinions et d'atti-tudes à l'égard de la politique. Par rapport au Parti québécois, on vient de le voir, elle estime René Lévesque, mais ne peut se résoudre à favoriser l'indépendance par rapport au Canada. Nous reviendrons sur ce point. André, pour sa part, n'est pas défavorable à l'indépendance, est capable d'articuler un certain nombre d'arguments se rapportant à ses opinions politiques. En dernière analyse, la politique, c'est "de la parole inutile ", ou, en tout cas, ce n'est pas sa parole à lui et "ça ne lui fait ni chaud ni froid ".

> *Les décisions politiques, ça ne me fait ni chaud ni froid. Que le Québec soit ici ou ailleurs, que le Canada appartienne à l'Angleterre ... d'abord que je vis moi ... ils parlent pour le monde, ils prennent la parole en mains. Ils disent qu'ils parlent pour le Québec ou pour le Canada. Pourquoi disent-ils qu'ils parlent pour nous autres ? Ils parlent pour eux autres ...*

Le Québec

Des citations précédentes, deux constatations se dégagent par rapport au Québec. André s'identifie au Québec même s'il répète souvent que la politique lui est étrangère. En fait, il vit un conflit de valeurs à propos de l'indépendance : d'un côté un projet collectif d'indépendance qu'il ne rejette pas et, d'un autre côté, ses réactions individualistes qui lui font dire "que le Québec soit ici ou ailleurs ... pourvu que, moi, je vive ...". Mais il a voté pour le Parti québécois aux dernières élections et son geste voulait, certes, signifier son dépit pour tous les "big shots" des partis traditionnels, mais aussi un accord tacite avec le projet indépendantiste.

Une chose est évidente : la dimension politique du projet indépendantiste et, en particulier, des activités du FLQ (On est en octobre 1970 au moment des interviews) est très présente à son esprit. Il relie, par exemple, la mort du ministre Laporte à toute une série d'événements politiques passés ou extérieurs au Québec :

> *On traite ceux qui ont tué Laporte de meurtriers. Quand ils ont fusillé les patriotes au pied du courant, ils se battaient pour la Confédération, pour que ça soit canadien parce qu'on était sous la domination anglaise. C'est pas des meurtres ça ? C'est un meurtre. Le couvre-feu (au moment des événements d'octobre) c'est comme une loi de guerre. Ils en ont tué un. Pourquoi qu'ils ont tué celui qui voulait se battre pour être indépendant ? C'est la même affaire. Ils ont tué Kennedy, ils en ont tué d'autres en Russie, d'autres au Viet-Nam. Ce sont des meurtres politiques ça. C'est rien que de la politique ...*

Sa dernière phrase, "c'est rien que de la politique" prend évidemment un sens péjoratif dans sa bouche et il aurait pu ajouter "c'est pour ça qu'il faut faire *comme si* cela ne me touchait pas". Louise, pour sa part, exprime beaucoup plus de réticence à l'égard du *FLQ* et beaucoup plus de craintes à propos des événements d'octobre. Elle a expliqué (voir plus haut) qu'elle n'a pas voté Parti québécois aux dernières élections, —malgré ses sympathies à l'égard du chef du parti— à cause du fait qu'elle-même est "anglaise". De fait, son père était français et sa mère anglaise, et elle a longtemps utilisé l'anglais dans sa famille d'origine. Encore aujourd'hui, même si elle n'emploie que le français à la maison et même si ses enfants n'utilisent que le français, il lui arrive de préférer regarder la télévision anglaise parce qu'elle "comprend mieux". Ajoutons à cela le fait qu'elle n'est arrivée au Québec qu'à l'âge de dix ans et qu'elle n'a jamais entièrement oublié sa jeune enfance dans une province de l'Ouest du Canada (le contact avec un cousin en est un indice). Elle ne se définit donc pas comme québécoise francophone. Mais en même temps elle ajoute :

> *Je suis assez française pour qu'un Français décide de me marier ! ...*

Tout mouvement politique, tout événement politique qui implique un conflit entre anglophones et francophones est donc pour elle une source de déchirement et d'ambivalence. Ainsi quand l'interviewer lui demande ce qu'elle pense de l'Union nationale, elle associe ce parti à M. Cardinal et celui-ci aux problèmes de la langue au Québec (cf. bill 63) :

> *J'aimais pas Cardinal. Avec lui c'était français, français tout le temps ! Je suis pour ça, que le monde parle les deux langues, mais je ne suis pas pour forcer le monde. Comme à St-Léonard : je me disais que le monde peut bien apprendre comme ils veulent. J'avais peur qu'ils ne montrent plus l'anglais du tout. Parce que tu sors du Québec et c'est l'anglais partout. Mais après ça, j'ai compris que si on veut un Québec français, il faut que le monde apprenne le français. ...*

Le "problème" de la langue est assez présent à son esprit pour qu'elle introduise elle-même ce thème au cours de l'interview et, tout en ayant "peur qu'on n'enseigne plus l'anglais du tout", elle semble accepter l'idée que le Québec doive être français. Cette dernière citation indique aussi qu'il s'agit là d'un thème politique dont elle discute avec son entourage et dont elle pèse les arguments ("après ça, j'ai compris...").

A propos des événements d'Octobre, du FLQ et de la violence, elle est radicale. Rappelons ce que nous avons déjà cité de son attitude face à un de ses garçons qui était favorable au FLQ.

> *Ils commencent un peu (à discuter de politique) mais de la manière dont ils parlent, ils ne savent pas trop de quoi ils parlent. On veut les reprendre parce que ... on va dire, comme les FLQ; pour les enfants c'était quelque chose qui était bon, ils ne réalisaient pas que ce n'est pas bon de faire des choses par la violence, que s'ils passaient par la démocratie, ça serait plus lent, mais qu'ils se perfectionneraient par les erreurs qu'ils font. Comme lui (un de ses garçons), je lui ai dit : Que je ne te voie jamais là parce que je te laisserai plus rentrer. Il était tout jeune, il avait quatorze ans. Ce n'est pas bon, c'est une place de trouble. Les jeunes avaient du fun, ils ne savaient pas what was going on, ce qui était en arrière, les idées de ces hommes-là".*

Notons en passant qu'à des moments de l'interview où elle est le plus émotivement impliquée, il lui arrive de glisser quelques mots en anglais. Notons aussi, qu'à part l'argument contre la violence, transparait ici (aussi) son scepticisme à l'égard de tout ce qui touche la politique ("ils ne savaient pas ce qui était en arrière, les idées de ces hommes-là"). Pourtant, en dernière analyse, elle a le sentiment que ces mouvements et ces événements révolutionnaires ont un objectif qu'elle partage. On en a un indice dans la citation suivante. A une question anodine en apparence (Vous emportez-vous quand vous discutez de politique"?), elle répond dans l'affirmative en donnant spontanément comme exemple l'élection municipale qui a suivi de quelques semaines les événements d'octobre. Elle reproche au maire Drapeau d'avoir utilisé ce moment de panique et de peur pour combattre le FRAP. Elle fait allusion à la peur qu'elle-même et "beaucoup de monde" a ressentie à ce moment-là. Elle fait aussi allusion aux difficultés de "comprendre ce qui se passe là-dedans". Enfin, elle associe [1] ce mouvement politique municipal de gauche (le FRAP) au séparatisme et exprime l'idée que "ce serait beau d'une manière (...) qu'on se sorte du trou ...". Voici cette longue citation qui rend compte, tout à la fois, de plusieurs dimensions de son expérience politique :

> *Je trouvais que ce n'était pas correct ce qu'il (Drapeau) avait fait. L'état de guerre, ça a épeuré beaucoup de monde. C'est vrai que ce n'est pas tout le monde qui connaît la politique. La plupart du temps, on a bien de la misère à comprendre ce qui se passe là-dedans parce qu'on n'est pas dans la politique, on ne peut pas les suivre couramment, on en a un petit morceau ici, un petit morceau par là. Les politiciens parlent, tu essaies de faire un puzzle pour faire une histoire ! Il faut lire entre les lignes. C'est comme le séparatisme. Ils veulent faire comme*

Cuba. Ca serait beau d'une manière, mais ils ne réalisent pas combien de temps ça va prendre pour qu'on se sorte du trou ".

De l'ensemble de son témoignage, il ressort clairement, qu'à ses yeux, plusieurs éléments forment un tout dont elle comprend le sens et dont elle partage l'orientation. De la même façon qu'elle en vient à espérer que "le Québec soit français", elle accepte l'orientation socialisante du PQ, du FLQ, du FRAP, du moins au niveau des objectifs explicites de ces divers mouvements. Ce qui l'empêche d'adhérer totalement à ces mouvements (ou à l'un ou à l'autre de ces mouvements), c'est qu'elle aurait l'impression de nier son origine "anglaise", c'est qu'elle doute de leur nécessité à court terme et, dans le cas du FLQ, qu'elle rejette la violence comme moyen politique. Si la politique lui apparaît comme un "puzzle", s'il lui faut "lire entre les lignes", etc., elle demeure très présente à l'univers politique et le moins qu'on puisse conclure est qu'elle se pose elle aussi, en ses propres termes, la *Question du Québec.*

Cette attitude de Louise est, en définitive, plus complexe que celle de son mari, même si celui-ci partage ses perceptions du Québec et de la politique en général. Fidèle à son rôle de pourvoyeur financier de la famille, André est, plus que Louise, préoccupé des implications économiques des mouvements indépendantistes. Quel que soit le parti au pouvoir et quel que soit le statut politique du Québec, le chômage demeure pour lui un problème prioritaire. Et s'il favorise le Parti québécois, c'est beaucoup plus parce qu'il représente à ses yeux un parti nouveau, mais pas nécessairement un parti qui changerait fondamentalement la situation québécoise :

Pourquoi on donnerait pas une chance au troisième parti. Que ce soit Lévesque, Samson ... Pourquoi pas changer de politique pour savoir. Si ça fait pas, on saura à quoi s'en tenir. Là on le sait pas, c'est toujous rouge ou bleu ".

Le fait qu'il inclut à la fois le Parti québécois et le Parti créditiste —même si à plusieurs autres moments, il manifeste clairement ses sympathies à l'égard du premier seulement— indique bien que son attitude fondamentale, en politique québécoise, est le rejet des partis traditionnels sans que ce rejet n'implique par ailleurs l'acceptation des projets collectifs des "nouveaux" partis. Comme Louise, mais d'une autre façon, il se sent de toute évidence impliqué par les événements politiques au Québec. Quand il répète à plusieurs reprises "la politique, ça ne me touche pas", il signifie avant tout son sentiment d'impuissance par rapport à tout le secteur politique. Ce qu'il exprimait à propos des événements d'octobre et des meurtres politiques résume très probablement le fond de son attitude politique :

> ... *C'est des meurtres politiques ça. C'est rien que de la politique. Ca ne me fait ni chaud ni froid.*
> Q. : *Vous avez pas de sentiment patriotique ...*
> R; : *Oui, j'en ai toujours. Mais ça ne me touche pas. Pourquoi s'assécher le gorgoton pour aboutir à rien. Ca donnera rien de parler. C'est comme un coq qui chante tout les matins puis qui ne pond pas d'oeuf ...*

La politique —et il est particulièrement sensibilisé à la politique québécoise— lui est *étrangère*. Ces sentiments d'étrangeté et d'impuissance sont arrivés au cours des événements d'octobre. Lui qui, par ailleurs, rejette le communisme [2] "parce que les individus n'ont pas de liberté", est choqué par la situation d'octobre :

> *Allez sur le coin et essayez de discuter de politique ! ... Ceux qui sont opposés à nos idées ... Parlez du FRAP ou du FLQ : on va monter à (la prison de) Parthenais et ça ne sera pas long ! Il n'y a pas de liberté une maudite miette.*

Nous n'avons pas l'intention de "réduire" le Québec à ses dimensions politiques et encore moins aux événements d'octobre. Comme cette interview a été faite à l'automne 1970, il est évident que nous ne pouvons, au cours de l'analyse, ignorer les réactions d'André et de Louise à ces événements. Pour notre propos, il importe peu qu'il s'agisse là d'événements sortant de l'ordinaire et qui ont provoqué des sentiments plus forts que dans leur vie quotidienne habituelle. Ce qu'il importe surtout de retenir est que les réactions exprimées par rapport à ces événements d'octobre sont fondamentalement les mêmes que celles qui sont exprimées par rapport à tout le secteur politique, social et économique, à tout ce que nous avons appelé les "grands ensembles" : tout en étant intimement impliqués, André et Louise ont fortement le sentiment que tout ce secteur leur est étranger, qu'ils n'y possèdent aucune liberté ni aucun pouvoir.

La religion catholique

Aujourd'hui, ni Louise ni André ne sont des catholiques "pratiquants" et leurs enfants cessent de pratiquer dès qu'ils "arrivent à l'âge de subventionner à leurs besoins". Pourtant, on l'a vu, c'est pour satisfaire au précepte religieux que Louise a cessé de pratiquer la limitation des naissances et a, par la suite, eu six autres enfants. Entre ces deux périodes, une évolution s'est produite. Ils ont d'abord rejeté la contrainte comme source de conformité aux règles religieuses. Louise, par exemple,. rejette maintenant cet état de dépendance à l'égard de l'Eglise catholique. Un peu comme en politique, elle a le sentiment de ne "pas toujours comprendre très bien" la religion catholique. Son père était catholique pratiquant, mais sa mère ne pratiquait aucune religion. Elle n'a donc pas connu très bien la religion dans son enfance et, surtout n'a pas expérimenté très tôt le système de contrainte auquel nous venons de faire allusion. Cette contrainte, elle en fera l'expérience après son mariage :

> *La religion, ça a joué un rôle dans le commencement de mon mariage. Ma belle-mère me forçait plus ou moins d'y aller (à l'église). Ce me rendait malade, de l'encens, puis le linge du monde ... C'était des belles décorations, mais c'était rien que des bibelots pour moi ...*

Même si elle ne "pratique" plus la religion catholique, Louise se définit quand même comme une personne religieuse ou, plus précisément, comme une personne ayant la foi en un certain nombre de croyances :

> *Je crois en Dieu, mais dans ma maison. Pas dans l'église. Je prie à ma manière. (...) Je peux pas dire que je le (Dieu) hais. Par la tradition, j'ai été drillée. Mais aujourd'hui, on voit que c'est pas juste ... La seule chose qui est juste, c'est d'en avoir. Tout le monde y passe.*

L'Eglise, comme institution, et le prêtre, comme représentant de cette institution, ne trouvent pas "grâce" devant eux. Voici, par exemple, ce qu'en dit Louise :

> *Il faut faire comme lui (le prêtre), il ne faut pas faire comme lui, mais faire comme il prêche. Ca tient pas debout !... Si quelqu'un a encore confiance à ça, il peut aller aux églises sans que ça dérange les écoles (à propos de tout le temps qui était autrefois "perdu" pour la religion durant les heures d'écoles) ... Les églises, c'est rendu des gambling joints ...*

André exprime les mêmes réserves :

> *Le prêtre, aussitôt son collet romain enlevé, c'est un homme en chair et en os ... Il s'est passé beaucoup de choses depuis le temps que Duplessis avait le contrôle de tout. Le monde ont commencé à se déniaiser, ils ont décidé que c'était assez de faire des quêtes, d'acheter des Chinois. J'ai assez acheté de Chinois, puis la Chine est communiste. Comprenez-vous ça vous autres ? (...) Il y a du bon dans la religion parce que la confiance, on peut pas ôter ça au monde. Mais c'est une bonne chose que ça ait changé. Ca a déniaisé le monde. Le monde était rendu qu'il se faisait des maladies avec ça (...) Maintenant les laïcs ont plus de place dans l'Eglise, c'est vrai. Mais c'est toujours la piastre qui est en dessous. Ils ont écouté le monde quand le monde voulait des bingos. Le profit est là ! ... C'est encore des coups d'argent. Ils ont des problèmes, mais ils sont assez riches pour les régler ...*

La religion, comme la politique, demeure pour André "une affaire de piastres". L'Eglise est encore un univers de personnes riches et instruites qui imposent leurs façons de penser et d'agir à ceux qui comme eux "n'avaient pas encore été déniaisés...".

Les changements que le Québec a connus depuis vingt ou vingt-cinq ans dans le secteur religieux, sont donc perçus très favorablement par Louise et André. De fait, ils s'identifient fortement à ce courant et ont l'impression de découvrir chez les autres un cheminement semblable aux leurs. Ceci se vérifie dans plusieurs domaines, mais en particulier, dans celui de la sexualité : la sexualité, on l'a vu, est un phénomène complètement "naturel" qui n'a plus rien à voir avec la religion. Ce concept de "nature" explique, aux yeux de Louise, que ce changement soit irréversible. Pour elle —comme pour son mari— il est évident qu'aucune religion n'aura de sens pour leurs enfants ou pour les jeunes en général :

> *Louise : Non, ils n'auront plus de religion. Parce qu'avec les histoires des astronautes, ils vont en haut, ils voient que c'est vide, que le ciel c'est l'atmosphère naturelle de la terre, qu'on est né sur la terre.*
>
> *André : Ils ne peuvent plus faire croire aux enfants qu'ils montent au ciel ou qu'ils descendent aux enfers ! (...)*
>
> *Louise : Non, ils vont être trop instruits pour ça plus tard. Ils vont savoir que la vie ça se passe des hommes aux autres hommes avec les gènes. Il n'y a pas de Bon Dieu là-dedans. C'est ça, l'éternité de la vie. ... Si je dis que je remercie le Bon Dieu d'avoir la joie de vivre, c'est une manière de parler ...".*

Et encore ici la religion est associée, par Louise, au thème de la vie et de la mort : peur de la mort, désir de mort, espérance de bonheur, confiance dans les malheurs, voilà qui explique la religion aux yeux de Louise. Après qu'elle eut dit "c'est une manière de parler", voici l'échange entre elle et l'interviewer :

> Q. :   *Vous trouvez que c'est bon que les enfants pensent*
> *comme ça ... ?*
> Louise : *Je ne sais pas. Il y en a que ça va affecter leur menta-*
> *lité. Peut-être ... la peur de la mort ... Bien oui, parce*
> *que tant qu'on croit au Bon Dieu, on a toujours*
> *l'espérance qu'il va nous rappeler à lui. Mais c'est pas*
> *vrai.*

D'une part, elle affirme "ce n'est pas vrai" et, d'autre part, ailleurs dans les interviews, elle avoue être encore préoccupée par les thèmes religieux. Cette ambivalence, elle la communique sans doute à ses enfants. A propos de l'un deux qui "ne croit pas", d'après Louise, mais qui sert souvent la messe le matin, le témoignage suivant affirme bien cette ambivalence.

> Q. :   *Il croit en Dieu, puis il va servir la messe ?*
> Louise : *C'est parce qu'il n'est pas sûr...*
> André :   *A part ça, ça lui donne une piastre...*
> Louise : *Ah oui. C'est l'homme d'affaires de la famille celui-*
> *là. ...*

André, dans une autre interview, exprime des attitudes analogues à celles de Louise quand il explique pourquoi, selon lui, "les jeunes n'auront plus besoin de religion".

> *La religion, ça tient le moral, mais qu'est-ce que c'est, on*
> *ne le sait pas. A mon point de vue, toutes les religions sont*
> *bonnes. La religion, c'est man made. Des images, un impri-*
> *meur peut en faire ! La religion, c'est des croyances. Les*
> *grands scientifiques ne sont même pas certains d'où on*
> *vient ...*

On pourrait rappeler ici toutes les critiques qu'André adresse à l'école d'autrefois où la religion prenait une trop grande place à ses yeux :

> *Dans le temps qu'on allait à l'école, il y avait plus de "Je vous*

salue Marie" que d'autres choses. Etudier, il fallait qu'on étudie l'histoire du Canada, la géographie, l'histoire sainte, maintenant c'est secondaire. (...) Ils nous montraient toujours la même affaire : des choses insignifiantes. C'était rien que de l'arriérage et du Bon Dieu. Ca n'avançait pas l'éducation une miette ...

Enfin, son rejet de la religion est associé à celui de la politique. Non seulement le clergé s'est-il "occupé de politique", mais il y eut collusion entre l'Eglise et l'Etat à un certain moment :

> *Q. : Pensez-vous que ça va revenir comme avant (la pratique religieuse) ?*
>
> *R. : Non, c'est fini parce qu'ils se sont trop fourrés le nez dans la politique. Ils ont voulu tenir le monde dans l'ignorance et ça s'est rebellé. Les jeunes en savent plus et le diable va pogner... (...)*
> *Dans les années 30-40, la politique, c'était bien pourri. C'était dominé par le clergé. C'était dans le temps de la dépression et des secours directs... Après, dans le temps de Duplessis, quand le monde allait voter, il y avait des vols de vote, de la violence. ... Duplessis, il nous a retardés de vingt ans. Dans tout, c'était la piastre pour les curés. Il a enrichi les curés, ils étaient portés par lui...*

De l'angoisse face à la mort, à la collusion entre Duplessis et le clergé, il y a évidemment des nuances à établir. A travers leur rejet de la pratique religieuse et des institutions religieuses et à travers leur doute sérieux sur le fondement de la foi en un Dieu créateur, Louise et André expriment clairement que la religion catholique a marqué leur époque et leurs propres expériences dans un grand nombre de secteurs.

Les générations d'hier et d'aujourd'hui

Parmi les "grands ensembles" qui fondent les sentiments d'appartenance de Louise et d'André, on retrouve celui de leur génération. Même s'il s'agit là d'une catégorie relativement confuse et complexe, dont les limites sont souvent imprécises, Louise et André s'en servent très souvent pour s'expliquer leurs expériences quotidiennes, pour donner un sens à ce qu'ils vivent eux-mêmes ou perçoivent chez d'autres dans divers secteurs comme la religion, l'éducation, la politique, la sexualité, le travail, etc. Concrètement, ce sentiment d'appartenance se traduit par les expressions "dans notre temps", "la vie d'aujourd'hui", les "jeunes", "à l'époque de nos parents", etc :

> *(A propos de l'éducation des enfants à la maison)* ... *Ca a beaucoup changé et j'aime ça beaucoup aujourd'hui. L'enfant apprend plus vite.* Dans notre temps *ça prenait du temps, j'étais slow, les mots ... mes parents ne pouvaient pas m'en montrer. (...) Il devait y en avoir autant* dans mon temps *(d'enfants illégitimes), mais ils étaient obligés de les donner pour ne pas que ça paraisse ...*
> *(A propos d'un "problème" qui la préoccupe) J'aurais aimé ça pouvoir aller parmi le public et ne pas avoir peur. Je vais aller sur la rue et si je vois quatre ou cinq hippies, je passe, je sais qu'on est pas de la même* génération. *La vie d'aujourd'hui a plus de violence, je suis plus craintive ... Pour notre génération d'aujourd'hui, il est important que les enfants aillent à l'école assez longtemps... (...)*
> *(A propos de la façon d'être des jeunes) c'est juste une farce, c'est passager. C'est naturel pour les* jeunes. *Se promener en jeans et être sexé ... ça passe.*
> *(A propos du festival de Manseau) Non, je ne les laisserais pas aller. Ce sont des jeunes. Il y a trop de jeunes là. Je ne connais personne, il n'y aurait personne pour les surveiller.*

> *(Louise)*

André pour sa part, se réfère souvent à la "vie quotidienne" pour expliquer son appartenance à une époque donnée où à une génération :

> *(A propos de l'école) Ils nous montraient toujours la même affaire, des choses insignifiantes. C'était rien que de l'arriérage et du Bon Dieu. Ca n'avançait pas l'éducation une miette. Ce n'est pas comme* aujourd'hui : *ils leur montrent toutes sortes d'affaires. A leur âge, je ne savais pas le tiers de ce qu'ils savent. Ils nous tenaient dans l'ignorance...*
> *(A propos de sa façon d'éduquer les enfants) Je leur laisse plus de liberté parce que* le monde *et les années ne se ressemblent pas. Ca change. Pour ne pas me faire appeler vieux jeu, je leur laisse de la corde ...*
> *(A propos de la religion) Ceux qui veulent y aller (à l'église), y vont. On n'est pas capable de les forcer. Nous nos parents nous y forçaient ...*

(A propos des expériences sexuelles chez les jeunes) les jeunes
*sont moins niaiseux qu'on était et avec l'amour libre, si ça leur
tente ... ils vont le faire.* Nous c'était caché.
(A propos de l'école) ... c'est plus moderne. *Ils leur montrent
autre chose, comme par exemple les affaires de sexe ... Dans
l'ensemble l'école c'est mieux parce que c'est plus* moderne. *Le
mode de vie a changé. Il faut que les professeurs changent ...
Les cheveux longs et tout ça, ça va encore avec le* modernisme.
*C'est une passée, une mode. Ca ne les empêche pas d'être
du bon monde parce qu'ils ont les cheveux longs ou une bar-
be ...*
*(A propos de l'éducation sexuelle) Ca se fait graduellement
par eux-mêmes, à en entendre parler. Ca s'apprend depuis
que le monde est monde, mais c'était plus caché dans l'an-
cien que dans le* moderne. *Avant c'était caché, mais il y en
avait pareil. ...*
*(A propos des cégeps) Je trouve ça bon, ça déniaise le monde,
c'est plus* moderne. *Il faut suivre le courant de la vie.*

Il est intéressant de noter que Louise et André se réfèrent à ce
sentiment d'appartenir à une génération, à une époque plus "moderne", etc., surtout dans leur vie privée, par rapport à l'éducation des
enfants, la sexualité, l'école, la religion, etc. Ils se réfèrent beaucoup
moins à cette appartenance à une génération pour s'expliquer des
changements dans des secteurs comme ceux du travail, de la politique,
des classes sociales, etc. La notion de génération leur sert vraiment à
intégrer leurs expériences de changements dans les secteurs *privés*
plus que dans les secteurs *publics* de leurs expériences.

Les groupes intermédiaires et le syndicalisme

Ni Louise ni André ne font partie de groupes qui leur permettent
d'établir des liens plus systématiques avec ce que nous avons appelé
les grands ensembles. Ils ne font partie d'aucune association, aucun
groupement. André s'explique ainsi : pourquoi Louise ne peut faire
partie d'associations :

*On sait jamais comment ça peut virer, ces affaires-là (les asso-
ciations dont elle pourrait éventuellement faire partie). La
première chose qu'on sait, mon Dieu, on est avec des communistes. On peut se renseigner par les journaux, on n'a pas besoin
d'être membre de rien.*

André, lui, fait partie du syndicat des camionneurs depuis qu'il a son nouvel emploi. Dans aucun de ses emplois précédents, il n'avait eu à s'inscrire à un syndicat. Il préférait "s'arranger tout seul avec le patron" mais, de toute façon, dit-il :

> Ca m'ôte rien, puis ça me protège peut-être ...

Il avoue d'ailleurs n'être pas intéressé à participer de façon active à son syndicat.

> Je ne peux pas discuter sur ça (les syndicats) parce que je ne connais pas l'union. Ils m'ont demandé de signer pour l'union pour avoir un salaire stable et pour être protégé. J'en connais pas plus haut qu'un cinq cents. Je ne suis pas au courant. Je ne suis jamais allé aux assemblées ...

Rappelons encore une fois que son petit commerce de légumes l'a amené beaucoup plus à être un entrepreneur qu'un militant syndical. Il ne s'est pas moins formé un certain nombre d'opinions sur le syndicalisme en général. Il accepte seulement le syndicalisme professionnel, c'est-à-dire un syndicalisme qui limite ses activités au secteur des relations de travail proprement dit (salaires, conditions de travail, etc.) :

> Non, non, ils doivent pas faire de la politique. Il y a un ouvrage à faire et on ne peut pas courir deux lièvres à la fois (...). Ils ne peuvent donner un plein rendement s'ils mêlent la politique avec ça ...

Même à propos de l'influence du syndicat dans ce secteur des relations de travail, il exprime beaucoup de scepticisme :

> Avec les unions, il y en a qui sont avantagés, d'autres calés. Tu demandes une augmentation. Si les chefs unionistes se grouillent pas ou si l'union n'est pas assez forte, tu peux combattre les bourgeois ... ton cinq cents ou ton dix cents au bout de trois ans, ça fait longtemps qu'il est disparu avec le coût de la vie qui remonte ...

Quand l'interviewer poursuit sur le thème de l'intervention politique des syndicats, il accepte l'idée mais avec beaucoup de réticence :

> Q. : Supposons que le chef syndical trouve que la solution est politique, qu'il faut changer une loi par exemple ...

*André : Ah là, c'est pas pareil. Mais les chefs d'unions, s'ils se
lancent trop dans la politique, graduellement, ils laissent tomber l'union. L'union devient secondaire puis ils
se lancent en politique parce que c'est plus fort en
argent, comprenez-vous ?*

Quand on se rappelle que pour André, les hommes politiques sont là
pour leurs propres avantages individuels, qu'ils représentent pour lui les
riches, les "big shots" qui "se protègent les uns les autres", on comprend qu'il hésite à accepter un syndicalisme militant au plan politique
si, à ses yeux, un militant syndical qui "se lance en politique" devient
lui-même un politicien. La tentation est forte, pour ce militant syndical de "sauter à la job la plus forte" de s'occuper de ce qui lui rappor-
tera le plus d'argent personnellement ("en politique ... c'est plus fort en
argent"). Est-ce là, sans doute, le fondement de son attitude relative
ment hostile au syndicalisme : celui-ci est associé à l'univers politique
qu'il sent déjà comme étranger à lui-même. D'ailleurs, dans une autre
interview, n'avait-il pas dit, à propos à la fois de la politique et du syndicalisme :

*Ca m'intéresse pas pantoute ! Ca m'intéresse pas puis c'est toute
une gang de voleurs ! ...*

Une exception toutefois, le chef syndical Chartrand. A celui-là, il peut
s'identifier parce qu'il sait parler aux hommes politiques sans se com-
promettre avec eux et ne cesse jamais de représenter les membres du
syndicat :

*Là, il y a un nommé Chartrand qui est en prison. (nous sommes
en octobre 1970). C'est un chef d'union. La construction ça va
mal en Jésus. Mais d'après ce qu'il dit dans les journaux, c'est
un homme qui a son franc parler. Il parle comme un joual, mais
qu'il parle comme il voudra, s'il essaie de sauver ses membres, il
est bon. ... Qu'il y en ait qui l'accusent d'être FLQ, ça me fait
ni chaud ni froid. Rendu qu'il essaie de protéger ses hommes ...*

Les syndicats ouvriers ne sont donc pas, pour André, un groupe d'appartenance très fort. Il a fait la grosse partie de sa vie de travail en
dehors de leurs cadres et, en fin de compte, il considère plus les syndicats comme une force qui fait partie du champ politique. A l'égard du
syndicalisme comme à l'égard de la politique, il se retrouve un "petit"
à côté d'une vaste organisation ayant des "big shots" à sa tête. Jamais,
à ses yeux, le syndicalisme pourrait servir de lien entre lui-même, son
milieu et les grands ensembles politiques, sociaux et économiques.

Le statut et le rôle de la femme

Parmi les groupes —au sens large du terme— auxquels Louise a le sentiment d'appartenir et auxquels elle se réfère spontanément pour donner un sens à ses expériences, il y a le groupe des femmes.

Il est bien évident, par exemple, qu'à ses yeux le "travail de maison" et l'éducation des enfants sont essentiellement du ressort de la femme. Elle n'a recours à son mari que si elle a besoin d'imposer une figure d'autorité plus forte que la sienne. Elle dit bien pouvoir compter sur son mari pour les problèmes d'éducation qui peuvent surgir, mais elle ajoute : "c'est surtout moi" qui ai cette responsabilité. C'est, à ses yeux toujours, parce qu'elle est une femme, et qu'une femme ne va pas autant "en public", qu'elle a le sentiment de moins bien comprendre la politique. Pour la même raison, il ne lui serait pas venu à l'idée de travailler à l'extérieur pendant son mariage. Elle est certaine cependant que cette situation va évoluer :

> Moi, je prédis que dans le futur, il y aura bien des femmes qui vont travailler, puis qui vont s'arranger pour avoir seulement deux ou trois enfants ... Il va y avoir encore des femmes qui vont aimer la maison. Mais avec la nouvelle génération tout change ... Il va y avoir plus de femmes qui vont travailler avec leur mari pour avoir plus de confort et il va y avoir des garderies partout comme en Russie ...

Avoir seulement deux ou trois enfants, on a vu que c'était là, pour elle aussi, le nombre d'enfants qu'elle aurait souhaité avoir, mais qu'elle a cessé un jour de "faire attention" pour respecter les normes de l'Eglise catholique. Or, à ses yeux, le fondement de cette règle religieuse s'explique non pas par des croyances religieuses, mais par le fait que les lois religieuses sont édictées par des hommes !

> Il y a bien des fois que les femmes n'aiment pas les règlements d'hommes et on est obligées de les subir pareil. Comme quand je me suis mariée, les règlements de l'Eglise disaient que c'était péché d'empêcher la famille. C'est ridicule. Ce sont des lois d'hommes ça. On ne pense pas comme les hommes ...

Cette référence aux lois religieuses "masculines" s'inscrit dans une réponse plus générale qu'elle donnait à la question : "les femmes devraient-elles faire de la politique"?

Je pense que oui, parce qu'il n'y a pas un homme qui a le même point de vue qu'une femme. Ca prend des femmes pour protéger les femmes ...

Sur ce point aussi, elle est certaine que les moeurs vont changer ou sont en voie de changement. Elle n'entrevoit pas un changement aussi rapide dans le secteur de la sexualité féminine. Le lecteur se souviendra que pour Louise —comme d'ailleurs pour André— la sexualité est un "besoin naturel" ... qu'il ne sert à rien de nier". Elle ajoutait à cela : "c'est la nature. Je ne vois pas de différence entre 15, 25, ou 50 ans. Même pour des pépères de 65 ans, la nature est là". Il appert que ce n'est pas par hasard qu'elle prend l'exemple d'un homme ("un pepère"....), car elle exprime vraiment l'existence d'un double standard relatif à la sexualité. Quand l'interviewer lui demande "jusqu'à quel point il faut être tolérant"?

Vers 19, 20, 21 ans pour un homme. Une fille peut se raisonner et attendre (...) Quand même elle le ferait avant (de se marier) et que son mari le sait, il y a toujours quelque chose en arrière qu'il va lui envoyer au visage quand il y aura des chicanes. Quand une fille se marie vierge, il ne peut jamais lui faire mal au coeur. C'est plus un passe-droit pour l'homme. Parce que la nature le demande. La femme peut se raisonner. On peut se retenir et on ne viendra pas enragée. C'est plus un besoin pour un garçon ...

Même si elle entrevoit que "l'amour libre" va bientôt permettre aux femmes de ne pas se marier et de changer de conjoint, elle se dit qu'en définitive c'est encore la femme qui en souffre le plus :

Prenons une fille qui va rester quatre ou cinq ans avec un homme. Ensuite elle va en prendre un autre. Il me semble qu'elle ne doit pas être heureuse même si elle reste avec un homme. Même si elle reste avec un homme, il vient un coup où il se tanne, il va vouloir amener son enfant. Il y a trop de problèmes ...

Il est indéniable que Louise est consciente que son sexe explique et donne un sens à plusieurs de ses expériences. Non pas qu'elle fasse partie de groupements féministes —là aussi elle se sentirait certainement étrangère et craindrait de se retrouver en face de "communistes". Mais elle n'est pas moins très consciente que son appartenance à cette catégorie sociale influence beaucoup sa vie quotidienne et celle des autres femmes.

Nous en sommes rendus à la fin de la présentation et de l'analyse des divers groupes d'appartenance de Louise et André. De l'ensemble de leurs témoignages, il découle clairement qu'ils ont très explicitement un fort sentiment d'appartenance à la parenté et à leur famille immédiate. Leur vie quotidienne —et en particulier celle de Louise, est beaucoup centrée sur leurs relations avec des frères, des soeurs, des belles-soeurs, des beaux-frères et avec leurs propres enfants. Il en est de même pour le travail en ce qui regarde André. André s'est défini comme un commerçant de légumes une bonne partie de sa vie active. C'est par ce travail qu'il remplissait son rôle d'*homme* et qu'il pouvait être le pourvoyeur financier de sa famille. Par rapport à la religion, ni Louise ni André ont le sentiment de faire partie de l'Eglise catholique, d'être intégrés à une religion. Mais de l'ensemble de leur témoignage, il ressort clairement qu'une bonne partie de leurs expériences passées et actuelles sont encore filtrées par leur conception de la religion et par leurs expériences religieuses passées : qu'il s'agisse de la sexualité, qu'il s'agisse de la limitation des naissances et du fait qu'ils ont eu neuf enfants pour pouvoir satisfaire aux préceptes religieux, qu'il s'agisse de politique et de la collusion qu'ils perçoivent entre les hommes politiques comme Duplessis et le clergé, qu'il s'agisse du jugement qu'ils portent sur l'éducation d'aujourd'hui par comparaison avec l'éducation d'autrefois; dans tous ces cas un de leurs critères de référence est la religion qu'ils ont connue et pratiquée pendant une bonne partie de leur vie. En ce sens, la religion catholique constitue encore pour eux un groupe important de référence sinon un groupe d'appartenance au sens strict du terme. Par rapport à ce que nous appelons les grands ensembles —les classes sociales, le système économique, le gouvernement, le Québec et le Canada, etc. —il semble évident que ni André ni Louise n'ont le sentiment de vraiment y participer, n'ont le sentiment de s'y identifier de façon très claire. Mais il ressort aussi qu'ils ont finalement une certaine information sur le sujet et, surtout, qu'ils se sont formé un certain nombre d'opinions ou d'attitudes par rapport à ces divers grands ensembles. Même s'ils peuvent dire, comme André le répète souvent, "cela ne me touche pas", il est évident qu'en un autre sens, ils ont le sentiment que cela les touche beaucoup. Ils se sentent impliqués par ce qui se passe dans le domaine politique, ils se sentent impliqués par des problèmes comme ceux de l'indépendance , de la violence en politique, de l'indépendance du Québec, de l'utilisation de la langue française et de la langue anglaise au Québec, etc., même s'ils n'ont pas le sentiment qu'ils peuvent influencer de quelque façon que ce soit le cours des choses dans ce domaine. Par rapport aux grands ensembles, il semble évident que leur sentiment d'impuissance ou de dépendance est intimement lié au sentiment que tous ces secteurs leur échappent et qu'ils y sont étrangers. En d'autres termes, ils se rendent compte qu'ils sont vraiment un élément dans ce système social qu'est la classe, le système politique, le système économique, mais qu'ils ne peuvent s'identifier à ceux qui exercent le pouvoir par rapport à ces grands ensembles. Qu'il s'agisse des hommes politiques, de certains grands leaders religieux, de chefs syndicaux, dans tous les cas, ils se retrouvent en face de personnes riches, de big shots, qui se protègent entre eux, qui poursuivent leurs propres intérêts personnels, etc., et, eux, tout en étant dans le système, ne font que le subir, n'y sont que le "pauvre petit peuple". Si la notion de classe sociale n'a pas pour eux les significations théoriques que lui accorde le sociologue, ils n'en ressentent pas moins un fort sentiment d'appartenance à une classe ouvrière qui par ses moyens financiers, par ses centres d'intérêt, par son style de vie, etc., est fortement démarquée d'une classe dirigeante que celle-ci soit définie en termes économiques ou politiques. Ils n'en tirent pas la conclusion que ces différences de classes doivent mener à une lutte sociale ou politique. Ils ont même tendance, dans certains cas, à espérer pouvoir mieux imiter les comportements ou le style de vie de cette classe supérieure. Celle-ci représente toujours, à leurs yeux, le succès, la réussite au niveau social et, pour reprendre leurs termes, ils n'en veulent pas du tout à celui qui réussit dans la société. A leur façon et dans le contexte immédiat qui est le leur, ils essaient de vivre ou de réaliser les mêmes valeurs : par exemple, André va tout faire pour ne pas être à la remorque de l'assurance-chômage, il va être lui-même un petit entrepreneur, il va transmettre à ses enfants le code du travail, etc. En même temps, leurs sentiments d'étrangeté et même d'hostilité —sinon de mépris— à l'égard de tout ce qui touche les structures politiques quelles qu'elles soient, sont tels qu'il ne leur vient pas à l'esprit de modifier, de travailler, de participer à une modification de cet état de fait.

Pouvoir, indépendance, autonomie

En décrivant les divers réseaux d'appartenance d'André et de Louise, nous avons inévitablement abordé —du moins de façon indirecte— une autre dimension importante : celle du sentiment de pouvoir. La distinction existant entre le sentiment d'appartenance et le sentiment de pouvoir n'est pas toujours facile à effectuer. S'il est des cas où une personne peut avoir un fort sentiment d'appartenance sans du tout avoir le sentiment de pouvoir, il en est d'autres où ces deux dimensions sont intimement imbriquées l'une à l'autre. Nous l'avons vu, par exem-

ple, quand André affirmait que les événements d'octobre ne le lais-
saient "ni chaud ni froid" et qu'il affirmait par ailleurs, immédiatement
après, "pourquoi s'assécher le gorgoton *pour aboutir à rien. Ca donnera
rien* de parler. C'est comme un coq qui chante tous les matins puis qui
ne pond pas d'oeuf". Dans ce cas-ci, il est bien évident que le sentiment
d'étrangeté à l'égard de cet événement politique et le sentiment d'impuissance sont intimement liés.

Si on considère la relation d'André ou de Louise avec les grands
ensembles comme, par exemple, le système politique ou le système
économique, il est bien évident qu'ils n'ont pas du tout le sentiment
d'y exercer un certain pouvoir. D'une part, ils n'ont pas le sentiment
de pouvoir influencer ces grandes structures sociales et ils n'ont pas
non plus le sentiment que le fait d'appartenir à ces grandes structures
leur donne plus de pouvoir sur les choses ou les événements qui les
intéressent le plus. Ce sentiment d'impuissance, il s'exprime peut-être
le plus clairement à l'égard du système politique et, encore plus concrètement, à l'égard des hommes politiques. Ceux-ci sont des gros "qui se
protègent les uns les autres", qui "parlent pour eux-mêmes et ne parlent pas pour nous", etc. André, en particulier, ne se sent pas représenté par eux et le système de représentation du type parlementaire ne
signifie aucune participation au pouvoir. Il dira à un moment donné "le
seul pouvoir que j'ai, c'est de voter à tous les quatre ans" et, dans son
témoignage, ceci ne semble pas constituer pour lui une source significative de pouvoir. Il est évident aussi que pour André la source de pouvoir est souvent l'argent et, à cet égard, il dira lui-même : "Je ne suis
pas un ambitieux qui ne pense à faire rien que ça, de l'argent". A ce
moment-là, c'est par rapport aux hommes politiques en général et aux
patrons qu'il veut se démarquer.

Par rapport à sa relation avec les grands ensembles, c'est moins le
sentiment de pouvoir que celui d'indépendance qui caractérise les
perceptions qu'André a de lui-même. Il tient d'abord à être financièrement indépendant de toute forme d'aide gouvernementale : en ce sens
il exprime vraiment le système de valeurs du petit entrepreneur dont
l'objectif est toujours de réussir "à se débrouiller" lui-même. Ainsi, s'il
reconnaît l'intérêt et l'importance des diverses formes d'aide que le
gouvernement peut apporter aux "nécessiteux", il est bien clair qu'il ne
se perçoit pas comme faisant partie de cette dernière catégorie. De plus,
ce désir de demeurer indépendant de la société (et du gouvernement)
est très probablement lié à l'image négative du gouvernement, des
hommes politiques, des "gros big shots" auxquels il ne s'identifie
absolument pas. En adoptant cette attitude d'indépendance, il ne se
rend probablement pas compte qu'il véhicule fondamentalement un
système de valeurs semblable à cette catégorie de personnes auxquelles

il ne veut pas s'identifier : il exprime en effet des valeurs d'entrepreneur-ship et d'individualisme qui caractérisent notre système social dans son ensemble. En autant que l'information constitue en elle-même une source de pouvoir, du moins un pré-requis à l'exercice d'un certain pou-voir, André n'y est pas totalement étranger. De l'ensemble de son témoignage, il ressort qu'il a une certaine information concernant les diverses dimensions socio-politiques de son milieu : il discute facilement à propos de ces thèmes, il connaît certains arguments, il présente de façon assez cohérente son point de vue. Mais finalement, cette informa-tion ne constitue pas pour André une source de pouvoir en elle-même, mais déclenche plutôt un processus de prise de conscience de son impuissance. S'il se sent aliéné par rapport au pouvoir —en ce sens que le pouvoir lui est étranger— on peut supposer en même temps que cette prise de conscience est un cheminement vers un type de désaliénation. Il ne faudrait par ailleurs pas supposer qu'un tel processus de désaliéna-tion puisse s'effectuer de façon automatique et spontanée. Sa seule façon d'expérimenter certaines formes de participation au pouvoir est d'adhérer à l'un ou l'autre des projets collectifs qui sont proposés dans son milieu. Or, on sait qu'au plan politique, il rejette ou refuse de s'identifier aux structures du pouvoir actuellement en place. Il est inté-ressant de noter en effet que les seules forces politiques auxquelles il s'identifie sont des forces d'opposition : le Parti québécois et (surtout) René Lévesque, le FRAP, le syndicaliste Chartrand, etc. Et même dans le cas de ces dernières, il n'a pas une confiance absolue et craint tou-jours que leurs représentants ne deviennent comme tous les autres hom-mes politiques et ne cherchent en définitive que leurs propres intérêts.

Nous savons aussi qu'André ne participe à aucun type d'association (sauf le syndicat auquel il a été obligé récemment d'adhérer au moment de commencer son nouvel emploi). Il ne fait partie d'aucune association parce que dit-il : "On ne peut vraiment pas faire confiance aux leaders de ces associations". Cette attitude est clairement exprimée à propos du syndicalisme qu'il associe finalement à la grande entreprise et à cet uni-vers des "gros big shots". En aucun cas, les associations volontaires ne constituent pour lui un instrument de participation au pouvoir dans un secteur public. Par un cheminement, il en est arrivé également à rejeter l'Eglise catholique du Québec comme une force politique ou plutôt parce qu'Elle a été une force politique de connivence avec les vieux partis traditionnels qu'il rejette.

Par rapport à tout ce secteur public de son expérience, Louise exprime sensiblement les mêmes attitudes. S'il est vrai qu'elle se consi-dère comme dépendante de son mari pour tout ce qui touche ces secteurs ("ça m'intéresse, mais ça me prend quelqu'un pour m'expli-quer ce qui se dit vraiment ...") elle en vient à exprimer en son nom propre ses attitudes et ses opinions à ce sujet. Comme André, elle n'a pas l'impression de faire l'expérience du pouvoir et elle valorise beaucoup une indépendance à l'égard de toutes les structures sociales. A cet égard, elle est fière de l'indépendance financière qu'ils ont toujours réussi à réaliser. Elle est aussi très satisfaite d'être devenue beaucoup moins dépendante des normes de l'Eglise catholique, en particulier, en ce qui touche le contrôle des naissances. Son rejet de la dépendance à l'égard de l'Eglise dépasse largement cette norme particulière à l'égard du contrôle des naissances. Elle ne s'attend pas, par exemple, que les personnes de la génération de ses enfants continuent à se tourner du côté de l'Eglise pour chercher une certaine forme de sécurité affective. Si elle continue à exprimer des préoccupations d'ordre religieux, ce n'est pas dans le cadre de l'Eglise institutionalisée ou instituée qu'elle va poursuivre ses expériences. Enfin, son sentiment de dépendance s'explique à ses yeux par son statut de femme : c'est parce qu'elle est une femme et qu'elle a moins de contacts à l'extérieur du foyer qu'elle est dépendante de son mari dans ses opinions politiques ; c'est parce qu'elle est une femme qu'elle doit se plier à des "lois d'hommes". Pour Louise, cette image d'elle-même comme *femme* semble être sa façon de s'acheminer vers un processus de désaliénation. Certes, elle ne voit pas le mouvement féministe comme un lieu où elle pourrait participer à un certain type de pouvoir, mais poursuit tout de même un cheminement qui n'est pas étranger à ce mouvement.

Dans les secteurs privés comme celui de la famille, Louise a clairement le sentiment d'exercer un certain pouvoir. Elle a, par exemple , le sentiment d'exercer un contrôle adéquat sur sa tâche de "femme de maison" et aussi d'exercer un certain pouvoir à travers l'éducation de ses enfants. Ce pouvoir, c'est à travers ses paroles et ses gestes de la vie quotidienne qu'elle l'exerce, à l'occasion d'une discussion sur la sexualité, sur les sorties de ses enfants, sur ses réactions à l'égard du FLQ, etc.

Par rapport à la vie familiale, nous avons vu qu'André représente l'autorité suprême, l'autorité à laquelle Louise se réfère en dernier recours. De l'ensemble du témoignage d'André, il ressort clairement toutefois que son pouvoir n'est pas à l'intérieur de la famille. Son véritable pouvoir, il le tire de son rôle de pourvoyeur financier de la famille. Il n'a donc pas du tout le sentiment d'exercer un pouvoir quelconque auprès de ses enfants dès que ceux-ci ont quitté le toit familial. Par rapport à ceux qui demeurent encore à la maison, André est lui-même surpris d'exercer son autorité avec beaucoup moins de force qu'il ne le pourrait ou peut-être même qu'il ne le souhaiterait. Le modèle d'autorité qui semble être le sien, celui de son père, impliquerait une rigidité beaucoup plus marquée. Au nom de ce qui est "moderne", pour ne pas paraître "vieux-jeu", il accepte tout de même d'être moins autoritaire à l'égard de ses enfants.

Nous avons aussi rappelé comment André a été un petit entrepreneur durant une bonne partie de sa vie active. Dans le cadre et dans la limite de son commerce de légumes, il jouissait d'une assez grande indépendance et exerçait un certain type de pouvoir. Son statut actuel d'employé salarié est très récent et il implique beaucoup moins d'indépendance. En fait, André se perçoit en face du patron comme le "petit" qui n'exerce de fait aucun pouvoir, mais qui ne veut pas non plus en exercer. Il semble accepter cette situation pour plusieurs raisons : à son âge, il lui serait plus difficile de trouver un emploi ailleurs et il ne veut pas continuer sa petite entreprise qui est devenue non rentable; cet emploi lui assure tout de même l'indépendance financière qui lui permet de jouer son rôle masculin de pourvoyeur financier et, enfin, il exerce là tout de même une activité qu'il a toujours aimée, par laquelle il s'est presque toujours identifié : il faut se rappeler qu'il a commencé sur le marché du travail comme messager et qu'il a toujours beaucoup valorisé le fait de pouvoir entrer en contact avec beaucoup de monde dans l'exercice de son travail.

Enfin, si on considère la relation entre Louise et André, celle-ci semble être caractérisée par l'interdépendance. En plus d'avoir chacun leur zone d'influence et de pouvoir, chacun exerce un contrôle sur l'autre. Bien sûr, André donne souvent l'impression, au cours des interviews, de ne jamais avoir plié devant le pouvoir de sa femme. Il affirme que sa femme a changé au cours des ans mais que lui n'a pas changé. En même temps, il reconnaît que la première fois qu'il a laissé son commerce de légumes, c'était pour éviter du "grabuge" entre sa femme et lui. On sait aussi qu'après la naissance de ses trois premiers enfants, il a tout de même consenti à "faire attention" pendant une période de cinq ans et, ceci, malgré ses affirmations selon lesquelles, lui, toute cette situation ne lui causait aucun problème, que c'était le problème de sa femme plutôt que le sien. Nous aurons l'occasion plus loin de revenir sur ce thème de la relation entre André et Louise.

De l'ensemble de leur témoignage, il ressort clairement qu'André et Louise font l'expérience du pouvoir à peu près exclusivement dans le secteur privé de leur vie (nous incluons ici le travail parmi le secteur privé). Ce pouvoir s'exerce dans des limites assez restreintes et n'implique aucune remise en cause des structures sociales ou de leur position sociale.

Attitude à l'égard du changement

Les attitudes à l'égard du changement peuvent prendre plusieurs formes dans l'expérience quotidienne d'une personne. Si elle peut résister à un changement, elle peut le subir plus ou moins passivement, elle peut accepter des changements qui s'effectuent dans son milieu sans y participer activement elle-même, elle peut participer activement et contribuer à certains changements, enfin, en considérant une plus longue période de temps, elle peut envisager pour le futur un certain nombre de changements qu'elle accepterait difficilement de vivre actuellement mais qu'elle entrevoit comme possibles et préférables pour le futur.

Si on considère l'ensemble des témoignages de Louise et d'André par rapport à leur vie familiale, il ressort clairement qu'ils ont fait l'expérience d'un certain nombre de changements importants. Il est clair, par exemple, qu'André a modifié au cours des ans sa conception de l'autorité du père de famille et a modifié, en même temps, sa façon d'exercer cette autorité. Ils en sont venus à accepter une morale sexuelle beaucoup plus détendue : sinon pour eux, au moins pour leurs enfants, ils acceptent en effet des normes morales tout à fait différentes de celles qu'ils ont eux-mêmes suivies durant une bonne partie de leur existence. Il en est de même de la conception de cette institution qu'est le mariage. Ainsi Louise accepte l'idée qu'une de ses filles fasse l'expérience du mariage à l'essai alors qu'elle n'aurait probablement jamais accepté une telle idée pour elle-même. Par rapport à une autre fille qui a eu un enfant très jeune, hors du mariage, André et Louise ont accepté qu'elle garde l'enfant chez elle et, dès ce moment-là, ont favorisé une façon de faire qui était relativement nouvelle et qui correspondait beaucoup plus aux développements qui se sont effectués dans ce secteur par la suite. Par rapport à la sexualité, il ne faudrait pas oublier toutefois qu'ils ont une conception selon laquelle la "nature" est un facteur fondamental et que cette conception, semble-t-il, était déjà la leur au début de leur mariage. Parlant des expériences sexuelles de ses garçons, André ne dit-il pas qu'il ne connaît pas ces dernières mais qu'il "sait fort bien qu'ils ne sont pas plus niaiseux que moi...". En ce sens, on pourrait conclure que l'attitude à l'égard de la sexualité a toujours été chez eux ce qu'elle est maintenant. En même temps, on constate que ce qui a été au fond de leur expérience de changement à cet égard est leur conception des normes sociales à cet égard. Alors qu'ils ont probablement eu toujours cette conception "naturiste" de la sexualité, ils ne l'ont pas toujours exprimée aussi ouvertement et, pendant longtemps, ils se sont sentis obligés de se conformer aux normes sociales puritaines et contraignantes. Cela est évident à propos de leur rejet des préceptes religieux concernant le contrôle des naissances.

Par rapport à la religion, nous venons d'y faire allusion, ils ont fait l'expérience de changements importants. A propos des normes morales religieuses de sexualité, cela est évident. Ils rejettent également l'institution qu'est l'Eglise et tout rôle du clergé. Pour André, en particulier, ce changement est lié en bonne partie au fait qu'à ses yeux le clergé est associé à l'image négative qu'il se fait des "gros", de ceux qui cherchent à s'acoquiner au pouvoir, à s'associer à ces hommes politiques dont il se fait une image très négative. Pour Louise, ce rejet est associé à ces "lois d'hommes" qui tiennent si peu compte des conditions véritables des femmes. On n'a pas l'impression que leur rejet de l'Eglise ne constitue qu'un simple conformisme à l'égard d'une nouvelle forme de désaffiliation à l'Eglise. S'ils ont cessé de pratiquer, ils sont capables d'exprimer clairement leur justification, de donner des arguments qui expliquent leur changement d'attitude et de comportement. D'ailleurs, leur rejet de la religion dépasse celui du niveau organisationnel ou institutionnel de la religion et remet en question leurs croyances les plus fondamentales en un Dieu créateur, en un Dieu responsable de la vie : qu'on se rappelle ici les questions qu'ils se posent à partir de ce que la science a actuellement à dire à propos de la vie. Ils considèrent les expériences génétiques et les voyages interplanétaires comme mettant en cause les enseignements traditionnels de l'Eglise en matière d'origine de la vie. En ce sens, leur rejet de la religion est entièrement lié à une ouverture favorable à l'égard du développement scientifique de leur milieu, même s'ils sont loin de connaître et de comprendre toutes les informations et les débats qui entourent le développement contemporain de cette discipline. S'ils se sentent encore actuellement concernés par des problèmes d'ordre religieux —ainsi Louise qui dit continuer à s'intéresser encore à la lecture d'ouvrages portant sur la religion—, ils sont cependant certains que ceux de la génération qui suit la leur n'auront plus recours à la religion pour donner un sens à leur vie ou pour s'assurer un minimum de sécurité psychologique. Dans l'ensemble, on peut conclure qu'à propos de la religion, ils ont participé activement au courant de désaffiliation religieuse et de laïcisation qui ont caractérisé le Québec depuis un certain nombre d'années.

Nous avons vu comment Louise s'est toujours conformée au modèle traditionnel de la mère de famille qui s'occupe de l'entretien de la maison et de l'éducation de ses enfants. Sur ce point, elle n'a donc pas fait l'expérience de changements importants. Mais cela ne l'empêche pas d'envisager pour le futur des changements importants. Elle est certaine, par exemple, que l'existence de moyens contraceptifs permettra à la plupart des gens d'avoir une famille beaucoup plus restreinte —et elle est favorable à cette idée puisqu'elle-même avait toujours espéré n'avoir que trois enfants — et elle est certaine aussi que dans un avenir plus ou moins rapproché, une très grande majorité de femmes vont travailler à l'extérieur de la maison tout en éduquant leurs enfants. Elle n'est pas du tout réfractaire à tout changement dans ce secteur et cette attitude n'est pas étrangère à la prise de conscience qu'elle semble faire du statut actuel de la femme dans notre société et, comme nous venons de le rappeler, que celle-ci est très souvent appelée à se conformer à des lois faites par et pour des hommes. Son attitude à l'égard de la famille et du travail de la femme implique donc finalement une orientation favorable à l'égard d'un changement fondamental dans ce secteur. André, pour sa part, n'envisage pas de changement analogue dans son rôle de pourvoyeur financier de la famille. Au plan du travail en lui-même, il n'entrevoit pas de changement important : ses enfants devront faire comme lui c'est-à-dire se débrouiller le mieux possible dans la vie, apprendre "dans la rue" ce qu'est la vie et ce qu'est le travail, s'adapter au jour le jour aux diverses situations qu'ils auront à rencontrer. A cet égard, André aime répéter ce qu'il dit tenir de son père : "J'ai fait ma part et mes enfants auront le Québec en héritage ..." Tout ce qu'André espère, c'est pouvoir continuer ce qu'il tient lui-même de son père. Et il semble bien s'attendre à ce que ses enfants reprennent cette même "philosophie de la vie". Ce qui fait d'André une personne qui est à la fois assez traditionaliste et conservatrice d'une part et, d'autre part, relativement ouverte au changement, c'est que cette philosophie de la vie qu'il tient de son père valorise l'effort quotidien, le travail "au jour le jour". Un proverbe auquel il ne s'est pas lui-même référé, mais qui exprimerait bien son attitude est le suivant : à chaque jour suffit sa peine. Il y a quinze ans, il travaillait pour être le soutien financier de sa famille et il le fait encore parce qu'il y a encore quelques enfants qui restent à la maison. Ceci ne l'empêche pas d'avoir hâte de ne plus ressentir cette responsabilité, mais cela ne le porte pas non plus à remettre en question cette philosophie. Il est intéressant, d'ailleurs, de remarquer comment cette attitude traditionnelle s'exprime chez André surtout dans le secteur de la famille, dans celui de l'éducation des enfants. Par rapport à d'autres secteurs comme celui de la religion, de la morale sexuelle, etc., il accepte beaucoup plus volontiers de se démarquer des attitudes traditionnelles qu'il a lui-même vécues dans sa famille d'origine.

Si dans l'ensemble Louise et André expriment une certaine forme d'ouverture au changement dans le secteur privé de leur vie, leur attitude est beaucoup plus complexe à l'égard du changement dans ce que nous avons appelé les grands ensembles. Par rapport au secteur politique, nous avons constaté jusqu'à quel point André rejette les partis traditionnels et comment les hommes politiques ne constituent pour lui que des gens qui font exactement le contraire de ce qu'ils prétendent faire : s'occuper de leurs propres intérêts plutôt que de s'occuper du bien-être de l'ensemble de la population. Inutile de dire que c'est à cet "ensemble de la population" qu'il s'identifie. Les seuls hommes politiques à qui il reconnaît une certaine valeur sont ceux qui, d'une part, s'opposent au système en place et, d'autre part, ceux qui sont associés à son propre milieu d'origine, à la classe ouvrière : les créditistes savent parler aux gros de ce monde, Lévesque est un homme qui a des projets intéressants et qui, surtout, n'est pas du même milieu social que les hommes politiques actuels, Chartrand est lui aussi associé à ses yeux aux quelques hommes politiques qui prennent systématiquement parti pour les gens du milieu ouvrier. Mais ce qu'il partage le plus clairement avec ces personnes qui symbolisent pour lui un certain changement social, c'est avant tout le rejet de l'état actuel de sa société. Ce rejet ne le pousse pas à une adhésion ferme à l'égard des projets collectifs que ces personnes politiques véhiculent. Cette adhésion est limitée par son scepticisme à l'égard de tout ce qui touche de près ou de loin la politique : même chez un homme politique comme René Lévesque, qu'il estime et pour qui il a voté aux dernières élections, il craint qu'une fois parvenu au pouvoir, il ne devienne comme tous les autres hommes politiques. Malgré son attitude favorable aux projets socialisants et indépendantistes du Parti québécois, aucun organisme politique, aucun projet collectif ne parvient à faire contrepoids aux sentiments d'étrangeté et d'impuissance qu'il ressent à l'égard de ce secteur.

Par rapport au système social, au système socio-économique, à l'existence des classes sociales, son expérience est semblable à ce que nous venons de décrire. A ses yeux, il est et il sera toujours un petit qui doit se débrouiller dans la vie à côté de ceux qui sont des "gros", des "big shots", des "pets en cul" que sont les patrons, etc. En dernière analyse, il demeure cependant un "petit" qui a intériorisé un certain nombre de valeurs et d'objectifs de ceux-là même auxquels il refuse de s'identifier. L'idée même d'avoir à "se débrouiller" dans la vie, d'avoir à réussir à soutenir convenablement sa famille, à aider ses enfants à se lancer, etc., exprime finalement les mêmes valeurs d'individualisme et de compétition sociale que nous retrouvons dans les autres classes de la société. A cela s'ajoute ce que nous avons déjà rappelé quelquefois, le fait qu'une bonne partie de sa vie a été consacrée au rôle de petit entrepreneur, de petit commerçant. S'il n'est pas d'accord avec la façon dont les richesses sont distribuées dans la société, s'il voulait certes en recevoir une part plus grande, il n'est pas prêt à mettre en cause le principe même de la propriété privée et du système socio-économique dans lequel il vit. Même s'il accepte comme une nécessité l'organisation des services sociaux et de l'aide qu'un gouvernement doit apporter "aux nécessiteux", il est clair aussi qu'il rejette la plupart des formes généralisées d'intervention de l'Etat. André se retrouve ainsi dans une situation de tension, tension qui implique, d'un côté, son attitude de rejet et de mépris pour une bonne partie de ce qu'il perçoit dans les secteurs politique et socio-économique et qui implique, d'un autre côté, un certain nombre de valeurs qu'il a intériorisées et qui ont leur fondement même dans le système socio-économique actuel.

Louise, pour sa part, partage sensiblement les mêmes expériences et exprime les mêmes attitudes que son mari à l'égard du changement dans les grands ensembles. Elle aussi serait volontiers favorable à des changements politiques et sociaux mais, en même temps, se dit qu'"après tout c'est au patron qu'appartient l'argent..." et que cela ne peut être changé. A cause de son origine ethnique mixte et parce qu'elle s'identifie encore beaucoup au groupe anglophone, elle résiste à tout projet socio-politique de changement qui mettrait en cause la relation du Québec avec les anglophones. Si on pense qu'elle-même —comme son mari d'ailleurs— est née hors le Québec, qu'elle a une mère anglophone, qu'une partie de ses enfants vit actuellement hors le Québec, il est compréhensible qu'elle soit moins ouverte à des changements d'ordre nationaliste. Les changements socio-politiques qu'elle viendrait à accepter volontiers sont plutôt ceux qui favoriseraient le milieu social auquel elle s'identifie le plus, celui du quartier où elle a vécu depuis l'âge de dix ans, soit le moment où sa propre famille est arrivée à Montréal. Avec André, elle a toujours demeuré dans ce quartier et celui-ci constitue le milieu social auquel elle s'identifie le plus : à cet égard, son origine anglophone joue très peu et elle n'a aucune difficulté à s'identifier à ce milieu social même s'il est composé en bonne partie de francophones. Quand on considère ce secteur des grands ensembles sous l'angle du changement social, on s'aperçoit donc qu'il constitue une source de complexité, de confusion et même d'ambivalence pour Louise et pour André. Certes, ils se sentent directement impliqués, concernés par une bonne partie de ce qui se passe dans le système politique et le système économique. Ils ont une information relativement bonne touchant ces secteurs et, à l'interviewer qui les interroge, ils sont capables d'exprimer un certain nombre d'arguments politiques. Par ailleurs et en même temps, ils ont peu de support dans leur réseau d'appartenance immédiate pour exprimer leurs attitudes au niveau de l'action. On a vu qu'ils n'appartiennent à aucun groupe intermédiaire, à aucune association ou aucun mouvement. De plus, même le milieu familial n'est pas l'occasion d'explorer à fond ces thèmes politiques et n'est surtout pas l'occasion de les extérioriser au plan de l'action. Au contraire, nous l'avons vu, les thèmes politiques servent plutôt à banaliser les relations avec les parents et les amis, les camarades de travail et à éviter que ces derniers n'entrent dans leur vie privée. Le recours à la vie publique — et en particulier à la vie politique et économique — dans les relations sociales quotidiennes servent à éviter des expériences "impliquantes" alors que, par ailleurs, ils reconnaissent qu'ils sont très impliqués par leur appartenance à leur milieu social, à leur classe, au système politique, au groupe ethnique, etc.

Image de soi : Son unité et ses contradictions

Dans les pages qui suivent, nous voudrions essayer de répondre à une autre question qui se formule ainsi : Jusqu'à quel point et comment André et Louise réussissent-ils à donner un sens à l'ensemble de leur expérience, réussissent-ils à retrouver un certain sentiment de continuité à travers tout leur réseau d'appartenance, à travers leurs expériences quotidiennes, qu'il s'agisse de l'un ou l'autre des secteurs que nous avons décrits ou qu'il s'agisse de l'une ou de l'autre des dimensions que nous avons analysées. A travers leurs diverses expériences de la vie quotidienne, à travers les différents rôles qu'ils ont à jouer par rapport à des secteurs aussi divers que la famille, le travail, le Québec, leur classe sociale, etc., ont-ils le sentiment d'une certaine cohérence, d'une certaine unité dans leurs expériences ou, au contraire, ont-ils le sentiment d'être ballottés dans un univers sans signification, de ne pouvoir vraiment comprendre ce qu'ils vivent, ce qu'ils ressentent et ce qu'ils perçoivent dans leur milieu. Notons bien que nous ne supposons pas ici que toute autre personne doive atteindre un seuil idéal de cohérence ou de continuité. Nous ne supposons pas non plus, qu'une telle unité se fasse au prix d'une stabilité, d'une absence de changement dans les expériences ou les attitudes à l'égard des divers secteurs de la vie. Faire l'expérience de ce sentiment de cohérence ou d'unité n'implique donc pas nécessairement que l'on ait une image de soi comme d'une personne qui n'a pas changé au cours de son existence ; mais ce sentiment suppose que même et surtout dans les expériences de changement, l'on puisse retrouver un sens à ces expériences de changement. Ainsi par exemple, si une personne a été, à partir de l'adolescence, une catholique pratiquante et qu'elle a ensuite quitté ou abandonné cette pratique, un sentiment d'unité ou de cohérence peut quand même se retrouver si ce changement prend un sens pour cette personne.

Si nous considérons l'ensemble des témoignages d'André et de Louise, il ressort assez clairement que la distinction entre la vie privée et la vie publique est une des façons dont ils se servent pour mettre un certain ordre dans leur expérience et ceci est vrai même s'ils n'emploient pas eux-mêmes cette terminologie de vie privée—vie publique. Il est évident que dans leur expérience, la vie privée est privilégiée par rapport à leur vie publique. Par ailleurs, même leur vie privée est hiérarchisée et ordonnée selon certains critères : on ne parle pas de n'importe quoi avec n'importe quel enfant, on fait des distinctions à l'intérieur de la parenté, etc. Même si pour André, le travail est en lui-même une source de satisfaction parce qu'il y retrouve un milieu d'hommes, un milieu où il peut exercer un type de spontanéité qu'il ne se permet pas ailleurs, ce secteur du travail est quand même subordonné à son rôle masculin d'un "père de famille". On peut conclure que ce qui à la limite donne le plus de sens à leur expérience est ce qui se passe dans leur vie privée. On a vu d'ailleurs comment, au niveau de leurs relations sociales quotidiennes, l'univers public sert à "banaliser les relations", à faire en sorte que même à l'intérieur de cette vie privée, les relations ne dépassent pas un certain niveau d'implication ou d'intimité. A l'intérieur de ce secteur privilégié de la vie privée, la relation interpersonnelle entre André et Louise, leur relation de couple semble être le fondement du sentiment de cohérence ou d'unité qu'ils éprouvent. C'est vraiment en se référant à leur vie de couple qu'ils donnent un sens à un grand nombre de leurs expériences.

Ce que nous venons de souligner n'implique en aucune façon qu'il n'y ait pas de désaccord ou de tension entre Louise et André. On l'a vu, ces derniers sont assez nombreux. Il y a d'abord le fait que Louise aurait désiré avoir beaucoup moins d'enfants alors qu'André était relativement indifférent au point de vue de sa femme à cet égard. Il y a aussi l'attitude d'André à l'égard de l'école qui l'amenait à retirer très tôt ses enfants de l'école, attitude qui n'était pas du tout partagée par sa femme. D'un autre côté, André est relativement étranger aux préoccupations de Louise concernant des thèmes comme celui du travail de la femme à l'extérieur, de la femme et la politique, etc. Alors, par exemple, qu'elle déclare aimer discuter de politique, et alors que dans ses contacts avec les interviewers elle démontre effectivement qu'elle s'est formé un certain nombre de jugements sur des problèmes politiques, André n'accorde que très peu de valeur ou d'importance a sa temme a cet égard. Il dira même "Je ne discute pas de politique avec les hommes, encore moins avec elle". "Elle vote, dira-t-il, mais elle ne sait pas vraiment ce qui se passe en politique ...". Les occasions d'exprimer l'accord entre les deux sont toutefois aussi nombreuses. Par rapport à la sexualité par exemple, ils expriment sensiblement la même attitude et se réfèrent tous les deux à la sexualité comme "quelque chose qui est naturel". Les deux ont aussi la même conception du mari comme pourvoyeur financier et comme autorité surpême à l'intérieur de la famille. Les deux sont aussi d'accord pour valoriser le rôle de petit entrepreneur qu'André a exercé une bonne partie de sa vie. Quand ils pensent à leurs "vieux jours", ils expriment aussi sensiblement les mêmes souhaits, les mêmes fantaisies et les mêmes craintes. De part et d'autre, chacun a fait l'expérience d'événements qui prennent leur sens surtout par rapport à l'autre conjoint. Ainsi, par exemple, André a une fois abandonné son commerce de légumes et dans la même période "a arrêté de boire" pour tenir compte des souhaits et des désirs de sa femme. Louise, pour sa part, a le sentiment qu'elle a dû faire des concessions pour s'adapter à lui durant leur vie commune. Mais en même temps elle se "sent bien avec lui" et ne lui reproche pas le fait qu'elle ne peut communiquer avec lui autant et aussi bien qu'elle le souhaiterait : "Je ne m'ennuie jamais avec mon mari. Même si on passe une soirée entière dans la même pièce sans se dire un mot, je me sens bien, on se repose ensemble ..." Elle en est venue à comprendre et à accepter qu'il ne puisse pas toujours répondre à sa solitude.

> *Quand j'ai de la peine, j'aime mieux être seule qu'avec mon mari. Celui-ci veut me consoler mais il ne peut m'apporter grand' chose ... Mais, par exemple, je peux compter sur lui pour m'aider dans la maison, pour me conduire en auto, pour me rendre toutes sortes de services et je peux lui demander de l'argent quand il en a ... Au dessous de tout ça, il y a une grande camaraderie entre lui et moi ...*

Ce terme de "camaraderie" que Louise utilise pour décrire sa relation avec André ne décrit peut-être pas très bien l'ensemble de son expérience avec lui. Il exprime tout de même un sentiment d'accord affectif que Louise ressent à l'égard d'André.

Mais qu'il s'agisse d'accord entre André et Louise ou qu'il s'agisse de désaccord entre eux, le plus important est que dans les deux cas, ils sont capables de donner un sens à leur expérience, de sentir et de comprendre ce qu'ils vivent à l'intérieur de cette relation. Ils ont des mots, des images, des souvenirs, qui leur permettent de comprendre ces sources d'accord ou de désaccord : André, par exemple, qui ressemble au père de Louise, leur fille qui a les mêmes traits autoritaires qu'André, André qui agit à l'égard de ses fils comme son père a agi avec lui, le rôle de mère de famille et de maîtresse de maison qui rend plus difficile de s'occuper ou de s'intéresser à la politique, etc. Voilà quelques exemples qui montrent comment l'univers de leur vie interpersonnelle et de leur propre famille immédiate constitue un monde qu'ils ont le sentiment de comprendre et prend une signification relativement claire à leurs yeux.

Si on considère les expériences d'André, on se rend compte qu'il y a quelques sentiments qu'il éprouve qui l'assurent ou qui fondent chez lui un sentiment de continuité profonde. Il a d'abord le sentiment qu'il a toujours réussi à se débrouiller dans la vie. Ceci, il l'affirme à plusieurs moments différents de son témoignage. D'autre part —et ceci est probablement associé à ce qui précède— il a le sentiment qu'il sait prendre ses responsabilités, du moins telles que lui-même les définit. Même la période de sa vie où il quittait trop souvent sa famille et où il prenait "trop de boisson" prend un sens par rapport à ce sentiment de savoir prendre ses responsabilités : cette période constitue pour lui une parenthèse. Par ailleurs, il serait faux d'affirmer qu'il s'est défini son rôle de mari et de chef de famille de façon individuelle et égocentrique. Au contraire, ses rôles qu'il s'attribue sont vraiment les rôles traditionnels dans la société qu'il a connue. A cet égard, il a fortement le sentiment d'être en continuité directe avec son père, avec l'héritage culturel, avec sa société, avec le Québec tout entier. Ainsi, par exemple, l'autorité dont il s'est investi est une autorité de type traditionnel et ne fait que reprendre ou continuer l'expérience de son père : qu'on se rappelle son attitude à l'égard de l'école, du fait qu'il s'attend de ne rien laisser en héritage à part le Québec, de son commerce de légumes qu'il a repris après la mort de son père. Dans tous ces cas, il y a un profond sentiment de continuité qu'on retrouve à propos des sociétés traditionnelles. D'ailleurs, vers la fin de la série d'interviews, il reconnaît que depuis 30 ans il n'a pas vraiment changé et, sur ce point, Louise est d'accord avec lui. Bien sûr, comme nous l'avons vu, ce sentiment de continuité ne l'empêche pas d'être ouvert à certains changements et d'accepter ce qu'il appelle "la vie moderne". Mais ces changements "modernes" se situent la plupart du temps à un niveau beaucoup plus périphérique de son expérience et, à considérer l'ensemble de son témoignage, ne présentent pas autant de résonnance affective que ce qui fonde son sentiment de continuité.

De son côté, Louise ressent et exprime des sentiments beaucoup plus complexes dont les contradictions et les tensions ne sont pas absentes. Comme nous l'avons vu et contrairement à ce que semble expérimenter son mari, Louise a le sentiment qu'il y a eu une coupure dans sa vie, qu'elle n'est plus la femme qu'elle était dans sa jeunesse. Cette brisure, elle la situe vers l'âge de 25 ans :

Je n'ai plus le même caractère qu'autrefois. Quand j'étais jeune, j'étais plus facilement frou-frou, taquineuse ... J'aimais jouer et j'allais un peu partout, dans n'importe quelle maison. Maintenant la gaieté, pour moi, c'est quelque chose qui a brûlé et qui s'est éteint ensuite. J'ai été gaie jusqu'à 25 ans mais à ce moment-là, je me suis enfermée dans la maison ...

Actuellement, une des contradictions qu'elle vit pourrait se résumer ainsi : elle s'ennuie et se sent seule quand elle demeure à la maison, mais elle a trop peur quand elle va à l'extérieur [3]. Souvenons-nous, par exemple, qu'elle ne se sent pas en sécurité sur la rue, quand elle rencontre des gens "d'une autre génération", qu'il est impensable pour elle de participer à certaines associations pour des raisons analogues, etc. D'autre part, une autre contradiction qui apparaît au moins quand on considère son témoignage de l'extérieur, vient du fait qu'elle remet en cause son statut de femme (à propos de la sexualité en général, des lois de l'Eglise, des lois d'hommes, du peu de place de la femme en politique, etc.), mais qu'elle ne remet pas en cause sa relation avec son mari. Si elle entrevoit comment les femmes peuvent se révolter contre les hommes, elle n'entrevoit pas du tout qu'elle puisse se révolter contre cet homme qu'est son mari. Sa relation avec André demeure pour elle la seule réponse à ces deux sentiments dominants que sont l'isolement et l'insécurité ou la peur. Elle sait que tout en éprouvant sa solitude, elle peut compter sur lui pour bien des choses et que, même dans le silence, elle retrouvera cette "grande camaraderie" dont elle parlait plus haut... Et il ne faut pas oublier non plus que pour André lui-même, "ici", "la maison" demeurent au centre de son expérience. Au moment où il est fatigué et "tanné" de travailler, au moment où il se dit qu'il pourrait arrêter de travailler, il a le sentiment de continuer surtout parce qu'il y a encore des enfants à la maison et parce que toute sa vie il s'est dit qu'il travaillait pour assurer l'existence de ses enfants et de "la mère de mes enfants". Enfin, ni Louise ni André n'oublient qu'ils se retrouveront probablement d'ici quelques années seuls, à l'âge de la retraite, avec tout ce que cette dernière période de leur vie peut impliquer d'imprévisibilité et d'angoisse. Il n'y a aucun doute dans leur esprit. C'est à deux qu'ils termineront cette dernière partie de leur vie. Dans les passages qui suivent qui évoquent ce qu'ils espèrent et ce qu'ils craignent à propos de leurs "vieux jours", on retrouve tous les sentiments que nous avons évoqués ici et qui permettent à André et Louise de donner un sens à leurs expériences. A ce moment-ci de leur témoignage, la peur et l'angoisse de la solitude, de la maladie, de la mort ne sont plus exprimées seulement par Louise.

On retrouve André qui se dit — du moins espère — qu'il saura se débrouiller avec le peu qu'il aura, on se retrouve en présence d'un couple qui dépasse le seuil de la "camaraderie" ... Leurs premières allusions à ces "vieux jours" se firent sur un ton badin :

> André : J'ai toujours eu le projet d'avoir un petit lopin de
> terre pour mes vieux jours avec la bonne femme ...
> Louise : Ca j'aimerais ça. J'ai toujours aimé ça la campagne.
> André : Si ça se réalise, tant mieux. Si c'est pas possible,
> bien on passera notre vieillesse dans la chaise berçante
> en ville. Puis, si on n'a pas de chaise berçante, on la
> passera sur une chaise droite !...

A un autre moment, ils évoquent ce qui serait pour eux une grande joie
une fois parvenus à cette période de leur vie : la tranquillité, le contact
avec leurs petits-enfants, les voyages...

> André : La tranquillité... je vais m'ennuyer parce que j'aime
> les enfants. Si je peux avoir assez d'argent pour me
> promener, je vais tous aller les voir y compris ceux
> qui sont en Arizona. Ca ferait une belle vieillesse ...
> Louise : On est fiers de nos petits-enfants. Je ne dis pas tout
> recommencer et en prendre soin, tout ça. On est
> épuisés et on pourrait pas. Mais la joie de dire qu'on a
> vu tous nos petits-enfants ...
> André : Moi j'aime à les voir, puis après une heure, j'aime
> autant qu'ils s'en aillent chez eux ...

Dans un troisième temps, André et Louise entremêlent leurs rêves et
leurs fantaisies, leurs craintes et leurs appréhensions :

> André : Mes vieux jours ? J'aimerais autant pas y penser.
> J'aimerais mieux passer une autre jeunesse. ... J'aime-
> rais avoir un certain bien-aise. C'est la première chose
> puis pas être malade, puis être tranquille. Quand
> même j'écorniflerais dans le châssis à la journée lon-
> gue, ça serait correct d'abord que je serais en santé.
> Une vieillesse tranquille, sans souci, sous aucun
> rapport ...
> Louise : Moi, j'aimerais ça avoir une petite maison à la campa-
> gne avec des fleurs, faire ce que je n'ai pas pu faire à
> cause des enfants ... Planter des fleurs, des fruits ...
> avoir un petit chien ...
> André : Actuellement, on vit au jour le jour. J'apporte tout
> avec moi parce que je n'ai rien. Je ne demande pas de
> vivre en millionnaire : manger trois repas par jour puis
> avoir un toit pour m'abriter, c'est la seule affaire que
> je demande ...

Quand enfin l'interviewer leur demande : "D'après-vous, est-ce qu'on fait ce qu'il faut pour les personnes âgées au Québec" ?

André : *Non. Il faudrait leur donner plus d'argent pour qu'ils aient de quoi se grouiller puis jouir du temps qu'il leur reste à vivre. C'est pas tous des infirmes. Pas des affaires de vivre en millionnaires, mais aussi pas être obligés de tirer les sous. La pension devrait être à 55 ans pour qu'on ait le temps de profiter de la vie avant d'être cloués sur un lit ou sur une chaise roulante ... C'est l'argent qui est important. Avec l'argent on a tout. C'est la principale des choses. On se sauve de la potence avec l'argent donc on peut sauver un vieux puis une vieille !*

Louise : *On les voit dans les chambres de pensions, des petits vieux, ils sont entassés, juste un lit, c'est tout ce qu'ils ont. C'est des morts vivants.*

André : *Des morts ambulants. Qu'ils soient capables de se payer de petits voyages. Dans les maisons de vieux, ils peuvent même pas sortir quand ils veulent. Il faut qu'ils demandent la permission à la bonne soeur comme à la petite école. Il y a des femmes puis des hommes à 65 ans qui sont encore pleins de vie. Pas d'argent, ils sont obligés de rester assis à gober les mouches. (...) Moi, j'espère que je vais avoir mes membres pour me promener ...*

C'est Louise qui termine cette longue entrevue et ce long passage sur les vieux jours :

... Dans les hospices, ils meurent malgré eux autres juste à s'ennuyer ...

Tout au long de ces pages, nous avons essayé de comprendre la dynamique entre les secteurs privé et public de la vie d'André et Louise. Nous avons déjà conclu à la priorité qu'ils accordent au secteur privé. A considérer l'ensemble de leurs expériences et de leurs témoignages, cette constatation n'est pas surprenante. Ce qui est plutôt surprenant, à la réflexion, c'est que toutes ces pressions sociales et culturelles à la privatisation de leur existence ne les aient pas empêchés de se préoccuper du secteur public, ne les aient pas complètement fermés à tout ce secteur de ce que nous avons appelé les grands ensembles.

notes

[1] Précisons que nous employons ici le terme d'association au sens psychologique du terme. Association n'implique pas une simple identification au sens usuel de ce mot.

[2] Précisons qu'après qu'André eut mentionné le communisme, il a refusé de poursuivre sur ce sujet en disant qu'il connaissait peu ce qui se faisait en Russie et que "tant qu'à parler sans savoir, j'aime autant pas parler".

*Quand tu vas initier les enfants à
ce qui se passe dans la société, ce
n'est pas pour leur dire que dans la
société c'est correct et que dans la
famille ce n'est pas correct...*

Louis

III

Sylvie et Louis

Le couple Louis et Sylvie était un de ceux, au moment des interviews, qui avaient plus de quarante ans. Ils ont dépassé la "quaran-
taine" depuis peu et ils ont deux filles — Carole qui a 14 ans et Gisèle
qui a 10 ans — et un fils — qui s'appelle Marcel et a 13 ans. Ils demeurent à Outremont. Louis est à l'emploi d'un institut de biologie où il
fait surtout de la recherche ayant des implications directes en médecine.
Ces recherches, comme nous le verrons plus loin, portent sur des problèmes très spécialisés qui, tout en étant scientifiquement importants
à ses yeux, concernent une maladie peu répandue dans la population.
Sylvie n'a jamais eu un emploi plein temps à l'extérieur de la maison
mais, depuis quelque temps, travaille deux après-midi par semaine.
Le père de Louis était un professionnel qui n'exerçait pas sa profession
à titre privé, mais qui a été, une bonne partie de sa vie, un fonction-
naire à l'emploi du gouvernement. Louis rappelle qu'il gagnait somme
toute un revenu modeste et demeurait dans une banlieue relativement
peu riche de Montréal. Sylvie, pour sa part, avait également un père
professionnel. Sans être très riche celui-ci avait un bon revenu et sa
famille a longtemps vécu dans un des quartiers fashionables de
Montréal. Le fait que la famille de Louis comptait sept enfants et que
celle de Sylvie en comptait seulement deux accentuait les différences
entre leurs deux familles d'origine.

Leurs familles d'origine et les rencontres "occasionnelles"

Quand l'interviewer demande à Louis et à Sylvie — au cours d'entrevues différentes — de traduire dans un dessin l'ensemble de leur univers de relations sociales, ni l'un ni l'autre n'accorde une très grande place à leur famille d'origine. Louis dira :

> *La famille, celle de ma femme et la mienne, on la voit assez occasionnellement... on est assez détachés, Sylvie et moi, de nos familles respectives. Sylvie a toujours été assez en réaction avec les membres de sa famille... Moi, autant j'ai été près quand j'étais jeune, par la suite, je m'en suis éloigné. Souvent à cause des mariages, chacun a pris son bord, son orientation. Aujourd'hui, on a beaucoup de plaisir à se rencontrer mais on ne recherche pas ce plaisir-là...*

Sylvie, de son côté, rend un témoignage semblable :

> (s'adressant à l'interviewer) *Tu as vu, la famille, je l'ai mise pas mal loin... La famille, c'est compliqué à cause des sentiments, des liens, des attaches... Il y a certains membres de la famille que je considère plutôt comme des amis* (dans son dessin). *Pour moi, la famille, c'est une espèce d'obligation morale de donner des cadeaux le jour d'un anniversaire puis de les rencontrer de temps en temps.*

Sylvie a peu de contacts avec son frère avec qui elle a le sentiment de n'avoir jamais rien eu en commun. Par ailleurs, elle travaille deux après-midi par semaine au bureau de son père. Au moment des interviews, elle ne gardait pas un très bon souvenir de sa vie dans sa famille. A propos de son frère, d'abord, elle a toujours eu, dit-elle, le sentiment qu'il était "surprotégé" et qu'il était trop dépendant de ses parents :

> *Comme il était faible de santé, j'ai l'impression qu'il était surprotégé... Je l'aimais beaucoup, mais je le méprisais parce qu'il se laissait faire. Moi, j'étais indépendante... Plus tard, il s'est enfin révolté, mais très peu. Il s'est révolté de façon hautaine, de façon bruyante tout en continuant à se laisser gâter... Moi, j'étais très très indépendante. Je n'ai jamais voulu que mes parents se mêlent de mes affaires. D'abord, ils m'enlevaient confiance en moi. Et puis, je n'étais pas d'accord non plus avec ce qu'ils pensaient, alors j'étais coincée. Faire comme ils voulaient pour leur faire plaisir ou faire comme je voulais tout*

en pensant que je ne faisais pas bien. A ce moment-là, je n'avais
pas d'autre point de référence...

Elle se souvient d'avoir été très agressive quand elle était très jeune enfant. Encore aujourd'hui, elle se demande la signification de ces souvenirs qui lui reviennent souvent :

> *Je me demande si c'était seulement une réaction à eux ou si*
> *j'étais une enfant difficile. Peut-être qu'eux ne savaient plus que*
> *faire. Ils ont fait leur possible. Peut-être qu'ils ont fait leur possi-*
> *ble et que j'ai mal compris. Je ne sais plus. Parfois, quand je me*
> *vois en face de mes enfants, je me pose des questions et je me*
> *dis que ma mère avait les mêmes problèmes... (de la part de ma*
> *mère) j'ai eu souvent l'impression de ne pas être aimée... mais je*
> *ne suis pas sûre...*

Ecrites en blanc et en noir sur une feuille de papier, ces dernières lignes traduisent mal l'émotion que ressent Sylvie au moment où elle exprime ces sentiments à l'interviewer. On se rend facilement compte que la famille de Sylvie n'est pas importante à ses yeux uniquement par les contacts qu'elle entretient encore avec elle, mais surtout, par un très grand nombre de souvenirs qui lui restent présents à l'esprit. D'ailleurs, quand elle parle de sa famille d'origine — et nous pourrions citer des pages entières de son témoignage à ce sujet — c'est moins pour rendre compte des contacts qu'elle a actuellement avec sa famille que pour s'expliquer elle-même, pour donner un sens à ce qu'elle a le sentiment d'être présentement. Cette description qu'elle fait à l'interviewer de sa famille a aussi pour but de montrer comment la famille de son futur mari lui paraissait extraordinaire par comparaison à la sienne :

> *J'avais l'impression que Louis avait été élevé d'une façon diffé-*
> *rente de moi et qu'il y avait beaucoup plus de chaleur et beau-*
> *coup plus d'amour chez lui et je l'enviais énormément. Une*
> *famille nombreuse : moi, ça me manquait, des frères et des*
> *soeurs. Je suis rentrée dans cette famille-là et je me disais :*
> *"J'ai trouvé un autre père puis une autre mère"... Après, je*
> *me suis rendu compte que ce n'était pas comme ça...*

Si elle parle au passé de la "chaleur" de cette famille, c'est qu'elle a été ensuite déçue de ne pouvoir entretenir une relation satisfaisante avec sa belle-famille et, en particulier, avec sa belle-mère. Elle garde l'impression d'une rivalité entre elle et sa belle-mère. De cette dernière, elle dit :

> *Elle n'a vécu que pour ses enfants et puis elle a toujours compté sur eux. Pour elle, c'est juste le cercle familial qui compte, c'est le clan de la famille. Alors, quand on est venu lui enlever ses enfants à tour de rôle...*

Elle n'a jamais eu le sentiment de pouvoir entrer dans ce "clan", d'y retrouver la chaleur qu'elle ne retrouvait pas dans sa propre famille. Louis, dans une autre entrevue, explique la relation avec sa mère dans des termes analogues :

> *Ma mère, on l'a vue assez longtemps après la mort de mon père (il y a un peu plus de dix ans). Ma mère est une femme profondément insécure qui partageait le point de vue de mon père : ce qui est important dans le monde, ce sont les hommes. Elle adore ses garçons. Elle s'entend assez bien avec ses filles, mais elle adore ses garçons. Pour une bru, c'est dur! Alors, quand Sylvie a des contacts avec ma mère, cela la fatigue. Alors, on ne la rencontre pas trop souvent. Ma mère apprécie ma femme plus qu'elle ne l'aime et ma femme respecte ma mère plus qu'elle ne l'aime.*

La réaction de Sylvie à l'égard des membres de la famille de Louis entre également en ligne de compte à propos des contacts qu'il a ou pourrait avoir avec une de ses soeurs :

> *Parmi mes soeurs, il y en a une que j'aime bien et avec laquelle j'ai beaucoup d'affinités... Elle a été malmenée par les circonstances de la vie. A un moment. elle est retournée au travail et elle a été en réaction contre beaucoup de choses. Elle est devenue extrêmement féministe, au point d'être désagréable pour les femmes qui n'étaient pas aussi féministes qu'elle. Alors, avec ma femme, les contacts étaient assez froids. Le temps aidant, elle est devenue une femme assez charmante. Elle est toujours demeurée assez féministe dans le fond, mais elle a articulé sa position de façon socialement acceptable. Ma femme a fait du chemin pour voir le côté positif de son point de vue et a cherché à s'occuper à autre chose que des choses de la maison. Il y a eu un certain rapprochement entre Sylvie et elle. Elles peuvent discuter de façon agréable. Mais il s'est passé trop de temps, c'est comme une amitié qui a été retardée... C'est un concours de circonstances qui a fait qu'on n'a pas eu beaucoup de contacts. Et là, on dirait que le temps a passé et on n'a pas l'impression que ça va se faire.*

C'est encore à ce même critère d'affinité que Louis se réfère quand il décrit ses contacts avec deux de ses frères :

> *Ce sont des gens qui ressemblent beaucoup plus à mon père. Des gens de principe, très intransigeants, très logiques, assez austères dans leur façon de voir les choses, qui tranchent les choses tôt... Alors que moi, par tempérament, j'ai l'impression que toutes choses étant égales, je vais être plutôt pratico-pratique. Eux, au contraire, c'est toujours une question de principe et la guillotine tombe !...*

A propos d'un autre frère, il parle des relations qu'il aurait pu avoir plutôt que de celles qu'il a présentement :

> *Au point de vue tempérament, celui avec lequel j'aurais dû m'entendre, c'est celui qui est comptable. Il a pris une orientation tellement différente. La comptabilité d'abord est tellement aux antipodes de ma profession au point de vue des relations avec le monde...*

Mais ce qui, à ses yeux, rend le plus difficile les contacts avec ce frère, est que sa femme est, à bien des égards, à l'opposé de ce qu'est Sylvie. C'est à ce moment que Louis, pour la première fois dans les entrevues, décrit celle-ci pour expliquer pourquoi, à ses yeux, les relations sont difficiles entre ces deux couples :

> *Ca a nécessairement établi une distance. Ma femme est très simple : pas de rouge à lèvres, elle aime à jouer un peu à l'excès la femme nature, qui veut tellement qu'on l'aime pour ce qu'elle a de fondamental qu'elle va se départir de quelqu'attrait que ce soit, qui parfois va s'habiller de façon même un peu déprimante... Tout ça, c'est un peu en réaction contre ce genre de choses qui attirent les hommes, la femme objet, qui est prête à n'importe quoi... (...) Quand on les voit, on ne peut pas avoir des relations fondamentales, c'est superficiel. On ne sent pas d'attirance pour les rencontrer.*

Sylvie et Louis sont donc entièrement en accord quand ils situent leurs contacts parentaux. De son côté, elle dit : "Ah... la famille, tu as vu, je l'ai mise pas mal loin" et, lui, répète sensiblement la même phrase à un autre moment : "... finalement, la famille est assez loin dans mes cercles. C'est le cinquième échelon."

De fait, les seuls autres contacts qui, dans le dessin de Sylvie comme dans celui de Louis, soient plus excentriques encore les rencontres "occasionnelles", les "relations sociales", la "vie mondaine", etc.

> *Il y a toujours des rencontres occasionnelles. Ca peut être des gens avec qui j'ai déjà travaillé, avec qui je suis allé à l'école ou à l'université, des gens que je rencontre comme ça. Je dirais que mes relations peuvent être aussi intenses avec des gens que je ne connaissais pas la veille qu'avec des gens que j'ai connus autrefois. A peu de choses près, cela se ressemble.*
>
> (Louis)

> *Il y a la vie mondaine que je n'aime pas du tout, du tout, qui ne me dit absolument rien. J'essaie toujours d'éviter ces rencontres-là... (...) Parler pour parler... c'est parler parce que ça se fait pas de rester à côté d'une personne pendant une heure et demie de temps sans lui dire un mot. Alors tu poses des questions pour avoir des réponses auxquelles tu ne tiens même pas !*
>
> (Sylvie)

A part ces rencontres auxquelles ni l'un ni l'autre n'attache une grande importance, mais qui se reproduisent tout de même plusieurs fois dans une année, leur réseau d'appartenance inclut leurs amis et les collègues de travail de Louis. Rappelons que Sylvie a déjà indiqué que certains membres de la famille étaient des "amis" à ses yeux. Par ailleurs leur famille d'origine conserve dans leur vie quotidienne une place plus grande que ne le laissent supposer les quelques citations rapportées plus haut. A plusieurs autres moments de l'interview, Louis ou Sylvie se réfèrent à leur propre expérience dans leur famille d'origine pour expliquer ou pour donner un sens à leur propre vie familiale, à leur propre expérience d'éducateurs. Nous reviendrons sur ce thème plus loin.

Les amis et les relations de travail : relations authentiques

Au moment de la présentation des deux autres couples, nous avons clairement distingué entre les relations de travail et les relations amicales. Nous les regroupons ici — ce qui ne nous empêchera pas de revenir sur le thème du *travail* plus loin — pour mieux rendre compte des témoignagnes de Sylvie et de Louis. Dans un certain nombre de cas, les deux se réfèrent aux mêmes personnes quand ils parlent d'amis qu'ils rencontrent "plus ou moins régulièrement", avec qui ils jouent aux cartes, avec qui ils passent des soirées. Par ailleurs, Sylvie décrit longuement ses relations avec quelques amies avec qui elle a des contacts plus individualisés et Louis, pour sa part, attache beaucoup d'importance ou de valeur à certains contacts qui se situent dans le cadre de son travail. Or, dans les deux cas, il s'agit, à leurs yeux, des relations qui leur permettent d'exprimer le mieux ce qu'ils ont l'impression d'être et de respecter aussi le mieux leurs critères de ce qu'est une relation satisfaisante. A tour de rôle au cours des interviews, Sylvie et Louis se réfèrent à ces relations, non seulement pour décrire leur univers social, mais aussi pour exprimer les valeurs qu'ils cherchent à actualiser par ces contacts. A la lecture de leur témoignage, il est évident qu'ils attachent une grande importance à ce secteur de leur vie et qu'ils possèdent tout un langage — qui leur est d'ailleurs commun — pour rendre compte de leurs expériences dans ce secteur.

Quand l'interviewer aborde le thème des "amis" avec Sylvie, celle-ci ne commence pas d'emblée à se référer à des personnes précises, mais tient plutôt à préciser les critères[1] par lesquels elle évalue ses relations amicales. La sincérité est un de ces critères : sincérité chez l'Autre, mais aussi la possibilité d'être elle-même sincère :

> C'est très difficile ce que tu me demandes parce que... ça dépend pas si je m'entends bien avec elle, ça dépend du degré de sincérité de la personne. Moi, je juge beaucoup plus les gens par ça, que ça soit n'importe quoi, s'ils sont sincères, c'est déjà... je me sens déjà très près d'eux... C'est un contact que je ressens ou que je ne ressens pas. Si on est sur la même longueur d'ondes ou si on peut différer d'opinions sur 90 % des sujets mais si la personne discute sincèrement, pour moi, c'est tout ce qui compte. C'est ce que j'admire chez les autres : pas seulement la sincérité vis-à-vis de moi mais vis-à-vis d'eux-mêmes. C'est aussi important pour moi qu'ils soient sincères vis-à-vis d'eux-mêmes... Moi, j'aime mieux les gens qui sont malheureux et qui savent qu'ils sont malheureux que les gens qui sont malheureux et puis qui se disent heureux. Comprends-tu ? C'est ça. C'est la seule chose que je demande d'un être, ça peut être n'importe qui...

Un autre critère, psychologiquement proche du précédent, est le climat d'intimité. Pour exprimer son sentiment à cet égard, Sylvie se réfère d'abord à la relation qu'elle vit à ce moment-là avec l'interviewer et revient ensuite au thème des amis :

> *La façon dont je te parle, ça je dirais que c'est de l'intimité.*
> *C'est voir clair, c'est ne pas avoir de barrière. Il y a toutes sortes*
> *d'intimités. Le langage, c'est de ne pas avoir de barrière, se*
> *parler, dire ce qu'on pense sans s'arrêter, sans penser. Ça c'est ce*
> *que je cherche. En ce sens-là disons que c'est ce que je recherche*
> *avec les gens que je connais. Alors sont mes amis ceux avec qui*
> *je peux être intime. Et puis, les autres, ce sont des "connais-*
> *sances".*

L'autre critère, celui qui à ses yeux, permet l'intimité qu'elle vient de
décrire, est la confiance qu'elle ressent face à autrui. La citation précédente se poursuit ainsi :

> *Et puis les gens qui après avoir été intimes avec eux de cette*
> *façon-là se servent de ce que je leur ai dit pour me faire pendre,*
> *bien ça finit là ! Ça me brûle au plus haut point. Ça, j'appelle*
> *ça de la traîtrise ! Dieu sait qu'il y en a qui font ça. Tu parles*
> *spontanément puis après ça, tu te rends compte que tu t'es fait*
> *juger, tu te rends compte qu'on a parlé contre toi et que tu t'es*
> *fait placer... Dans ce temps-là, c'est fini pour moi, plus d'amitié*
> *avec ces gens-là, c'est des "connaissances"...*

Quand elle tente d'expliquer — et de s'expliquer à elle-même — la
relation avec ses deux principales amies, elle indique comment chacune
d'elles correspond à son "tempérament", à sa propre personnalité ou,
plus exactement, à une dimension de sa propre personnalité.

> *J'avais ces deux amies que je considérais de grandes amies, qui*
> *se connaissaient toutes les deux de longue date et qui sont tel-*
> *lement différentes l'une de l'autre qu'elles ne peuvent pas vrai-*
> *ment s'adapter l'une à l'autre. Et moi, je suis un peu dans le*
> *milieu de ces deux-là... Je me suis rendu compte que c'est*
> *justement l'opposé de leurs caractères que je cherchais dans les*
> *deux. J'ai réalisé que l'une était une personne sereine et l'autre*
> *une personne qui se pose toujours des questions et qui est plus*
> *compulsive que l'autre et j'ai réalisé que j'ai les deux dans mon*
> *tempérament. Alors, quand je deviens trop compulsive, l'une*
> *me calme et quand je suis trop calme, l'autre me restimule, com-*
> *prends-tu ? C'est un peu une espèce d'attachement. Par contre,*
> *je ne peux pas vraiment apprécier l'une ou l'autre parce que*
> *celle que je trouve compulsive je la trouve trop compulsive et*
> *celle qui est calme, je la trouve vraiment pas réaliste. Pour elle,*
> *la vie est une partie de plaisir. Je ne suis pas d'accord avec elle.*

Je l'ai dit, je peux admettre ne pas être d'accord avec quel-
qu'un. C'est pour ça que ça dure finalement parce que nor-
malement ça n'aurait pas dû durer tellement elle est différente
de moi.

Dans la citation précédente, elle inclut un autre trait qui caractérise
sa relation amicale : le fait de pouvoir compter sur quelqu'un ("quand
je deviens trop compulsive... et quand je deviens trop calme...").
D'ailleurs à un autre moment de l'interview, au moment où elle décrit
sa situation de "femme de maison", elle dira :

D'ailleurs, les deux bonnes amies dont je te parlais, à tour de
rôle, quand j'ai besoin de prendre une bonne bouffée d'air, je les
appelle. Alors, je vais prendre des grandes marches ou magasiner
avec elles...

Enfin un autre des traits caractéristiques des relations amicales de Sylvie
est celui de la durée .

Je peux me sentir aussi près d'une personne que je vais
rencontrer demain que d'un ami de vingt ans. Ca a rien à voir
avec la longueur de temps...

Cela signifie que pour elle, il y a une grande variation dans le temps,
"d'année en année" ou "selon la journée", selon sa perception de
l'Autre et selon évidemment sa propre façon d'être ou de "ressentir" à
tel ou tel moment :

A part de ça, c'est que ça varie énormément. Un moment donné,
je suis déçue. Puis il y a une autre personne que je redécouvre
et puis ça change comme ça d'année en année. Des anciens amis
que je découvre ou bien des amis qui m'ont déçue... (...) Les
deux amies avec lesquelles je suis assez près, elles me déçoivent
tour à tour. Par moments, je me sens très bien en leur compa-
gnie, mais par moments, je me demande comment ça se fait que
je ne le suis pas... C'est pour ça que j'ai de la misère. Ca dépend
de la journée.

Si c'est à propos de ses amies que Sylvie décrit plus volontiers le style
de relation qu'elle recherche, celui-ci s'applique également à sa vie
familiale. Ainsi, Sylvie fait elle-même passer la conversation du thème
des amis à celui de sa relation avec Louis. A propos de la sincérité, par
exemple, elle enchaîne :

*La sincérité, c'est ce que je demande à mon mari. La sincérité
envers lui-même. Il avait de la difficulté parce que lui avait...
Louis, c'est un tempérament qui... Il le dit lui-même... ça lui
prend une dose d'illusions dans la vie pour "toffer". Moi,
je suis contre ça. J'aime mieux être malheureuse que de me
faire des illusions. Alors, lui, il "toffe" en s'illusionnant. Ou
je devrais dire qu'il était comme ça parce qu'il change beaucoup...*

Elle ajoutera un peu plus loin :

*Avec mes amis, si je choisis des gens qui sont sincères, c'est
parce que j'aime à parler et que j'aime aller au fond des choses
avec tout le monde. Alors, je fais la même chose avec les enfants
et puis je fais la même chose avec tout le monde.*

Ce grand désir de relation sincère, intime, profonde, s'accompagne chez
Sylvie d'un autre sentiment intense, celui de la solitude. Elle reviendra
ailleurs sur cette dimension de son expérience, mais elle y fait
allusion à propos de ses rencontres avec les autres :

*Disons que je suis assez souvent seule pour réfléchir, pour voir
un paquet de choses. Puis quand je rencontre quelqu'un et que
je peux parler à fond, à ce moment-là je parle de véritables problèmes psychologiques, des grandes questions, des questions
que tout le monde se pose...*

Dans l'ensemble, Sylvie a donc une "philosophie" très précise de
ce que sont et de ce que doivent être les relations avec les personnes
qu'elle côtoie. Elle accorde d'emblée une grande valeur à l'univers des
sentiments, en particulier à la sincérité ou à l'authenticité, et elle en
fait volontiers le principal critère d'évaluation quand elle juge ses expériences dans ce secteur de sa vie.

Louis, de son côté, dit rechercher des relations qui sont "en même
temps intimes et détachées". Le lieu qui symbolise le mieux à ses yeux
ce genre de relations est son milieu de travail. Son travail de recherche
en biologie l'amène à travailler en étroite collaboration avec quelques
médecins et à discuter avec eux les problèmes de leurs patients. Les
contacts qu'il a avec ses collègues de travail, il s'y réfère volontiers pour
expliquer à l'intervieweur comment il aime entrer en relation avec les
gens et comment il perçoit son évolution dans ce secteur de sa vie.
Ainsi, quand l'intervieweur lui demande : "Qu'est-ce qui fait que ta
femme est plus près de toi dans ton dessin ?", il répond :

C'est l'intensité de l'échange. Je vais échanger plus avec ma femme et avec mes enfants.

Mais il enchaîne aussitôt de lui-même :

Avec mes collègues, je vis quand même assez intensément. Le fait de discuter d'un patient, de faire une synthèse ensemble, de régler un problème, y compris l'approche globale d'un problème qui peut être non seulement organique mais aussi psychosomatique, nous amène à avoir une relation assez importante. Je pense à deux de ces collègues avec qui j'ai travaillé. On a eu l'occasion de discuter de choses assez intimes. Le premier, j'ai l'impression de l'avoir déshabillé et que lui a fait la même chose avec moi. Il y a un aspect humain important. L'autre, j'ai eu l'occasion de voir avec lui une série de problèmes psychiatriques qui m'ont amené à me livrer à lui et lui aussi à le faire avec moi. A un point, je pense qu'on a pu vraiment échanger et communiquer ensemble. Il y a aussi un autre aspect : la relation avec les gens, ce qui va être dit au patient ... On est obligé de composer l'un avec l'autre au niveau de nos personnalités, bien plus que pour des considérations scientifiques. Tout ça m'amène à avoir des relations qui sont bien plus intéressantes qu'un homme d'affaires avec un autre à l'occasion d'une vente ... C'est un rapport qui est en même temps intime et détaché ...

Il rappelle ensuite comment cette double attitude d'intimité et de détachement est le résultat de sa formation scientifique :

Je n'étais pas comme ça quand j'étais jeune. J'étais tellement émotif que je pouvais pas être scientifique. J'ai appris à être scientifique ...

Louis se réfère ici à deux confrères d'études qui l'ont fortement marqué, dit-il, pendant les trois ans qu'il a étudié avec eux :

Un était un peu sentimental mais quand même très dur, très froid, du moins dans son énoncé. L'approche qu'il prenait était celle de l'autorité. L'autre, était très froid, le vrai scientiste, absolument dénué d'originalité de pensée mais très méthodique. J'ai vécu trois ans avec eux et j'ai été très impressionné par eux. Ils m'ont montré à avoir une certaine chaleur et en même temps de rester de mon côté de la clôture pour ne pas qu'il y ait cette intimité qui mène à une trop grande compréhension et qui, jusqu'à un certain point, manque de respect de l'opinion de l'autre ...

Il expliquera plus loin comment avec sa famille et ses amis, il ne peut pas toujours "se permettre" d'être aussi intime qu'avec les confrères auxquels il vient de faire allusion. Mais il se perçoit comme capable de le faire. Il a le sentiment que cette double attitude (détachement et intimité) correspond fondamentalement à sa propre personnalité et qu'il l'adopte spontanément quand il est seul —c'est-à-dire quand il n'y a pas de facteur extérieur qui l'en empêche :

> *Pour pouvoir discuter de n'importe quel sujet, oui je serais capable de dire vraiment ce que je pense quand je suis seul. Quand je suis avec mes enfants et surtout avec ma femme, non. A ce moment-là, quand je suis seul, j'agis probablement comme un chercheur professionnel, détaché, qui est capable de dire ce qu'il pense et d'accepter ce que l'autre pense ...*

Pour Louis comme pour Sylvie, "dire ce qu'on pense" constitue un critère de valeur quand il s'agit de juger ou de classifier leurs relations sociales. A ce premier critère, Louis en ajoute un second —qui vient modifier le sens premier— qui est le détachement scientifique. Notons que ce qui constitue pour Louis des marques de "détachement" apparaît peut-être plutôt, aux yeux de Sylvie, comme des formes d'illusion. Cette réflexion nous introduit à un autre secteur de la vie : la famille et le couple. Mais il faut bien voir auparavant que tout, dans l'esprit de Louis, n'est pas aussi simple que les citations précédentes peuvent le laisser supposer. S'il tient souvent à conserver un certain "détachement", il ne veut pas que cela soit au détriment de la "franchise". A un autre moment de l'interview, quand on lui demande s'il aime ou non que les gens soient familiers rapidement avec lui, il explique :

> *J'aime une approche très directe, assez simple aussi. Je vais préférer d'emblée les gens qui ont un langage assez simple. Je suis même prêt à accepter un langage qui n'est pas très châtié de préférence à un langage châtié qui de toute évidence crée une barrière. Pas au point, cependant, de prendre en horreur les gens qui parlent correctement. Ca, je l'accepte, si ce langage correct veut dire une personnalité qu'un individu s'est faite qui correspond à une personnalité intégrée. Je préfère une approche simple, franche, ferme, que les gens ne se camouflent pas, qu'ils se présentent tels qu'ils sont, même s'ils sont blessants,*

je préfère ça à l'autre où tout est calculé. Si ce sont des attaques insinueuses ou des flatteries calculées... Il y en a qui exagèrent en se retirant par la froideur et d'autres en mettant autant de distance mais en sens inverse, en créant une intimité très artificielle...

Nous l'avons vu, il établit cependant certaines réserves en ce qui concerne la possibilité d'actualiser cette franchise dans sa famille. Il formule ici une réserve semblable à l'égard de "certaines personnes", tout en exprimant qu'en général il respecte ses critères de franchise :

... Je suis comme ça avec tout le monde. Sauf peut-être avec certains personnages que j'ai à rencontrer par affaires, avec lesquels je ne peux pas me permettre d'être vraiment ami, complètement ouvert. Je ne jouerai pas de jeu, mais je vais rester sur la défensive ...

La famille : la vie privée

Chacun à leur façon, Sylvie et Louis considèrent la famille qu'ils forment avec leurs enfants comme un lieu privilégié qu'ils tiennent à distinguer à la fois des réseaux de relations (avec les amis, les connaissances, les collègues, etc.) et à la fois du "monde extérieur" (la politique, le jeu des grandes institutions comme le système scolaire, les grandes bureaucraties gouvernementales, etc.). Louis, en revenant encore une fois au dessin qui traduit son univers d'appartenance, dit en effet :

Mon sens de la justice connaît une frontière qui s'arrête là (entre son réseau familial et les autres cercles de son dessin). Autrement dit, ça c'est ma société. C'est quelque chose dont je suis bien conscient et j'élève mes enfants, j'espère, de façon éclairée et consciente ".

La famille est donc d'abord "ma" famille, c'est-à-dire le secteur auquel il pourra s'identifier le plus ... ou le mieux parce que c'est un milieu qu'il contrôle, dont il "décide" de l'orientation. Le sentiment *d'appartenance* est ici profondément lié au sentiment de *pouvoir :* la famille est "l'environnement personnel" dont on "décide" les règles du jeu. C'est la notion de "justice" qui, dans l'esprit de Louis, rend le mieux compte de ce phénomène :

C'est une question de justice à l'intérieur de la famille. Avec ta femme, tu décides d'un certain nombre de règles et tu traces la ligne où tu veux ... (...) C'est peut-être une vue très possessive de la famille, mais c'est ça! Ca me fait souvent dire à mes enfants: Tu feras ce que tu voudras avec ta famille, mais, moi, je décide de la loi dans ma famille. Si je décide de moins de charité, de moins de justice ... ma justice, jusqu'à un certain point, je peux la faire. Eux auront à décider. Là, ils sont des adolescents, et ils m'apportent des éléments que je respecte, mais s'il faut trancher la question, je pense que c'est moi qui ai le privilège de trancher la question. C'est la vie, c'est ma famille et ils pourront (décider à leur tour) à l'occasion de leur famille.

La famille, à ses yeux, s'oppose à "la société en général". Certes, sa famille doit préparer ses enfants à vivre dans cette "société en général". Après avoir dit que dans la famille, "tu traces la ligne où tu veux", il enchaîne :

L'important, ce n'est pas de tracer la ligne au même endroit que la société en général. Il faut que tu le fasses réaliser à tes enfants de façon progressive.

Si la fonction de la famille est de socialiser l'enfant, il demeure toujours une opposition —et parfois même une contradiction— entre la famille et la société. Alors que la société est inévitablement contraignante (nous y reviendrons plus loin), la famille sert de "soupape", de système de compensation :

Quand tu vas initier les enfants à ce qui se passe dans la société, ce n'est pas pour leur dire que dans la société c'est correct et dans la famille c'est pas correct. Il faut garder ce double niveau de la société, parce que ça peut aider à contrebalancer le côté moins intéressant de la société dans laquelle tu vis en te donnant un petit quelque chose dans ton environnement personnel à toi, en te donnant des soupapes pour des côtés qui te frustrent peut-être davantage dans la société dans laquelle tu vis".

On sent bien comment *famille* et *société* s'opposent et constituent, à ses yeux, deux réseaux distincts d'appartenance : d'un côté "*ton* environnement personnel à *toi*" et de l'autre, "la société *dans* laquelle tu vis".

Sylvie, dans une autre entrevue, exprime une conception analogue de la famille : elle est une "oasis" qui protège ses membres contre les tensions de "l'extérieur". L'opposition famille-société apparaît ici aussi fondamentale :

> *... C'est un peu une oasis pour moi. C'est un peu là que la famille se repose, comprends-tu. Ca prend un noyau, une espèce d'oasis pour tout le monde ... Si on peut pas, à l'intérieur, dans une petite cellule, se revigorer, si tu veux, ou reprendre des forces psychologiques, où est-ce qu'on va les prendre ? ... Tu regardes des gens qui sont tendus au possible et ces gens-là, souvent, à l'intérieur de leurs foyers, ont un paquet de problèmes. Qu'est-ce que tu veux, ils ne sont pas capables de se refaire. Ils sont tendus en dehors, ils arrivent en dedans et au lieu de se reposer, ils sont encore plus tendus ... Ils se garrochent d'un mur à l'autre, il n'y a pas de fin.*

Quand Sylvie se réfère à la période de sa vie où elle a vécu aux Etats-Unis — pendant les études post-graduées de Louis —, elle compare le climat de "chaleur" qu'elle ressentait chez elle à la froide "logique" des couples qu'ils fréquentaient :

> *... Moi, j'avais l'impression, j'étais convaincue de ça que la vie du couple avait perdu beaucoup, beaucoup. Il n'y avait pas de chaleur. Ils avaient pas la chaleur dans leur foyer que je retrouvais chez nous. Leur mari arrivait le soir, c'était pas une fête... mais eux, ils ne connaissaient pas ça parce que tout était calculé. Tu sais, plus tu calcules, moins il y a d'émotion, moins il y a de sentiment. J'ai remarqué ça c'est toujours comme ça. Quand on devient logique en amour, on n'aime plus. C'est bête de même, c'est enrageant, mais c'est bête de même ...*

Louis, enfin, considère que la famille est un secteur "privé" qui ne doit pas être "remis en question". La famille est l'affaire de ses membres, des parents et du père surtout, et elle doit être protégée du monde extérieur :

> *Ma vie privée, c'est strictement les échanges avec ma femme et les enfants. Peut-être aussi certains échanges avec des amis ou des collègues, des échanges assez intimes mais occasionnels ... Cette vie privée, on ne veut pas qu'elle soit mise en question. Quand on dit que c'est sacré, on veut dire qu'on ne peut pas y toucher. Autrement dit : on est comme on est. Pourquoi la remettre en question ? ...*

Dans l'ensemble, Sylvie et Louis sont donc d'accord à propos de la conception de la famille. Par comparaison avec le "monde extérieur", la famille est chaude plutôt que froide, c'est le lieu de l'amour plutôt que celui de la logique, celui de la compréhension entre ses membres plutôt que celui de la compétition, c'est celui de la franchise et de la sincérité plutôt que celui de l'apparence et de l'artificiel, c'est celui du pouvoir plutôt que celui de la soumission, celui de la liberté plutôt que celui de la contrainte. Comme Louis l'exprimait bien dans la dernière citation (voir plus haut), la notion de vie privée recouvre à ses yeux ce secteur de leur vie.

Par ailleurs, Sylvie et Louis ne font pas que comparer la famille aux divers autres réseaux d'appartenance. Il leur arrive aussi de considérer la famille en elle-même ou de considérer la place des individus dans cette famille. A ces moments-là, se dégage une autre image de la famille, une image où l'on retrouve essentiellement les mêmes dimensions mais qui devient beaucoup plus nuancée.

Ainsi, les contraintes y sont nombreuses. Le simple fait d'avoir des enfants diminue fortement le jeu de la liberté des parents, celui du père comme celui de la mère. Sylvie le dit d'entrée de jeu quand elle se réfère à sa propre conception de la vie privée :

> *Ma vie privée, c'est plutôt ma vie à moi ... Ma vie toute seule à moi avec mes goûts, comment je vis. Ma vie privée à moi, je ne veux pas que personne vienne y toucher. Même pas les enfants. Je suis tout à fait en dehors des enfants quand je parle de ma vie privée. C'est ma vie à moi. Là, actuellement, je vis en fonction des enfants mais ma vie privée, je l'ai toujours et puis, je la garde jalousement. Puis, un jour, j'ai l'impression que je vais l'avoir encore plus quand les enfants seront partis. J'ai l'impression qu'à ce moment-là, je vais vraiment me retrouver telle que je suis, moi. C'est comme si actuellement, c'est moi, d'accord, mais ce n'est pas tout à fait moi, c'est moi prise par un tas d'obligations et puis de devoirs qu'il faut que je mène à terme. Et puis, quand j'aurai fini ça ... Petit à petit, je m'en dégage, ça se fait pas du jour au lendemain. Quand j'aurai fini ça, là j'aurai vraiment ma vie privée. Actuellement, j'ai souvent l'impression de vivre seulement pour les autres. ... Ca me rapporte des joies, mais c'est comme si c'était pas moi, c'est comme si j'étais pas libre de faire ce que je veux. Je peux jamais me dire qu'est-ce que j'aimerais faire : c'est toujours "Qu'est-ce qu'il faut que je fasse"? C'est toujours comme ça. Ben, c'est un peu moins comme ça maintenant. Mais au début, c'était vraiment comme ça avec les enfants ...*

En parlant de sa carrière et de l'idée qu'il pourrait bien un jour décider de se réorienter vers un autre secteur d'activité, Louis décrit comment ce sont les "obligations" qui l'empêchent de vivre de façon moins "conformiste", moins "bourgeoise". Ces obligations à l'égard des enfants —et réciproquement le droit de ces derniers— constituent, en quelque sorte, l'autre versant de ce qu'il décrivait plus tôt : "la famille est *ma* société dans laquelle je peux imposer *ma* loi, etc. :

> *... On devient bourgeois parce qu'on a souvent des obligations vis-à-vis les exigences objectives : mes enfants à instruire ou quelque chose comme ça. On deviendrait assez non conformiste et très peu bourgeois la minute qu'on aurait plus d'obligations. Pour nous autres, les obligations ce sont les enfants ... Aujourd'hui, je considère, peut-être à tort, que je n'ai pas le droit d'enlever à mes enfants telle ou telle opportunité simplement parce que j'ai décidé que la vie c'est une telle chose ... On n'a pas le droit de disposer de la vie des enfants. Je calcule qu'élever des enfants, c'est leur ouvrir des portes qu'ils choisissent eux-mêmes ...*

Le pouvoir du père de famille auquel Louis faisait référence plut tôt est donc fortement amoindri par sa propre façon de définir le droit des enfants et les obligations qu'il a vis-à-vis d'eux. Quand il songe à certains voyages que Sylvie et lui ne se permettent pas à cause de ses obligations, Louis devient plus concret à ce sujet :

> *On ne peut quand même pas dire qu'on s'impose des sacrifices, mais enfin on s'impose dans certaines limites pour leur ouvrir les portes ...*

La vie de couple ne permet pas toujours de réaliser l'idéal d'intimité, de franchise, de sincérité par lequel Louis aussi bien que Sylvie définissent la relation sociale idéale. On se souvient que Louis a déjà indiqué que dans sa famille il y a des choses qu'il ne se permet pas d'exprimer :

> *Malheureusement, l'impact de ce que je dis sur mes amis, sur ma famille et sur ma femme, l'impact de ce qu'eux disent sur ma femme, m'amène à réfléchir ou réagir immédiatement en disant : "Non, ça c'est quand même différent, il faudra que je me surveille à l'avenir". Sans être moins franc, je serai peut-être moins ouvert ou je vais hésiter sur certains sujets de conversation ...".*

La notion d'intimité par laquelle Louis et Sylvie définissent le lieu de la famille, ils l'appliquent également dans le sens d'une intimité individuelle : chacun doit "garder son intimité". Ainsi, Louis dira :

> *Il y a des choses que je ne dis à personne parce que je considère que je n'ai pas besoin de les dire. Je ne vois pas pourquoi un gars irait raconter ses rêves érotiques même ses expériences hétérosexuelles ou homosexuelles à sa femme ou à ses amis. Dans le fond, ce serait un appui extérieur dont un individu spontané, naturel, n'a pas besoin. Par exemple, je n'hais pas aller voir un show quelconque ou des films un peu spéciaux avec des amis. Un de mes amis raconte ça à sa femme et moi, je n'ai jamais raconté ça à ma femme. Un moment donné, on s'est rencontrés et sa femme parle de ça. Sylvie apprend ça. Moi, je dis : "Je ne pensais pas que c'était important". Ce n'est pas parce que je lui cache quelque chose mais je ne vois pas ce que cela peut ajouter dans nos relations. Il y a certaines choses de l'intimité qui doivent rester de l'intimité. Même dans le mariage, on doit garder chacun son intimité. Donc il y a des choses que je ne dis à personne et il n'y a rien de ce que je dis à ces gens que je ne dirais pas à Sylvie.*

Sylvie, pour sa part, tient, on l'a vu plus haut, à conserver un secteur de sa vie qu'elle considère lui appartenant en propre. Au moment où elle décrivait à l'interviewer comment elle exigeait la sincérité dans ses relations amicales, elle avait ajouté : "C'est la même chose que je demande à Louis. A ce sujet, elle perçoit tout de même des limites à cette sincérité d'expression :

> *...Il y a des choses que je dirais spontanément à une femme plutôt qu'à mon mari ... Jusqu'au moment où je crois que je peux peut-être lui dire ... J'attends parce que des fois s'il n'est pas dans l'esprit pour comprendre certaines choses ou certains problèmes, ça ne sert à rien de lui en parler. D'ailleurs, il y a des problèmes tout à fait féminins aussi. On dirait que les hommes ne comprennent pas du tout. Ca sert à rien de leur en parler ... Bien c'est assez normal, j'ai l'impression. Quand on vit avec quelqu'un, on n'ose pas toujours. Ca peut être normal en fait, je dis pas que c'est normal mais disons que dans certains cas c'est normal ... Mais Louis est quand même un être à qui on peut parler, qui est très compréhensif, extrêmement compréhensif. Quand je dis que je parlerais pas de certaines choses parce que je sais qu'il n'est pas prêt encore à admettre certaines choses.*

C'est que, par exemple, pour l'émancipation de la femme, il
était bien en arrière et puis, graduellement, il change d'idée à ce
sujet-là ... En fait il parle beaucoup plus depuis un an. On parle
beaucoup plus depuis un an.

Le fait d'entrevoir une évolution positive sur ce point ne l'empêche
pas d'être consciente des limites à l'intimité et à la sincérité qu'elle
valorise tant.

A y regarder de plus près, aux yeux mêmes de Sylvie et de Louis,
la famille n'est peut-être pas uniquement cette "oasis" de paix, de
chaleur et d'intimité dont ils ont rêvé un jour. Les tensions psychologiques, les aires d'incompréhension mutuelle, les sources de contrainte se retrouvent *à l'intérieur* de cette "oasis" comme, on le verra, ils
ont le sentiment de les retrouver dans le "monde extérieur" à leur
famille.

Le rôle de Sylvie

L'éducation des enfants. Dans le paragraphe précédent, nous
avons rapidement indiqué l'aspect contraignant de l'éducation des
enfants. Ces quelques courtes citations ne rendaient évidemment
pas compte de l'expérience de Sylvie et de Louis dans ce secteur.
De fait, une partie considérable de leurs témoignages se rapportent,
d'une façon ou de l'autre, à leurs enfants, en particulier à leur fils
Marcel qui leur pose un certain nombre de "problèmes", ou se
rapportent à l'éducation en général. Ces témoignages se retrouvent
autant dans les interviews de Louis que dans ceux de Sylvie : pourtant
il est clair, tout au long de ceux-ci, que l'éducation des enfants, au
moins dans l'ensemble des tâches concrètes qu'elle implique, est le
rôle de Sylvie. Celle-ci, dira très tôt dans la série d'interviews :

Une grande partie de ma vie est consacrée à ma famille. C'est
bien sûr, qu'est-ce que tu veux ! Ça c'est sûr. Si tu veux pas
ça, tu peux pas avoir d'enfants. Dès que, pour une femme
en tout cas, plus que pour un homme encore, avoir des en-
fants, en tout cas avec la philosophie que j'avais dans le temps
et puis que j'ai encore ... Quand t'as des enfants, tout est centré
sur les enfants.

A un autre moment, en parlant de l'attitude à adopter à l'égard des enfants quand ils étaient jeunes, elle glisse en passant une remarque à propos du rôle de Louis dans ce secteur :

*Je parle plus pour moi que pour Louis qui n'est pas beaucoup
à la maison ... Moi, j'étais assez ferme ... etc.*

Louis, qui à propos de l'éducation de ses enfants n'exprime pas souvent ses propres réactions personnelles, rappelle que son fils a un jour
déclaré à un de ses amis qu'il était plus *mari* que *père* :

*Je ne suis pas sûr que mes enfants trouvent que je joue assez
avec eux. Une fois, Marcel, a dit à un de ses amis que j'étais
plus mari que père.*

D'autre part, il est évident que Louis considère que dans notre société,
la mère qui a de jeunes enfants doit rester au foyer. Le long passage suivant est la réponse qu'il donne à une question générale sur la "femme
au foyer", mais il est fort probable qu'elle s'appliquait aussi à Sylvie au
moment de la naissance de leurs enfants. Cette attitude, rappelons-le,
correspond à ce que Sylvie appelle sa "philosophie" :

*La réponse à ça est assez fondamentale. Ca dépend du genre de
société que tu veux faire. Une société dans laquelle la mère reste
au foyer de façon positive, épanouie, tandis que les enfants
entre zéro ou quatre ou cinq ans, cette société-là va être nettement différente que si les enfants vont être élevés par des bonnes pour ensuite tomber dans des pensionnats type Angleterre.
Je n'oserais pas dire qu'une société est mieux que l'autre, mais
elle est différente. Je dirais que dans notre société, la personne
qui s'éloigne des standards généralement reconnus peut risquer
certains problèmes de réajustement de ses enfants avec les autres
enfants à l'âge de la socialisation...*

Il reconnaît que cette situation peut évoluer, qu'en fait elle évolue et
que cela ne causera pas éventuellement les difficultés auxquelles il vient
de faire allusion parce qu'il s'agira alors d'une autre société : mais il ne
s'agit plus de la société d'aujourd'hui, mais de celle de la "jeune génération" :

*Maintenant, parmi la jeune génération, j'ai l'impression que
c'est en train de changer. De plus en plus d'enfants sont sevrés
de plus en plus jeunes des contacts maternels intensifs. Ca va
changer la société et ça ne fera pas nécessairement des problèmes pour les enfants qui vont avoir été élevés comme ça parce
qu'il va y en avoir tellement d'élevés comme ça qu'on va avoir
une autre société. Je ne peux pas dire qu'elle va être moins bon-
ou meilleure...*

On a vu que Sylvie s'identifie à cette conception du rôle de la femme. Elle affirme que c'était sa "philosophie" au moment de la naissance des enfants et qu'elle la partage encore aujourd'hui. Cela n'apparaît pas toujours aussi clairement qu'elle ne l'indique. A un autre moment des interviews, elle parle de sa vie à la maison, de ce qu'on attend d'elle, etc., et glisse une phrase qui montre qu'elle n'est pas toujours d'accord avec cette "mentalité du garçon d'autrefois" qu'elle retrouve chez son fils. Dans son esprit, il semble bien qu'elle souhaiterait pouvoir remplir son rôle de mère de façon moins traditionnelle. Elle semble regretter que Marcel attende trop de choses d'elle :

> *Marcel n'est pas toujours facile. Il s'accroche après moi. Il a un peu la mentalité du garçon d'autrefois : la mère est une servante : va me chercher ci, va me chercher ça ; fais-ci, fais-ça, puis il critique beaucoup, puis il attend beaucoup de moi ... En tout cas, là je suis aux prises avec ce problème-là.*

La position qu'adopte Louis n'explique pas du tout qu'il ne s'intéresse pas à l'éducation de ses enfants, qu'il ne s'identifie pas au rôle d'éducateur. Au contraire, dans les interviews, quand il aborde l'un ou l'autre des aspects de ce thème, il se met très souvent à utiliser spontanément le *nous* plutôt que le *je* : en ce sens, l'éducation apparaît comme une responsabilité conjointe (avec Sylvie) même s'il considère que dans notre société actuelle, la division du travail d'éducation implique que la femme reste à la maison. Nous verrons d'ailleurs plus loin que Louis a le sentiment d'avoir changé à cet égard.

De l'ensemble des interviews se dégage nettement l'impression que l'éducation de leurs enfants constitue un secteur privilégié de leurs préoccupations. Sylvie, on l'a vu, affirme qu'une fois décidée d'avoir des enfants, toute sa vie est devenue organisée autour d'eux. La décision d'avoir ou de ne pas avoir d'enfants ne semble jamais avoir été remise en question. De fait, ils étaient d'accord, au début de leur mariage, pour avoir cinq ou six enfants :

> *Au début, on était plus jeunes et on avait pensé en avoir cinq ou six. Mais c'est un concours de circonstances qui nous a fait arrêter à trois. Il y a d'abord le fait que nous ayons quitté Montréal. Ensuite, il y a eu des raisons médicales. Au troisième, il y a eu des complications et c'était à prévoir que cela serait encore plus grave pour le suivant. Alors, cela ne nous tentait pas de prendre le risque ... (...) Pourquoi cinq ou six ? Moi, c'était pour recréer*

172

> *l'atmosphère de chez nous et Sylvie voulait ce nombre-là en réaction à sa vie de famille. Chez elle, c'était très ennuyant ... On n'a jamais été vraiment malheureux d'en avoir que trois. D'abord, ils sont bien vivants! Ensuite, je me suis rendu compte que la façon d'élever les enfants en 1970 est différente. On a une attitude plus dynamique mais beaucoup plus exigeante. On en a que trois mais on travaille aussi fort que nos parents ... Alors on n'a pas de regrets ...*

Sylvie et Louis ont ici et là des choses précises et particulières à dire sur chacun de leurs enfants. Ainsi, Louis explique comment ses deux filles vivent de façon différente leur rivalité et comment chacune essaie de "convoiter" leur père. Sylvie, pour sa part, caractérise ses deux filles en les comparant à elle-même :

> *Ma fille, la plus vieille, me ressemble tellement que des fois ça m'inquiète. Je me dis qu'elle n'est vraiment pas de son temps, elle est trop comme j'étais. C'est une enfant extrêmement raisonnable, trop raisonnable. Elle veut tellement bien faire qu'elle nous fait de la peine. Elle attriste les professeurs. Son professeur me disait : "J'en avais mal au coeur de voir comment elle se forçait pour être gentille". Ma plus jeune n'est pas comme ça. Elle a un coeur d'or, elle est très sensible, elle ne se force pas. Elle va faire des choses beaucoup plus créatrices. Elle s'exprime beaucoup plus spontanément.*

C'est avec assez de sérénité que Sylvie évoque les changements d'attitude chez sa fille adolescente :

> *Je pense que la puberté a beaucoup à faire avec ça. Ca change beaucoup le tempérament. C'est plus la même du jour au lendemain. Cela a pris six mois! Au début, tu peux pas l'accepter, tu te dis : "Ca se peut pas, elle n'a pas changé comme ça"! Au bout de six mois, tu le sais, tu es en plein dedans. Ce n'est plus une enfant, c'est une adolescente qui demande sa liberté à grands cris.*

Quant à leur fils, il a connu vers la fin du secondaire des difficultés scolaires. Il ne réussissait plus en classe, était indiscipliné et a été mis en dehors du cours. Même s'il est évident tout au long de cette partie des interviews que cela a été l'objet de beaucoup de préoccupations de la part de Sylvie et de Louis, ce dernier décrit ces événements avec beaucoup de calme :

Avec Marcel, il y a eu des semi-échecs. En sixième année à l'école publique, il avait un professeur mou, sans discipline, alors ça allait mal. Il y a eu des petits accrochages au point de vue discipline. Rien de bien grave. Mais à un moment donné, il s'est ramassé en dehors du cours de sorte que j'ai décidé de le changer. Dans notre esprit, il allait là pour finir l'année et reprendre l'année suivante. Finalement, il n'a pas eu à reprendre et a été accepté au collège X en classique. Durant cette année, il a eu de la difficulté dans certaines matières. On a vu un psychopédagogue qui a suggéré de lui donner quelques cours et d'essayer de le motiver. Ca a semblé lui donner un coup de pouce, de barre mais assez temporaire...(...) C'est l'enthousiasme qui tombe d'une période à l'autre. On espère que le temps et son expérience de travail qu'il fait cet été vont jouer. On ne peut pas dire que ça été de grosses difficultés. Finalement, ça se tasse...

A Sylvie, les relations avec son fils lui sont toujours apparues beaucoup plus psychologiquement épuisantes. Dès sa naissance, elle a vécu un moment de panique en réalisant qu'elle aurait à élever un garçon :

J'étais bien troublée d'avoir un garçon comme deuxième enfant. Je désirais cet enfant. Mais il me semblait que je saurais pas comment prendre un garçon. Est-ce qu'il va pleurer ou non ? C'est vraiment stupide quand j'y pense. Ca m'a duré quelques semaines. Ca n'a pas été long : je me suis vite rendu compte qu'un bébé est un bébé. Sur le coup, ça m'a fait quelque chose. J'étais irritée vis-à-vis du bébé. Je me surprenais moi-même ... Ca a duré un bout de temps. La nuit quand il pleurait, j'étais pas contente, j'étais épuisée ... J'ai même pensé l'enfermer dans un garde-robe parce qu'il pleurait une fois. C'est assez effrayant. Je me demande si ça ne l'a pas influencé parce que j'ai beaucoup de problèmes psychologiques avec lui. Il a énormément besoin d'affection.

Sylvie explique sa réaction de plusieurs façons à la fois :

J'étais épuisée à la naissance de ce deuxième bébé distant de onze mois seulement ... Lui c'est un deuxième et tous les deuxièmes sont un peu coincés. En plus, lui, il est entre deux filles...

Elle a aussi le sentiment qu'elle a associé plus ou moins consciemment ce garçon à son frère vis-à-vis duquel elle s'était toujours sentie en compétition :

> *Je pense que j'ai revu mon frère. Il y a toujours de la compé-*
> *tition affective vis-à-vis mon frère. Quand j'ai eu une fille, je*
> *voulais lui donner ce que je n'avais pas eu et quand j'ai eu un*
> *garçon, j'ai revu mon frère !*

Aujourd'hui que Marcel est adolescent, elle trouve son rôle encore plus difficile : elle se sent "traquée", "épuisée" et dépassée aussi par la tâche d'élever un garçon :

> *C'est le plus difficile (par comparaison avec ses deux filles). Tu*
> *ne fais pas ce que tu veux avec lui. Il s'agit que tu veuilles lui fai-*
> *re faire quelque chose pour qu'il ne la fasse pas ! Il le sait à part*
> *ça qu'il nous fait enrager et qu'à un moment donné on n'en*
> *peut plus. Il n'est pas fou, il s'en rend compte. A part ça, il a*
> *une intuition épouvantable. Il sait ce que je vais dire à son père*
> *qui est dans le salon. Il sait ce que je pense avant que je ne l'aie*
> *dit ! C'est comme si j'avais un détective privé dans la maison. Il*
> *y a des moments où je me sens traquée. Je trouve qu'une*
> *femme, c'est pas fait pour élever un garçon. Ca va quand il est*
> *tout petit mais ensuite ça prend un homme. J'en ai jasé avec*
> *d'autres mères et elles m'ont dit la même chose. Je trouve que*
> *ça nous revient pas d'élever des garçons. Ca nous épuise. On n'a*
> *pas la force physique pour le faire ...*

Pourtant quand elle compare la situation dans sa famille avec ce qu'elle entend raconter à propos d'autres familles, elle se dit moins malheureuse. Et surtout, elle semble retrouver chez Marcel une partie d'elle-même :

> *Il a un tempérament de chien ! Il est aussi indépendant que je*
> *l'étais !*

Elle qui a décidé il y a quelque temps de se remettre à peindre, retrouve chez son fils les mêmes intérêts pour les arts en général et pour la peinture en particulier :

> *Il est exceptionnellement doué en peinture. En fait il est assez*
> *poète. Je ne sais pas si c'est parce que jeunes, quand je les*
> *promenais, j'insistais beaucoup sur les fleurs, les arbres et tout*
> *ça. Mais lui, plus que les filles, a été marqué par ça. Pour lui,*
> *avoir un bouquet de fleurs dans sa chambre, c'est ce que je*
> *peux lui faire de plus beau. Alors il est comme ça : extérieure-*
> *ment c'est un dur de dur et c'est le plus vulnérable.*

Dans l'ensemble, l'éducation des enfants représente un lourde tâche et une source de tension pour Sylvie. Même quand elle dit que "ça va pas mal bien", elle ne peut s'empêcher de "se poser des questions", de se remettre en question et, en même temps, de remettre en question cette société dans laquelle ses enfants auront à vivre plus tard :

> ... Avec les enfants, je suis souvent déçue mais disons qu'en général, je trouve que c'est quand même pas mal. Ça va pas mal bien. Et puis, les enfants, c'est très imprévisible. D'ailleurs, c'est pas tangible, les enfants. Mais je suis contente : j'ai pas de problème majeur avec les enfants. Puis ça, tu sais pas si tu réussis ou non. Avec les enfants, tu peux pas savoir tant qu'ils ne sont pas des adultes et même là ... Ce que je suis aujourd'hui ... et ce que je serai dans vingt ans ? Si ma mère se fie sur ce que je suis aujourd'hui pour dire qu'elle a fait un succès, guette bien dans vingt ans ! ... Non, pour les enfants, des fois, j'ai l'impression de m'être trompée, je me questionne beaucoup. Surtout je me pose des questions. On est dans un temps où tout change, on est obligé de se poser des questions sur tout. Regarde-là la société : on se demande si la société n'est pas fondée sur des bases illogiques ... Je ne sais pas quelle est la solution puis souvent ça m'énerve au point même de ne pas savoir comment je vais élever mes enfants. Tu sais, à un moment donné, j'arrive à ne plus avoir de réponses ...

Louis explique, pour sa part, que sa plus grande déception ("ça nous enrage") est provoquée par le fait que leurs enfants ne semblent pas comprendre les efforts qu'ils font pour leur "ouvrir des portes" :

> Je calcule qu'élever des enfants, c'est leur ouvrir des portes pour qu'ils choisissent eux-mêmes. C'est continuellement ce qu'on leur dit. On est capables de devenir violents s'ils ne réalisent pas ça, parce que ça nous enrage. On veut leur ouvrir des portes, des opportunités, sans les presser d'un côté ou de l'autre. Mais s'ils se ferment les yeux et qu'ils ne veulent même pas les voir, ça nous enrage !

Dans l'esprit de Louis, "ouvrir des portes", signifie évidemment préparer leurs enfants à leur rôle d'adulte, à trouver leur place dans la société, dans ce "monde extérieur à la famille" dont il a été souvent question plus haut. En définitive, chacun à leur façon, Sylvie et Louis accordent beaucoup d'importance aux liens existants entre la famille et la "société", Dans l'ensemble de leurs témoignages, deux thèmes principaux expriment cette préoccupation. Il y a d'abord celui de leur philosophie de l'éducation — et en particulier leur philosophie à l'égard de l'autorité et de la liberté en éducation. Il y a aussi cet autre thème qu'ils développent à plusieurs endroits dans les interviews et qui pourrait se résumer ainsi : la société risque de rendre innefficaces nos propres efforts d'éducation.

Leur philosophie de l'éducation. Nous avons vu plus haut comment Louis définit la famille comme le secteur de la vie sur lequel il exerce le plus de maîtrise ("c'est *ma* société", "c'est moi qui fais la *loi*", etc.). Le thème de l'autorité est donc à ses yeux une partie intégrante de sa philosophie de l'éducation. Par ailleurs, son expérience de la vie quotidienne ne correspond pas toujours à cette définition "autoritaire" de la famille. Il apporte lui-même des nuances :

> *Je t'ai parlé de ma famille où j'étais assez autoritaire pour établir ma conception de justice et de rapports humains. Les lois de relations humaines dans ma famille, ça ne va pas au point de les diriger (enfants) ou de les conditionner à faire telle ou telle chose plus tard ...*

et tout au long des interviews on se rend compte que si l'autorité demeure une dimension centrale, c'est le plus souvent par les problèmes ou les dilemmes qui en découlent. Le modèle d'autorité auquel il se réfère est le modèle "démocratique" qui, s'il implique discussion et entente avec les enfants, n'exclut pas certaines formes de pressions morales. Ainsi, il donne en exemple cette fois où Sylvie et lui voulaient aller à Québec assister à un concours international de musique :

> *Je pense qu'à propos de discipline, je suis un mélange des deux extrêmes. Je suis très autoritaire de nature, même violent. Je suis assez entier sur le plan de l'action. Sur le plan théorique, je fais le partage. Ensuite, je prends une option et je m'en vais dans une direction. Mes enfants doivent me trouver dur. Par contre, ils sont convaincus maintenant que je veux jouer progressivement le jeu de la démocratie. Par exemple, cet été, on voulait aller toute la famille à Québec pour assister à un concours international de musique. Ca nous intéressait beaucoup. On l'annonce aux enfants qui sont très déçus : ils voulaient qu'on aille plutôt voir de l'eau, sur une plage. Alors, j'en ai parlé à Sylvie et on a décidé d'y aller quand même tous les deux. J'ai dit aux enfants : "On essaie de vous ouvrir des horizons et vous ne voulez pas, restez niaiseux, restez ici". Finalement, les deux filles sont*

*venues ... Je suis convaincu que l'expérience de la liberté est très
personnelle à chaque enfant.*

A propos de son fils et de ses difficultés scolaires, se pose aussi à
ses yeux ce même dilemme entre une attitude autoritaire et une attitude plus permissive :

> *La question est : va-t-on pousser sur lui ou va-t-on le laisser faire.
> On a décidé à trois de lui remettre cette question entre les
> mains. Finalement, il a passé son année scolaire. Et puis, il est
> plus libre, plus heureux et il se sent devenir un homme. Est-ce
> que ça va s'améliorer et est-ce qu'il va se décider complètement
> quand il va attraper une vraie claque ?... Mais on le laisse aller.
> On lui a suffisamment donné d'opportunités ... Il faut jouer sur
> la liberté.*

Durant le dernier interview, Louis revient sur son expérience de parent
et remarque —avec une pointe de nostalgie et d'agressivité— qu'il ne
peut vraiment exercer cette autorité de la façon dont peut-être il en
rêve, de la façon en tout cas dont elle était appliquée dans sa propre
famille d'origine :

> *Nous autres, quand on était petits, on nous disait : Ferme ta
> gueule, si tu n'as rien d'intelligent, de brillant, si tu n'as rien de
> brillant à dire, ferme ta gueule ! ... Là maintenant qu'on est ren-
> dus des adultes, on nous dit : "Il faut que vous écoutiez les
> enfants"! ... Les enfants nous disent : "Vous n'avez pas le
> monopole de la vérité, soyez compréhensifs, etc." Puis ils te
> cupabilisent, comprends-tu, si tu ne les écoutes pas...*

A un autre moment, quand l'interviewer avait demandé à Sylvie quelle
était sa conception de l'éducation, elle avait spontanément rappelé
cette phrase de Louis :

> *Louis disait : "C'est drôle, je manque tout, je suis né à l'ère où
> il fallait se taire et écouter et maintenant que je suis parent, je
> ne peux même pas me revenger ! Il faut que je continue à
> écouter"! ...*

mais elle aussi décrit son expérience comme un dilemme entre la ferme-
té et la liberté. Malgré son désir d'adhérer à ce principe d'éducation
selon lequel l'enfant doit être le plus libre possible, elle a l'impression
qu'il s'agit là d'une "théorie" difficile à appliquer. Après avoir rappelé
la remarque de Louis, elle enchaînait :

*Mais il ne faut pas trop exagérer parce que personnellement ...
j'aimais pas que les enfants me montent sur les épaules. Par
contre, je voulais les laisser très très libres psychologiquement
de s'exprimer, de dire ce qu'ils pensaient. Je leur faisais confiance pour qu'ils ne se sentent pas toujours enfants. Qu'on les laisse
juire les expériences de leur âge, qu'on les laisse se tromper ...
Je pense qu'on apprend à marcher en tombant. Si on empêche
toujours un enfant de tomber, il va se sentir frustré quand il va
tomber ... C'est là un principe que j'ai essayé de respecter et
j'ai trouvé cela très difficile ... On a beau vouloir, en tout cas
pour moi, j'ai beaucoup de difficultés à suivre cette théorie
dans laquelle je crois profondément ... On veut trop qu'ils soient
fins, beaux et gentils.*

Sylvie, tout en disant "croire profondément à cette théorie", ne peut
s'empêcher de considérer cette "nouvelle pédagogie" comme une
contrainte qui ne tient pas compte de son désir de préparer ses enfants
à l'univers des adultes, au monde de "l'extérieur de la famille". Pour
elle comme pour Louis, ce sont les difficultés scolaires de leur fils qui
font apparaître avec acuité les ambiguïtés et les contradictions de son
rôle de parent à cet égard :

*Tant qu'il s'agit d'un enfant, on veut bien penser que ce n'est
pas important. Mais ça nous frappe en pleine face au primaire et
au secondaire. S'ils n'ont pas les notes, on commence à pousser
sur les enfants. Or, toute la nouvelle pédagogie nous dit qu'il ne
faut pas pousser sur les enfants, qu'il faut pas leur donner des
problèmes de compétition. Ca c'est beau, mais si on veut que les
enfants passent d'une année à une autre, on est obligés de pousser sur eux. Ou est-ce qu'elle est la ligne dans ça ? Je ne sais pas.
Tant qu'on est pas rendu à ce problème-là, tu ne sais pas....
Qu'on le veuille ou non, le travail, c'est un monde de compétition. Qu'on ait des théories nouvelles pour que les enfants
n'aient pas ce souci compétitif, élever les enfants pour qu'ils
soient tout à fait détendus ... Ils vont arriver et être coincés et ils
ne pourront peut-être choisir la profession ou la faculté qu'ils
voudront parce qu'ils n'auront pas la note voulue alors qu'ils
auraient pu l'avoir s'ils avaient seulement travaillé ...*

Pour comprendre la tension ressentie par Sylvie, il suffit de rapprocher
ce dernier passage où elle décrit la nécessité de préparer ses enfants à la
compétition, à celui-ci :

> *... Si tu ne fais jamais de comparaison, ça ne sera jamais un problème, parce que tu ne leur as jamais dit qu'ils étaient plus fins que le voisin. Tu leur as dit qu'ils étaient fins parce que tu les aimes. Si tu ne compares pas, ils ne se compareront pas. C'est toujours le côté amour. Je vois ça comme ça parce que c'est mon problème. Il ne faut pas que tu aies l'impression qu'on va t'aimer seulement si tu es plus fin. On t'aime parce que tu es comme ça. D'accord, dans le monde, il y en a des plus fins et des moins fins, mais ça n'est pas important.*

Il y a donc tout un système de tensions entre le désir de laisser l'enfant libre (et adhérer ainsi à la "nouvelle pédagogie") et le désir de bien préparer ses enfants pour le "monde de la compétition". De plus, comme elle le rappelait plus haut, il s'agit pour elle de préparer ses enfants à un monde dont elle ne réussit pas à prévoir toutes les issues ("qui peut dire ce que sera le monde dans vingt ans?..."). Enfin sa conception de la famille "oasis" s'applique bien à l'univers des adultes qui retrouvent dans cette famille la tranquilité, la chaleur, la compréhension absente du "monde extérieur". Mais appliquée à l'univers des enfants, cette conception suppose une contradiction vécue à l'intérieur même de la famille entre ce qu'on pourrait décrire comme l'univers de la compréhension et l'univers de la compétition.

Les limites à l'éducation des enfants. Sylvie et Louis ont tous deux le sentiment qu'ils ont investi financièrement et émotivement dans l'éducation de leurs enfants pour les aimer, leur donner confiance, les sécuriser, leur permettre d'être libres une fois adultes, leur ouvrir des portes sur le marché du travail, etc. En même temps, ils ont intensément le sentiment que ce travail d'éducation est un échec parce que leurs enfants vont inévitablement entrer dans un univers hostile et contraignant, un univers dans lequel ils risquent "d'étouffer" ou d'être "pris dans un carcan", un univers où ils ne pourront pas donner suite à ce qu'ils ont acquis dans leur famille. Cette déception est d'autant plus vive que Louis et Sylvie, comme on l'a vu, se sont astreints en quelque sorte à adopter cette "pédagogie nouvelle" à laquelle, peut-être, ils ne croyaient pas fondamentalement. Sylvie reprend ici son témoignage à propos de l'éducation mais en explicitant mieux qu'ailleurs les raisons de sa déception :

> *Aujourd'hui ... c'est le jeune, l'enfant, le tout-petit qu'on écoute, qu'on essaie de comprendre, auquel on ouvre toutes*

sortes d'horizons. On le laisse dessiner, les barbots les pires deviennent des oeuvres d'art, tu sais ce que je veux dire. C'est extraordinaire la confiance qu'on veut donner à nos enfants. Puis on les développe à tous les points de vue et rendus à treize ou quatorze ans, les enfants sont pris dans un carcan puis ils n'en sortent plus. Puis plus ça avance, pire c'est, plus c'est restreint. La porte qui reste devant eux, c'est quasiment comme une aiguille. Moi, je trouve ça pire que l'inverse. Parce qu'il vaut mieux être un petit un peu étouffé au début puis respirer après que de respirer à grandes bouffées d'air et finalement être enfermé parce que là t'es pas habitué d'être étouffé de même ...

Il revient souvent ce thème des "portes" qu'ils ont travaillé fort à ouvrir et qui risquent de demeurer fermées à leurs enfants. Aux yeux de Sylvie, c'est le cas de l'enseignement dans le domaine artistique. Pour continuer dans ce secteur, ses enfants devront aller dans un cegep où ils ne pourront pas se consacrer à la peinture autant qu'elle le souhaiterait. Son fils, en particulier, songe à la peinture, mais, dit-elle, il a de plus en plus le sentiment que "sa carrière va être ruinée" à cause de la mauvaise organisation de l'enseignement artistique : il ne sera plus libre comme on lui a enseigné à l'être dans sa famille :

... Ce qui est le pire c'est que depuis qu'il est tout petit, cet enfant-là, bébé – parce qu'on commence avant la maternelle, la pré-maternelle – à trois puis quatre ans, à le laisser choisir lui-même ce qu'il veut faire. La fenêtre est grande ouverte. Si tu es bon là-dedans, c'est là-dedans que tu vas te diriger ... Moi, j'essaie d'ouvrir le plus de portes possibles aux enfants. Je suis très déçue cette année ... Là, s'ils veulent continuer la peinture avec des diplômes, ils sont obligés de prendre le cegep avec des options philosophie et français. Imagine-toi ce que ça va leur donner ! C'est bien beau la philosophie et le français mais ça ferme beaucoup de portes ... Ca va en faire des techniciens en art mais pas des artistes ...

A un autre moment, elle revient sur ce sujet :

Moi, j'ai peur d'embarquer des enfants dans ce système-là ... parce que ça les écoeure, ils sont rendus qu'ils n'aimeront plus la peinture, ils ne voudront plus en faire, ils vont se dégoûter, alors que la peinture c'est supposé être une détente. C'est un moyen de s'exprimer et non pas ...

Louis, à plusieurs endroits de son témoignage, est parfaitement d'accord avec Sylvie sur ce point. Après avoir rappelé qu'ils s'imposent des dépenses pour les enfants —écoles privées au secondaire, activités parascolaires, cours de peinture, etc.— il continue :

> *On va accepter tout à fait de gaieté de coeur, de façon très positive ces investissements-là à condition que ça semble vouloir donner. Or, là, actuellement, la crise qu'on traverse, c'est maudit : à quoi ça sert, qu'est-ce que ça sert ces affaires-là ? On a l'impression qu'on leur a ouvert des appétits, qu'on a ouvert des horizons, on a ouvert des portes puis on a l'impression qu'il y a des panneaux qui tombent, il y a des murs qui s'érigent et puis ça nous écoeure, ça nous frustre, ça nous fait tout reposer notre question ...*

Louis ajoute immédiatement les quelques phrases suivantes qui laissent supposer que , malgré leurs intentions, Sylvie et Louis font subir beaucoup de pressions à leurs enfants afin que ceux-ci "profitent" des cours qu'ils leur font suivre ("ce serait peut-être mieux de leur foutre la paix" ...). Ce passage montre bien aussi leur sentiment de sacrifier pour leurs enfants des argents dont ils pourraient profiter eux-mêmes :

> *... A ce moment, je me dis : "Peut-être que le 250.$ que l'on consacre au cours de peinture de l'un des enfants, ce serait peut-être bien mieux de lui foutre la paix. On n'aurait plus à le surveiller ou à lui rappeler qu'il doit travailler ou ci ou ça. Lui foutre la paix complètement au point de vue du système nerveux puis mettre cet argent-là pour les vacances "...*

Et Sylvie, présente à ce moment-là, reprend la même chose à son compte :

> *Pis ça c'est juste le prix d'un enfant. Si tu ajoutes les trois, si tu ajoutes les deux autres, je te dis qu'on se ferait un beau petit voyage nous deux ensemble, puis j'en aurais la tranquilité toute l'année. On n'aurait pas besoin de les surveiller à tous les points de vue, ce serait s'alléger nos tâches vois-tu ...*

Il faut bien voir que les références aux "sacrifices", même aux "sacrifices favorisés" n'impliquent pas, à leurs yeux, une fausse affirmation de pauvreté, mais avant tout le désir ou le souhait de ne pas s'être trompés dans l'éducation de leurs enfants. Louis emprunte d'ailleurs à ce sujet le langage de l'homme d'affaires :

Il n'est pas question qu'on pleure parce qu'on est pauvre! On pourrait nous dire avec raison: "Si vous faites pas telle chose c'est parce que vous avez fait une option et que vous avez fait telle autre chose". C'est très juste. Mais encore faut-il que l'autre option qu'on a prise qu'on en soit encore satisfait, qu'on a l'impression que ça va donner. Je ne comprends pas une personne qui investirait pour pas que ça donne d'une façon très large. Je voudrais pas que tu penses qu'on prend nos enfants pour des chevaux sur lesquels on gage, tu sais, c'est pas ça mais ...

Sylvie enchaîne aussitôt:

Nos placements, à part ça, c'est pas financier ... (...) J'ai tellement essayé de bien faire par exemple pour les enfants! J'ai fait des projets pour eux, j'ai tout organisé ma vie ... Par exemple, en peinture, je les ai suivis, je les ai aidés pendant leurs premières années. Puis là, je vois que ça va probablement tomber à l'eau. Puis je me dis que c'est tant d'heures passées, tant d'argent mis là-dedans, les sacrifices qu'on a faits nous, on aurait pu sortir, on aurait pu voyager avec cet argent-là ... (...) ... Je me demande si ... Je me dis que dans le fond ça va leur rapporter quelque chose de toute façon. Ca va peut-être leur servir un jour mais ... je ne sais pas si ça vaut le travail, le temps, l'énergie, puis l'argent qu'on a mis ... c'est assez pessimiste comme avenir dans ce domaine-là ...

Et ailleurs, Louis reprend un langage analogue:

On est un peu comme un homme d'affaires, on voudrait bien que l'investissement rapporte. On sait qu'il faut être libéral sur la validité des placements en éducation. On se console en se disant qu'à long terme c'est l'exemple qui compte. A court terme, notre influence est bien minime, mais quand même qu'on leur donne, on voudrait bien qu'ils en profitent ...

Les passages de ce genre sont très nombreux tout au long des interviews. S'ils se "consolent" à la pensée — où à l'espoir — que tout ce travail d'éducation ne sera pas perdu, ils n'en demeurent pas moins "pessimistes" à l'idée que la "société" n'est pas prête à recevoir les enfants qu'ils ont éduqués.

La situation particulière de Sylvie. Il devient vite évident que Louis et Sylvie sont tous deux forts préoccupés par leur rôle d'éducateur.

Mais étant donné la part prépondérante que l'éducation a prise dans la vie de Sylvie, c'est celle-ci qui a le plus le sentiment d'être "perdue", "déroutée" quand elle essaie de prévoir ce que sera sa vie dans le futur. On a vu comment elle était émotivement très impliquée et souvent insatisfaite tout au long de cette carrière de mère et "de femme de maison". Même si elle se dit que sa vie a été la conséquence de "la philosophie que j'avais ... et que j'ai encore", elle est arrivée à un moment de sa vie où elle sent le besoin de se réorienter.

Il est évident que la période où elle s'occupait des jeunes enfants a été une source de satisfaction et de joie. Elle aimait satisfaire leur "dépendance", "les éveiller à la nature", etc. Citons rapidement quelques-uns de ses nombreux passages des interviews qui rendent compte de cette phase de sa vie — il s'agit évidemment des souvenirs qu'elle en conserve aujourd'hui :

> ... *Quand tu as des enfants, tout est centré sur les enfants. Ils sont tout petits, ils sont tellement dépendants de nous. C'est pire qu'un animal, un bébé, tu sais. Ça prend bien plus de temps à marcher qu'un chat. Un chat ça marche quasiment à la naissance. Prends un bébé, ça prend un an à marcher. Il dépend de nous continuellement. Tu t'attaches ... (...) ... Moi, voir l'éclat des yeux de quelqu'un qui a découvert quelque chose ... D'abord quand les enfants étaient jeunes, c'est le plus grand plaisir que j'avais. C'était de leur montrer des choses. C'étaient des choses dans la nature, des oiseaux, des fleurs. De voir un enfant qui découvrait une fleur, ma journée était faite! Juste ce moment-là, ma journée était faite! Juste pour ce moment-là, ma journée, ça valait ça ...*

Par ailleurs, on l'a vu aussi, elle n'a pas l'impression d'être elle-même, de pouvoir vivre sa "propre vie", mais d'être souvent "traquée", de ne plus savoir si "tout cela en valait la peine". Et ses expériences dans ce domaine de l'éducation sont souvent associées à sa propre expérience d'enfant. Ce fut très dur pour elle de donner naissance à un garçon parce que celui-ci symbolisait sa propre relation avec son frère. Par ailleurs, elle tenait d'autant plus à "réussir" que sa propre famille d'origine constituait un "contre-modèle" :

> *J'ai essayé de faire le contraire de ce qu'on avait fait avec moi, surtout du point de vue psychologique.*

Actuellement, elle n'a pas l'impression que sa tâche est terminée :

C'est en partie ça, ma vie, c'est en partie ça. Je sais que ça va faire un temps et qu'après ça, ça va être fini parce que quand les enfants vont être partis puis seront mariés ou partis de la maison, ce sera fini. Mais pour le moment, c'est ça qui est le plus important ... c'est très primordial pour le moment, mais je sais que ça durera pas tout le temps ... Non ça ne durera pas tout le temps.

Il y a d'ailleurs quelques années qu'elle réfléfhit à sa situation et tente diverses solutions. Ce nouveau point de sa vie, elle le situe au moment où ses enfants ont commencé l'école. A ce moment-là, on le verra, elle n'avait pas non plus le sentiment d'être, au moins psychologiquement, associée au travail de son mari.

Là, je me suis faite à l'idée quand les enfants ont commencé l'école en même temps. Alors, j'ai eu deux chocs coup sur coup. Je me suis retrouvée toute seule avec mon mari qui n'avait plus l'air d'avoir besoin de moi du tout, puis avec des enfants qui se détachaient de moi. Alors, il a fallu que je me fasse une idée ...

A partir de ce moment, se rapelle-t-elle, elle a recherché des activités qui étaient "presqu'une évasion pour moi" : lecture, cours en astrologie, etc. Elle a commencé aussi à faire elle-même de la peinture. Pendant un certain temps, ces activités, en plus de l'entretien de la maison, employaient vraiment tout son temps, au point d'ailleurs qu'elle se sentait souvent fatiguée. Comme elle le dit elle-même à l'interviewer, à ce moment-là, elle n'a pas songé à chercher du travail à l'extérieur :

Non, j'étais même pas portée à y penser. Pas du tout. Mais je voulais m'intéresser, faire des choses. D'abord, j'ai toujours aimé lire, alors j'allais régulièrement chercher des livres. Lire c'est presqu'une évasion pour moi. Passer le temps de façon agréable pour moi, c'était lire. Et puis, je me suis intéressée à l'astrologie. D'ailleurs, j'ai pris un cours parce que ça m'intéressait beaucoup. Ensuite, j'ai commencé à faire de la peinture graduellement comme ça parce que je me rendais compte qu'il y avait trop d'heures creuses dans ma journée. J'étais seule, je n'avais rien à faire puis je ne suis pas une maniaque du ménage au point de faire le ménage chaque année dans la maison de fond en comble, tu sais laver chaque mur, toujours frotter pour passer le temps, ça ne m'intéressait pas. Je faisais le strict nécessaire ...

Dans un certain sens, toutes ces activités ont effectivement "passé le temps" :

> *J'ai fait ça pendant un bout de temps. Disons que ma peinture me prend un minimum de deux heures par jour. C'est mon avant-midi qui y passe. Alors qu'est-ce qu'il me reste dans l'après-midi avant que les enfants arrivent de l'école à quatre heures et demie, il me reste juste le temps de préparer un repas, de faire du repassage. J'ai pas tellement de temps libre finalement.*

Mais son sentiment de solitude n'est pas disparu pour autant. Elle a alors décidé d'accepter un travail de bureau deux après-midi par semaine. C'était là une réponse précise à son sentiment de "solitude", de "dépression". Elle emploie d'ailleurs à propos de ce travail la même image qu'elle avait employée quand elle faisait appel à ses deux grandes amies : par besoin d'une "bouffée d'air", de "prendre l'air". Il est évident que la rémunération entrait peu en considération à ce moment-là :

> *Ce travail, c'est venu parce que je me sentais déprimée. J'avais besoin de sortir parce que j'avais des problèmes personnels. J'étais tannée, je voulais faire quelque chose ... (...) J'ai ben mon petit travail de deux après-midi par semaine mais ça ne m'attache pas du tout. C'est juste pour me distraire puis prendre l'air. Puis ça me donne quelques sous qui sont toujours placés à l'avance d'ailleurs ...*

Cette allusion à ce travail amène Sylvie à préciser ce qu'elle aurait "vraiment voulu faire". Elle a d'abord songé au bénévolat, auprès des enfants infirmes ou handicapés. Mais elle réalise très tôt, dit-elle, que notre société n'a "pas besoin de bénévoles" que les institutions emploient maintenant des personnes spécialisées, qui ont des diplômes. Un peu comme c'est le cas à propos de ses enfants, c'est la façon dont la société (extérieure à la famille) est maintenant organisée qui l'empêche de réaliser ce projet.

> *Ce que j'aurais voulu faire, c'est du bénévolat pour les enfants. J'aurais voulu faire du bénévolat auprès des enfants infirmes ou handicapés ou sourds et muets. Je me suis informée à deux endroits et puis j'ai réalisé que de nos jours, on n'a plus besoin de bénévoles. Ce qu'on a besoin, ce sont des gens qui ont des diplômes. Si j'avais un diplôme, ils m'auraient prise puis ils m'au-*

raient payée. Ils ne sont pas intéressés à avoir quelqu'un qui est là, qui demande ce qu'elle doit faire, et qui demande qu'est-ce que vous pouvez me faire jaire. Je leur ai dit que j'aimerais ça s'ils pouvaient m'entraîner. J'aurais trouvé ça extraordinairement intéressant. Si on m'avait entraînée pour enseigner aux sourds et muets, par exemple, n'importe quoi. Mais ça ne se faisait pas, il fallait prendre un cours de pédagogie. Il fallait je ne sais pas trop quoi. En tout cas, c'est toute une affaire".

L'autre travail auquel elle a également songé, et pour lequel elle a le sentiment d'être compétente, est l'enseignement de la peinture à laquelle elle s'est toujours intéressée. Mais là aussi, elle se rend compte qu'il "faut un permis". Encore une fois, son sentiment est que l'univers extra-familial ne lui permet pas d'utiliser ses ressources personnelles.

Je sais bien que je ne pourrais même pas enseigner la peinture. Autrefois, je me disais que je pourrais bien enseigner chez moi, je me disais qu'un jour j'aurais des jeunes, des enfants qui viendraient. Mais je sais que maintenant ça ne sera pas possible parce que ça prend un permis, puis j'ai pas le diplôme qu'il faut. Donc, j'ai pas d'ambition là-dedans ...

Louis résume de cette façon la situation de sa femme :

Sylvie en revenait toujours à la même affaire : le monde dans lequel on vit, qui est en train de se structurer, c'est un monde où on fait de la diplômette. Et le pire c'est que c'est de la diplômette dont les termes de référence varient de six mois en six mois, d'une année à l'autre, de telle sorte que pour elle, elle n'est pas dans un domaine déjà bien établi ... Ca va quasiment être insurmontable de jamais pouvoir accrocher son chapeau quelque part parce qu'elle part en retard, et puis, c'est une course continuelle ...

Devant cette situation, Sylvie —au moment des interviews, a l'impression que ce "monde" lui est fermé et que la seule solution est de se retourner vers son "petit univers familial". D'ailleurs, elle n'est pas malheureuse quand elle se retrouve seule dans cette maison. Elle raconte ainsi comment il lui arrive d'être très bien dans la maison :

Et puis ce que j'aime faire, c'est d'écouter de la musique. C'est ça que j'aime le mieux. Je vais entendre de la musique durant la journée et s'il y a un morceau qui me plaît, je vais tout arrêter

puis je vais aller danser, puis je vais chanter assez fort, je veux
presque crier ! Il n'y a personne dans la maison. Puis là, je récu-
père. Ca vaut trois nuits de sommeil de suite. Quand le morceau
est fini, là je me sens rajeunir de vingt ans. Ca peut être du pop
ou de la musique classique, n'importe quoi, mais quelque chose
qui à ce moment-là correspond à mon état d'âme. Il y a deux ou
trois semaines, j'ai dansé comme ça dans la maison ...

Mais Sylvie n'a tout de même pas le sentiment qu'elle a trouvé la
"solution idéale" :

La solution, je ne sais pas ce que c'est. Je ne sais pas ce qu'est la
solution idéale. Garder une femme attachée par les quatre pattes
dans la maison sans voir l'extérieur, ça c'est pas une solution
non plus. Moi, la meilleure solution que j'ai trouvée, c'est celle
que j'ai trouvée, celle qui me convient, sortir deux après-midi
par semaine, travailler, faire de la peinture...

En définitive, malgré ce qu'elle a dit de son peu d'intérêt pour le travail
de maison, elle se demande si sa seule issue n'est pas de revenir à ses
activités antérieures :

Je suis plus vieux-jeu maintenant que je l'étais. Avant, j'étais
très près de la maison, des enfants, des repas puis de tout ça.
Ensuite, j'ai laissé aller ça quand j'ai eu plus de liberté.
Maintenant, je me dis : "C'est à quoi bon, à quoi ça sert".
Alors, je me referme dans mon petit univers familial et puis ...
là j'ai l'impression que je vais me mettre à popoter encore
davantage.

"Coincée" entre ce "petit univers familial" et "l'extérieur ...
sans liberté", elle choisit sa famille même si cela signifie à ses yeux, se
"replier" sur elle-même, se "refermer" sur elle-même :

Oui, et puis je vais peut-être mettre la maison encore plus
propre ! C'est bête ! Je ne le sais pas ... C'est de la compensa-
tion puisque je me referme sur moi-même, je me replie sur
moi-même mais je me demande à quoi ça sert de mettre mon
nez à l'extérieur s'il n'y a pas plus de liberté à l'extérieur.
Alors, aussi bien rester à la maison. Ma seule ambition ac-
tuellement, c'est de faire rayonner un soleil à l'intérieur de
la maison parce que je trouve que c'est assez laid à l'exté-
rieur ...

Au moment de son mariage, Sylvie concevait la famille comme une "oasis". Plusieurs années plus tard, elle revient à cette conception, mais avec l'impression cette fois qu'elle n'a pas d'autre alternative.

Au début de leur mariage, Louis était fondamentalement d'accord avec Sylvie pour que celle-ci ne travaille pas à l'extérieur de la maison, mais se consacre à l'entretien et à l'éducation de ses enfants. Sans avoir modifié son opinion à ce sujet, il croit que la situation de Sylvie est maintenant différente et il considère "essentiel, extrêmement important qu'elle remplisse sa vie ... Il accepte même l'idée que celle-ci développe un secteur d'activité professionnelle :

> ... Autrefois, elle avait une vie très remplie, aujourd'hui, un petit peu moins. Ce serait essentiel, extrêmement important qu'elle remplisse sa vie d'autre chose que les tâches auxquelles elle est confinée. Disons que quand je l'ai mariée, je ne pensais pas à ma femme comme à une professionnelle ou à une future professionnelle. Aujourd'hui, non seulement j'accepterais l'idée qu'elle le devienne, mais je le souhaiterais parce qu'elle va être suffisamment jeune pour en profiter et vraiment vivre pleinement.

Un travail à l'extérieur de la maison permettrait entre Sylvie et Louis des relations plus égalitaires et plus "intéressantes". Déjà le fait que Sylvie a développé des activités "propres à elle" (peinture, travail deux après-midi par semaine) l'amène à dire :

> ... Et je dirais que ma position d'être un peu marié à mon travail, à la condition qu'elle aussi soit un peu mariée à des activités propres à elle fait que, quand on se rencontre, on a des choses à se dire, des choses qui nous tiennent à coeur et sur lesquelles on peut échanger aussi. C'est intéressant. Au lieu d'avoir un couple qui, pendant quarante ans, parle de la même affaire, qui ne change jamais d'opinion ou de point de vue ...

Juste avant les passages que nous venons de citer, Louis venait d'expliquer les liens entre son travail et ses relations avec Sylvie :

> Je suis assez marié avec ma profession ... Ce n'est pas seulement la nature même de mon travail, c'est ma personnalité ... Autrefois, je le faisais spontanément sans penser aux gens autour de moi. Aujourd'hui, je le fais parce que je pense que j'agis correctement et que je pense que je dois vivre pleinement au niveau de mon travail. C'est la seule façon que je peux vivre, moi. Il

faut que je le fasse. C'est un exemple de vie pour mes enfants. Si tu aimes quelque chose, il faut que tu mordes dedans. Le seul message que tu peux donner à d'autres être humains, c'est de vivre pleinement ...

Vivre les choses qui lui "tiennent à coeur", "vivre pleinement" sont donc des expressions par lesquelles Louis décrit l'idéal qu'il a lui-même le sentiment de poursuivre dans son propre travail. Il souhaite maintenant que Sylvie connaisse la même expérience et déplore, comme elle, que les "circonstances extérieures" rendent très difficiles l'entrée de Sylvie dans l'univers du travail.

Le travail de Louis

Nous l'avons déjà indiqué, sa profession est celle de chercheur en biologie. Celle-ci suppose la participation à une équipe interdisciplinaire et a directement des implications médicales. De fait, une partie du travail quotidien de Louis l'amène à se pencher sur des cas concrets, avec des collègues liés, d'une façon, ou de l'autre, avec la profession médicale. Au moment où Louis et Sylvie étaient interviewés, l'opinion publique était saisie du débat politique sur l'assurance-santé. Plusieurs réactions de Louis —et de Sylvie— doivent s'interpréter dans ce contexte politique particulier. Les travaux de recherche de Louis s'effectuant dans un contexte médical, il était évidemment concerné par ces débats. Par ailleurs, nous avons déjà vu comment Louis se réfère spontanément à son milieu de travail pour rendre compte du style des relations interpersonnelles qu'il préfère : c'est dans ce milieu qu'il retrouve l'équilibre entre "émotivité" et "objectivité", qu'il réussit à "s'impliquer personnellement" tout en "gardant ses distances".

Quand au début des entrevues, l'interviewer demande à Louis ce que le mot travail évoque pour lui, il répond :

C'est ce qui est imposé par une suite de décisions, une espèce d'orientation. Il y a toujours moyen d'en sortir mais la majorité des gens n'en sortent pas. Il y a quelque chose d'un petit peu inexorable là-dedans qui souvent fait sentir la tâche comme plate, obligatoire ... C'est le poids du jour. Quand tu y penses, tu vois que même si tu voulais en sortir, tu en serais incapable. C'est souvent un point de no return. C'est aussi en relation directe avec un gagne-pain. Puis s'ajoute souvent un paquet de responsabilités auxquelles on n'échappe pas et dont on ne peut pas sortir. Ca va jusqu'à la mort, la maladie, la dépression, la fuite. Même là, il y a un aveu que tout ceci était inexorable ...

Ce sentiment de "l'inexorable", il l'exprime également à propos de son itinéraire professionnel. Il était, dit-il, le "mouton qui suivait d'autres moutons" quand il a décidé d'étudier en biologie :

> *J'avais vécu longtemps avec l'idée de faire un prêtre. Et quand j'ai décidé d'aller ailleurs, le deuxième choix c'était la biologie. J'avais beaucoup d'admiration pour mon frère aîné qui était quelques années avant moi et qui étudiait dans cette branche.*

Il y revient aussi quand il rappelle que c'est Sylvie qui l'a "poussé dans le dos" pour qu'il aille faire des études spécialisées aux Etats-Unis :

> *... En fait, la première grande décision, c'est quand je me suis marié. C'est ma femme qui m'a poussé dans le dos pour aller aux Etats-Unis. Sylvie voulait à tout prix s'éloigner de ses parents. C'est donc, comme je disais, une série de gestes inexorables qui ont des implications importantes dans les conséquences qu'ils entraînent. C'est une espèce de tourbillon, puis tu suis le courant ...*

Son mariage a également influencé le thème de recherche qu'il a choisi pour étudier par la suite : parce qu'il était marié, il avait besoin d'argent pour vivre et il a entendu parler d'un secteur de recherche pour lequel il y avait des bourses intéressantes :

> *2500.$ par année comme stagiaire de recherche, c'était une fortune à ce moment-là. J'ai fait ça et j'ai découvert le monde de la recherche qui m'a bien intéressé ... C'est comme ça que je suis allé en ligne directe dans ma spécialité ...*

Ce jeu de contraintes "inexorables" ne l'empêche pas de trouver aujourd'hui qu'il a "une maudite belle profession" :

> *... Aujourd'hui, je regarde ça d'un oeil plus partial et en même temps plus impartial, plus libre et plus engagé dans une voie bien précise. Je considère que j'ai une maudite belle profession ! Surtout de la façon que je la fais, on y trouve un éventail d'expériences quotidiennes qui n'ont pas beaucoup de pendants si tu changes de profession. Le contact avec les gens qui sont l'objet de mes recherches, c'est vraiment très riche. J'ai des contacts avec des confrères sur le plan scientifique, j'ai des étudiants en*

recherche, j'ai des contacts donc avec la jeunesse étudiante. Je touche à peu près à tout au point de vue administratif. Il y a à peu près rien que je ne fais pas dans mon métier. La variété dans le travail, c'est un atout vraiment fascinant. Quand j'essaie d'être objectif, j'essaie de trouver un autre métier qui a autant de facettes et j'ai de la misère à en trouver.

Au plan de son activité de recherche elle-même, Louis exprime peu de choses dans les interviews —le contexte de l'interview s'y prêtait peu— mais il est évident qu'il attache une grande importance au caractère scientifique de son travail :

Je suis fier d'appartenir à une institution où la qualité est très forte. Je ne pourrais pas faire un travail de qualité comme je le fais si je n'avais pas des collègues excellents, un personnel excellent, etc. Cette qualité tient à plusieurs facteurs mais, en particulier, à la vision fantastique de monsieur X (le fondateur) qui a toujours été ouvert aux progrès scientifiques ...

En même temps, l'enseignement est devenu une part importante de son travail :

Ce que je préfère, c'est la partie de l'enseignement où je fais de l'animation, où j'agis comme animateur, comme élément stimulant pour les étudiants post-gradués qui travaillent avec moi, une sorte d'agitateur de solutions.

Louis est également très satisfait de son milieu de travail immédiat : une équipe de trois chercheurs.

Nous formons une équipe, deux collègues et moi-même, sur le plan du travail. Je me suis associé avec un premier bonhomme en arrivant ici. Ca me plaisait comme formule car j'aimais mieux travailler avec quelqu'un d'autre que de travailler seul. Deuxièmement, je n'avais pas beaucoup le choix de m'intégrer à lui : il était déjà installé là. Ca s'adonne que c'est une personne assez charmante. Il m'a ouvert souvent les portes. Ma collaboration avec lui m'a favorisé, mais elle m'a aussi fatigué. Il était très ouvert mais aussi un peu sloppy alors que je suis plus compulsif. Il m'a aidé en ce sens qu'il m'a ouvert des portes, mais il m'a nui par ailleurs parce qu'il m'a rendu difficile d'avoir ma place à moi ... Avec la venue du troisième, ça a été plus facile parce qu'il me ressemble plus et que ça rétablissait l'équilibre ... mais il faut que je rende justice au premier bonhomme : c'est lui qui a aussi choisi le troisième et il avait prévu qu'en formant une équipe il y aurait plus de flexibilité au niveau du travail. Et l'avenir a prouvé qu'il avait raison. D'ailleurs, j'ai appris beaucoup à son contact ...

A l'intérieur de l'équipe, l'organisation du travail est collective : chacun partage la même responsabilité. Il demeure cependant une certaine division informelle de ce travail. Ainsi, il y en a un des deux autres que Louis reconnaît comme excellent "pour aller vendre des idées, pour avoir des fonds de recherche". Ils se préparent, par ailleurs, à restructurer autrement leurs relations afin de se distribuer les responsabilités d'une autre façon. Ils espèrent ainsi en arriver à une plus grande complémentarité entre eux. Dans l'ensemble, cette formule de travail en équipe apparaît excellente aux yeux de Louis et, dit-il, cette formule qui était nouvelle quand ils l'ont formée a eu beaucoup d'influence sur la formation d'équipes semblables. A propos de leurs relations en dehors du milieu de travail, Louis précise qu'elles ont toujours été limitées à un cadre assez "formel" même s'il fait allusion à l'influence implicite de leurs femmes :

Une autre affaire : tous les trois, on a des femmes pesantes. Elles ont des idées, elles pensent beaucoup. Mais même si on voit l'influence de la femme en arrière, dans nos relations, ça a toujours été strictly formal.

A propos des relations avec les membres du personnel (secrétaires, assistants, etc.), Louis les décrit comme des "relations humaines parfaites". D'ailleurs, on retrouve ici dans son témoignage la valeur qu'il accorde à la double attitude de rapprochement ("je suis très *friendly* avec tout le monde") et une certaine distance ("c'est probablement mieux comme ça ...").

Règle générale, je n'ai aucun contact avec les gens de mon milieu de travail en dehors du travail. Mais au travail, je suis très friendly avec tout le monde. Avec le personnel, mes relations sont friendly et j'essaie ordinairement de les aider le plus possible. Par exemple, je me suis battu pour une de mes secrétaires afin qu'elle ait l'équivalent pour son salaire. Elle n'avait jamais réussi à avoir un salaire égal à d'autres qui faisaient le même travail qu'elle ... (En parlant de deux secrétaires qui travaillent pour leur équipe). Par contre, ces deux filles-là, ça travaille. C'est consciencieux. Ca s'occupe aussi bien de mes affaires que

moi-même. Pour moi, ce sont des relations humaines parfaites.
Elles sont venues une fois à la maison. Mais je ne tiens pas à les
voir régulièrement. Je considère qu'il faut garder une certaine
distance. J'ai été élevé comme ça et c'est probablement mieux
comme ça ... En protégeant les employés comme ça, ça nous a
fait avoir une drôle de position: on passe pour des gens qui
prennent la part des employés et non des employeurs. Par
contre, en fait, on prend la part de l'employeur parce que
quand ils sont contents, les employés travaillent mieux et fort ...
Il y en a qui appellent ça du paternalisme. Moi, j'appelle ça de
l'efficacité en tenant compte du facteur humain.

Cette dernière phrase ("l'efficacité en tenant compte des facteurs
humains") résume probablement très bien sa conception des relations
de travail, avec ses collègues autant qu'avec ses subalternes.
  Louis est revenu travailler au Québec —après ses études aux Etats-
Unis— depuis environ dix ans. Parce qu'il arrivait ici en abordant des
projets de recherche de pointe, aussi parce qu'il a eu le support de son
équipe et de toute l'institution pour laquelle il travaille, il a le sentiment d'avoir réalisé ses projets professionnels, d'avoir atteint un seuil
de "croissance naturelle":

... En fait, j'ai réalisé mes projets, mais j'ai surtout fait face à la
demande, j'ai surtout suivi un peu le mouvement. Peut-être par-
ce que que j'étais pas seul : le fait qu'on soit plusieurs ensemble,
à un moment donné, t'as pas besoin de pousser sur un projet
particulier. Un moment donné, tu rencontres une espèce de
croissance naturelle ...

Et il ajoute aussitôt :

... Disons que depuis un an ou deux, je me sentais vraiment
comme "established", tu sais, à ce moment-là, ça voulait dire :
Bon, bien, là c'est le temps pour moi de prendre un second
envol. Au début, il fallait que je consolide un peu mes positions.
C'était nécessaire d'ailleurs au début. Maintenant, il y a d'autres
gars qui sont arrivés, il y a un milieu, une masse critique qui
s'est formée. Là, pour moi, ce serait le temps de repartir avec un
autre projet, que ce soit dans une ligne ou dans une autre.

Ici interviennent les réactions de Louis —et de Sylvie— aux débats politiques sur l'assurance santé. Au moment des interviews, il est évident
pour tous qu'un tel projet d'assurance santé sera établi au Québec.

Louis et Sylvie perçoivent dans ce projet un autre exemple concret de la place grandissante que prend l'Etat, le gouvernement, dans l'organisation de la vie sociale. De fait, ils ne parlent jamais de l'*assurance santé*, mais toujours de l'*étatisation de la médecine*. Nous verrons plus loin comment leur réaction à ce projet politique s'inscrit dans l'ensemble de leur sentiment d'appartenance ou d'étrangeté à l'univers social et politique du Québec. Mais parce que les recherches de Louis ont directement des implications médicales et que les fonds de recherche qu'il a obtenus depuis dix ans viennent d'institutions médicales, il perçoit évidemment un lien direct entre la pratique de sa recherche et ce projet politique. A ce sujet, il faut savoir que les recherches de Louis portent, depuis plusieurs années, sur des processus physiologiques dont la compréhension permettrait de guérir une maladie rare :

> *Qu'est-ce que tu veux que ça foute les cent ou cent-vingt-cinq personnes dont j'essaie de comprendre la maladie ... Dans l'ensemble au Québec, ça fait ça, cent ou cent vingt-cinq. Or, on est six millions, cinq millions ! Tu sais, "so what" quand même ils resteraient malades ...*

Un peu comme c'était le cas pour le "monde extérieur" de Sylvie qui empêchait celle-ci d'étendre ses activités en dehors de sa famille, Louis a le sentiment d'être tout à coup "encerclé de l'extérieur". Le projet "d'étatisation de la médecine", à ses yeux, met en cause la "rentabilité" de ses recherches et sa propre "rentabilité" de chercheur ("ce que je suis dans la société ..."). Reprenons le témoignage de Louis au moment où celui-ci explique qu'il arrive à un moment de sa carrière où il devrait développer d'autres projets de recherche :

> *... Pour moi ce serait le temps de repartir avec un autre projet, que ce soit dans une ligne ou dans une autre. Mais boum arrivent ces changements sociaux qui, là, viennent m'encercler par l'extérieur ... Je l'sais même plus, vois-tu, si actuellement et pour les dix prochaines années, si je suis rentable, ce que je suis dans la société dans laquelle je suis ... On pourrait à la rigueur se passer de moi ...*

Sa place de chercheur, il la situe actuellement dans le contexte d'une société qui donnera la priorité aux recherches servant le bien-être du plus grand nombre de personnes :

> *La journée, tu vois, où dans une société quelqu'un décide de couper la tête à tout ce qui est luxe et de parler de rentabilité en*

disant : c'est bon, on dépense tant à condition que ça serve à tant de gens ... A ce moment-là, le gars qui fait de la recherche sur les maladies rares ! ...

D'autant plus, dira Louis, que le Québec n'est pas riche :

Tu sais, t'as beau assommer un pauvre pour avoir de l'argent ...

Ce qui apparaît le plus dramatique, aux yeux de Louis, n'est cependant pas ce problème du financement de la recherche ou de l'évolution des politiques de recherche, mais bien la crainte — ou la prise de conscience — que la "société" ou le monde "extérieur" est en voie de contrôler son propre univers de recherche, sa propre organisation du travail. Ce Québec "socialisant" risque de s'opposer au développement du secteur de recherche auquel il a consacré plusieurs années de sa vie.

Tout au long de cette partie du témoignage de Louis, en même temps que l'image d'un Québec "pauvre" et "socialisant", apparaît celle des Etats-Unis où il a reçu sa formation post-graduée. De fait, pour Louis, ces Etats-Unis ne constituent pas seulement un milieu dans lequel il a vécu dans le passé, mais un milieu de référence toujours présent à son esprit. Les Etats-Unis demeurent le pôle de référence de ce qui, à ses yeux, représente les critères "universitaires". Cette pratique universitaire risque d'être contestée par ses futurs étudiants :

On parlait tantôt des académiciens et des universitaires. Moi, j'essaie d'être un universitaire : j'essaie d'enseigner comme un universitaire. Mais si on a vraiment un contexte de médecine étatisée, les étudiants, si je continue d'enseigner de la même façon, vont dire : "Ecoutez ! Arrivez sur la terre ! Vous nous enseignez comme si on était à Harvard ou à Columbia ! C'est pas ça, nous autres, on va travailler au Québec".

Encore ici, Louis ne se réfère pas seulement aux aspects concrets de son enseignement et de sa recherche, mais à l'idéologie libérale sous-jacente. Or, c'est à cette idéologie libérale que lui-même et ses collègues de travail ont été formés. Jusqu'à maintenant, cette idéologie orientait l'univers de la recherche, mais "on va devoir évoluer ..." :

La plupart ont fait des entraînements aux Etats-Unis donc dans un milieu qui ne les préparait pas nécessairement très bien au milieu dans lequel on va devoir évoluer ... C'était vraiment l'université libérale au possible, avec ce qu'il y a de moins bon puis ce qu'il y a de meilleur ...

Sylvie, qui a participé à une bonne partie de cette interview, indique clairement qu'elle réagit exactement comme son mari à ce sujet. Elle intervient très souvent pour ponctuer une affirmation, pour ajouter un nouvel argument. Elle s'identifie clairement à Louis quand il est question du travail de celui-ci, en tout cas, elle s'identifie à lui en autant qu'il est menacé par le contexte social du Québec. A un moment où Louis dit : "on pourrait à la rigueur se passer de moi", elle ajoute spontanément :

> Très bien, mais ! (en s'adressant à l'interviewer) il serait bien mieux d'aller dans un ... dans un pays comme aux Etats-Unis où on donne beaucoup d'argent pour l'avancement de la science.

Et au moment où Louis rappelait les risques que la société "... décide de parler ... rentabilité", elle intervenait aussitôt pour montrer son propre désaccord avec l'évolution sociale actuelle :

> Non ! Mais dans la domaine de l'éducation, on fait un peu ça, non ?

Sylvie est depuis longtemps personnellement impliquée dans la carrière de Louis. La période de cinq ans qu'ils ont passée aux Etats-Unis est probablement celle dont elle garde un meilleur souvenir. D'ailleurs, dans une des entrevues où elle est seule avec l'interviewer, elle confirme ce que disait Louis plus haut : elle a tout fait pour le décider à aller étudier à l'extérieur de Montréal.

> Ce qui l'a aidé à partir, c'est que moi j'étais pas bien chez nous. Je voulais partir. Alors, je l'ai encouragé à partir. Moi, j'avais pas peur de l'aventure, parce que pour moi, enfin, j'avais une famille. Ma famille, c'était Louis et les enfants ... Je voulais enfin être seule pour vivre avec ma famille puis me faire une vie personnelle, une vie à moi, une vie de famille à moi ... J'étais pas vraiment libre. Ca été merveilleux notre départ de cinq ans.

Durant cette période, elle se sentait très proche des études et du travail de Louis. Isolés tous deux dans un pays nouveau, les recherches de Louis étaient l'objet de longues conversations entre eux, elle lui tapait certains textes au dactylo, etc.

> Son travail m'emballait. J'étais au courant de tous les projets de recherche de Louis. J'aurais pu expliquer à ses confrères les

proportions qu'il mettait dans ses tubes puis pourquoi il faisait ça, où il voulait arriver puis où est-ce qu'il en était rendu au point de vue scientifique dans ce domaine-là. Je suivais ça, tu sais, ça m'emballait. C'est vraiment passionnant son travail.

Puis vint le retour à Montréal. Elle se sentait peu à peu étrangère au travail de son mari. La période "emballante" des cinq années à l'extérieur du pays était terminée :

Au moment où il est arrivé à Montréal, il est devenu patron. Ca l'a transformé. Il avait un collègue à qui il pouvait parler de son travail. Il avait une secrétaire qui lui faisait du travail. Moi, jusque là, je tapais à la machine pour lui des choses. Mais là, il avait sa secrétaire qui lui faisait ça. Alors, il n'avait plus besoin de moi du tout ... (...) J'étais un p'tit peu choquée, un p'tit peu déçue. J'avais fait bien du travail et puis je me suis dit : c'est pas vraiment parce qu'il voulait m'en parler, mais parce qu'il avait personne à qui en parler ! Comprends-tu ? ... Naturellement, il disait toujours : "Fais-toi-z-en pas, ça achève, je travaille fort cette année, mais tu vas voir, ça va être mieux là "... Et puis, ça s'est jamais amélioré. Puis là franchement, surtout une fois que j'ai été mise en dehors de son travail, j'ai dit là : "J'ai mon voyage" ! Je me suis dit : "Dans ce cas-là, je vais penser beaucoup plus à moi, à moi toute seule et non pas en fonction de lui". Là, j'ai exagéré un peu dans l'autre sens ! ... Je me suis occupée de toutes sortes de petites affaires ...

Sylvie elle-même ajoute que Louis n'a jamais cessé de lui parler de son travail. Mais il ne lui parle plus des aspects "scientifiques" de sa recherche, mais seulement de ses problèmes d'organisation. Elle, au contraire, s'intéressait plus à ses recherches qu'à ses problèmes de "politicaillerie". En faisant référence à ces derniers problèmes, elle ne peut s'empêcher —malgré la déception dont elle vient de parler— de s'identifier à nouveau aux préoccupations de Louis :

D'ailleurs, il n'a jamais pu travailler à fond ses projets de recherche comme il l'a fait pendant deux ou trois années aux Etats-Unis. Alors qu'il était là bas, il a mis bien plus de temps à son travail que depuis qu'il est rendu ici. Il a toujours des bâtons dans les roues depuis qu'il est rendu ici.

Dans l'ensemble, cependant, c'est à cette période qu'elle a songé pour la première fois à sortir du cadre trop étroit de sa famille. On se souvient que c'est à ce moment-là qu'elle rencontra une "dame ... qui était féministe". Rappelons ce passage que nous avons déjà cité :

> *Là, tu sais, je me suis faite à l'idée quand les enfants ont commencé l'école en même temps. Alors, j'ai eu deux chocs coup sur coup. Je me suis retrouvée toute seule avec un mari qui avait plus l'air d'avoir besoin de moi du tout puis des enfants qui se détachaient de moi, alors il a fallu que je me fasse une idée ...*

Si la décision de Louis d'aller étudier aux Etats-Unis a été autrefois fortement influencée par le désir de Sylvie, c'est maintenant, au fond, la situation de travail de Louis qui a convaincu Sylvie de "se faire une idee", de sortir du cadre de la maison.

Mouvements ou associations

Comme l'univers social d'une personne peut inclure l'appartenance à des mouvements ou à des associations volontaires, nous avons posé la question à Sylvie. Par suite d'une erreur d'interview, Louis n'a pas été interrogé à ce sujet. Actuellement, ils ne sont membres ni l'un ni l'autre de ce type d'institutions. Sylvie dit qu'elle-même n'en a jamais fait partie mais que Louis, par contre, a longtemps été membre de l'exécutif de quelques associations universitaires professionnelles. Sylvie, qui a toujours beaucoup valorisé la recherche scientifique de son mari, commente ainsi cette participation :

> *Il y a des sociétés de recherche : c'est très bon ces sociétés-là, c'est important parce que les gens sont stimulés à ce moment-là. Ils écrivent chaque année, ceux qui sont capables, ceux qui ont des projets assez avancés pour ça ... Puis les meilleurs papiers sont présentés lors de la réunion de la société. C'est une façon de faire progresser la science. Faut que quelqu'un s'en occupe ...*

A ses yeux, Louis s'en occupait avec beaucoup de succès mais y investissait beaucoup de son temps, trop même.

> *Il faut que quelqu'un s'en occupe et puis, ordinairement, c'est Louis qui s'en occupait parce que c'est ennuyant de s'occuper de ces choses-là. Louis n'a pas le coeur de refuser. Louis refuse pas grand'chose en fait. Il est toujours prêt, tu sais. C'est comme ça qu'il s'est embarqué dans un tas de choses puis une fois que quelqu'un s'embarque, il est connu ... Il faisait très bien*

ça d'ailleurs ... Il faisait progresser les choses, c'est un assez bon administrateur, Louis, il a de bonnes idées ...

Louis a donc, pendant quelques années, participé activement à un "tas de choses", en particulier un organisme qui, à Montréal, s'intéresse aux loisirs des jeunes. Selon Sylvie, c'est à sa propre demande que Louis n'a conservé que la participation aux sociétés de recherche : elle n'était pas d'accord qu'il investisse dans d'autres secteurs que la recherche et —c'était probablement là son principal motif— parce qu'elle "manquait sa présence à la maison".

> *J'ai mis une fin à ça. C'est ma faute en fait. C'est parce qu'il s'éparpillait. On s'éparpille dans toutes sortes de choses finalement. Il a fait de longues études pour faire de la recherche, pas pour faire des discours puis organiser des sociétés ... (...) J'en venais à manquer de sa présence à la maison parce que je trouvais qu'il faisait beaucoup à l'extérieur.*

Même si nous n'avons pas directement le témoignage de Louis, on peut présumer que celui-ci aurait de lui-même introduit ce thème s'il avait effectivement beaucoup participé à des mouvements ou à des associations. Il est fort plausible que son témoignage sur ce point aurait concordé avec celui de Sylvie.

La religion

D'emblée, chacun de leur côté, Sylvie et Louis déclarent avoir abandonné la pratique religieuse même s'ils avaient eux-mêmes reçu une éducation où la religion et la pratique religieuse était très importante. Sylvie compare la situation de ses enfants (à l'école, ils suivent des cours de religion mais demeurent entièrement libres de refuser la pratique religieuse— ce qu'ils ont d'ailleurs déjà fait) à ce qu'elle-même a connu dans sa famille : "la messe tous les dimanches, etc. ...". Louis, de son côté, rappelle que son père, avant de se marier, avait fait un séjour dans un grand séminaire et avait toujours espéré qu'un de ses fils devienne prêtre ("probablement parce qu'il était déçu du monde, il était plutôt pessimiste ..."). Louis a le sentiment que l'éducation religieuse continue toutefois à l'influencer : il continue à croire à l'immortalité même s'il a rejeté toute croyance en l'Eglise catholique.

> *Je ne suis pas athée parce que j'ai été trop élevé dans la religion. Je suis croyant mais je ne crois pas à l'Eglise, à la religion catholique ou autre. Je crois à l'immortalité.*

Et il aurait pu ajouter aussi qu'il a remplacé les principes religieux par des principes moraux car il ajoute aussitôt :

> *Mes enfants ? Je les élève avec des principes moraux qui n'ont rien à voir avec la religion. Qu'ils soient bons, bons pères de famille, en tant que maris, femmes, citoyens.*

De son côté, au moment où Sylvie explique comment il lui arrive de "ne plus avoir de réponses" aux questions qu'elle se pose (à propos des enfants, de la société qui ne lui semble pas "fondée sur des bases logiques", etc.), elle fait référence à son expérience religieuse :

> *Tu sais, à un moment donné, j'arrive que j'ai plus de réponses. Du point de vue religion, ça va bien. Ma religion ... j'ai laissé tomber, disons, la pratique extérieure de ma religion. Ca aussi ça m'a bouleversée, beaucoup bouleversée ...*

Il est significatif qu'elle souligne que c'est la pratique "extérieure" qu'elle a abandonnée et qu'elle associe cet abandon à l'ensemble des expériences qui chez elle sont la source de "remous" profonds, de "bouleversements intérieurs".

Malgré son rejet de la pratique, Sylvie conserve toutefois des contacts avec des membres du clergé ou des communautés religieuses : quand une de ses filles a contesté le professeur de catéchèse, c'est Sylvie qui a rencontré celle-ci, elle assiste à certaines rencontres à l'intérieur d'une école confessionnelle, etc. Elle perçoit ces représentants de l'Eglise comme vivant eux-mêmes dans un "climat d'insécurité", comme "aussi troublés peut-être que je peux l'être", comme ayant "l'air perdu". Elle n'est pas agressive à leur égard et à l'égard de l'Eglise catholique, mais elle n'y voit pas du tout un lieu où on répondrait à ses propres questions :

> *Moi, j'ai eu l'occasion plusieurs fois dernièrement de parler à des religieux, des religieuses. Je sais qu'ils sont dans un climat d'insécurité. Je les sens aussi troublés peut-être que je peux l'être, dans ce domaine-là. Y'ont l'air perdu, les religieux ont l'air perdu ... Ca m'incite pas, comprends-tu, à retourner à antan ...*

Louis, pour sa part, utilise un langage beaucoup plus violent à l'égard de l'Eglise catholique :

> *Quant à l'Eglise catholique, je dois avouer franchement que je la méprise. C'est vraiment le sentiment que j'ai vis-à-vis de l'establishment de l'Eglise catholique, je les méprise vraiment ...*

Et deux exemples lui viennent à l'esprit : le célibat des prêtres et la limitation des naissances. Sur ces deux points précis, Sylvie intervient elle-même pour bien montrer son accord avec les propos de son mari :

Louis — *Je les méprise, comprends-tu, de continuer encore à être en arrière au point de vue, par exemple, de la question du célibat des prêtres. C'est une torture écoeurante, c'est diabolique quasiment. Ca, je leur pardonnerai jamais. Je trouve ça niaiseux, stupide, d'avoir toutes sortes de considérations comme qu'est-ce que les gens vont dire, etc., etc.*

Sylvie — *C'est d'autant plus stupide que ça a jamais été une loi de l'Eglise. Je veux dire : c'est venu tout d'un coup. Je sais pas quelle est leur idée d'y tenir à ce point-là alors qu'auparavant c'était pas obligatoire, tout d'un coup, ça l'est devenu ...*

Louis — *Et la question de la limitation des naissances, je trouve ça diabolique aussi. Je trouve ça niaiseux, absolument ! Je suis très agressif vis-à-vis de l'Eglise catholique pour avoir encore la position qu'elle a actuellement. Je trouve ça inhumain.*

Sylvie — *C'est pas seulement inhumain, c'est irréaliste. Quand on pense qu'on a un problème de surpopulation et qu'ils sont encore au stade où ils voient dans le mariage la reproduction de l'espèce. Mais on a un problème : c'était bien beau autrefois alors qu'il fallait peupler la terre ... Eux, ils sont encore avec leurs lois naturelles ...*

Ni Louis ni Sylvie ne s'identifient au groupe de catholiques pratiquants qui fréquentent l'église le dimanche, même s'ils semblent tout de même au courant de ce qui s'y passe :

Louis — *Y'essaient d'acheter le monde avec des messes à gogo puis des cafés après la messe !...*

Sylvie — *Et si tu voyais le groupe social, si tu voyais le petit groupe social qu'il y a là, qui se ramasse après la messe !...*

A propos de ceux qui adhèrent encore à l'Eglise catholique, Louis fait une distinction "en deux classes" : les "intelligents mais conformistes" et les "autres qui ne sont pas aussi intelligents". Il ne s'identifie évidemment à aucune de ces deux catégories de personnes qu'il considère "des gens qui ne sont pas aussi évolués que moi".

> *Les gens qui ne sont pas aussi évolués que moi et puis qui, disons, vont être à un moment donné pris dans ce que j'appelle le folklore de la messe à gogo et puis ces histoires-là, et qui n'en sont pas encore rendus au niveau de l'évolution où on en est rendus, je les divise en deux classes. Les gens qui sont trop conformistes, qui sont intelligents mais qui sont trop conformistes pour ne pas lâcher cette espèce de valeur à laquelle ils s'accrochent comme un parapluie de sécurité. Et puis les autres qui ne sont pas aussi intelligents, qui ne sont pas assez intelligents. Ceux-là, je les plains. C'est peut-être pour des raisons intellectuelles, émotionnelles, comme pour n'importe quelle raison. Un paquet d'autres raisons, des raisons sociales même pour lesquelles ils ne se détachent pas ...*

Ces derniers passages signifient-ils que la religion catholique n'est plus une source d'appartenance pour Louis et Sylvie ? Il apparaît clairement d'abord qu'ils s'identifient tous les deux à tous ceux-là qui ont été "élevés dans l'Eglise catholique" et pour qui cette Eglise est devenue, en quelque sorte, un contre-modèle. Ils n'adhèrent plus à l'Eglise, mais sont encore souvent amenés à se définir et à définir leurs attitudes (à l'égard de l'éducation, de la sexualité, de l'avortement, du conformisme social, des croyances religieuses elles-mêmes, etc.) en fonction de leur rejet de cette Eglise catholique. Par ailleurs, chacun s'identifie fortement, encore aujourd'hui, à une ou l'autre dimension qui fait intégralement partie de la tradition catholique. Ainsi, du point de vue de Louis, ce qu'il a rejeté de la religion catholique est le fruit d'un processus "d'évolution", "d'épuration", mais il demeure rattaché à l'Eglise catholique par le biais de ce qu'il appelle "une pratique de pensée" (Sylvie, elle, disait qu'elle avait rejeté la pratique "extérieure" ...). Cette "pratique de pensée", pour Louis, est symbolisée par l'existentialisme chrétien de Gabriel Marcel. C'est par son adhésion à cette philosophie chrétienne qu'il s'identifie, encore aujourd'hui, comme "fondamentalement un peu religieux". "C'est le souffle de religion que j'ai dans le corps" dira-t-il :

> *Je pense qu'il y a une certaine pratique, je dirais au moins une pratique de pensée, un ascétisme que chaque personne qui est*

fondamentalement un peu religieuse doit développer dans son affaire. Puis moi, je ... le gars qui m'a le plus marqué dans ce sens-là, c'est Gabriel Marcel. Ca date déjà, ça, de vingt ans. L'existentialisme chrétien, c'est pour moi, maintenant, la seule chose qui me reste vraiment de valable, de fondamental. Quand tu parles de la charité, de l'espérance, c'est comme ça que je conçois le christianisme. Et pour moi, ça c'est le souffle de religion que j'ai dans la corps ...

Sylvie, elle aussi est affectivement encore très proche de la tradition catholique. D'une part, dit-elle, rien n'a remplacé la religion dans sa vie, surtout quand elle se sent "insécure", "malheureuse". Après avoir exprimé son profond désaccord avec l'Eglise catholique à propos du célibat, de l'avortement, des "messes à gogo", etc., elle enchaîne spontanément :

Mais je peux dire que ma religion me manque énormément maintenant. Je peux dire que maintenant je suis perdue, que je me sens insécure. Puis j'ai rencontré bien des gens qui me disent la même chose ... On dirait qu'aujourd'hui – c'est malheureux – mais tu peux même pas ... t'as de la difficulté à ... c'est comme si c'était du désespoir. Si t'es malheureux, quel choix te reste-il ? C'est le cynisme et le désespoir. T'as plus rien à t'accrocher.

Et comme si elle avouait difficilement qu'elle serait désireuse de se "raccrocher" à l'Eglise catholique, elle ajoute :

Alors, j'ai tendance actuellement à m'accrocher à ... peut-être pas à ma religion ... à ... disons que j'essaie de trouver quelque chose là-dedans. C'est peut-être le Christ que je cherche, une image du Christ qui ne me déçoit pas. Parce que quand je lis les Evangiles, il y a des fois où je trouve qu'il y a des choses incroyables là-dedans, tu sais. En fait, quand je lis l'Evangile, là – j'ai lu l'Evangile pendant quelques années – quand tu lis l'Evangile attentivement, tu comprends pourquoi l'Eglise catholique fait ce qu'elle fait puis demande ce qu'elle demande : j'ai l'impression qu'ils suivent mot à mot ce qui est dans l'Evangile ... A certains points de vue le Christ est extrêmement dur, extrêmement sévère. Tellement dur, tellement sévère, que tu te dis quand tu lis ça : si c'est vrai, t'es aussi ben de te dire "fini", parce que tu vis pas du tout, pas du tout suivant l'Evangile. Peut-être pas deux minutes par jour ... Alors, à ce moment-là,

> *tu te dis : "si c'est vrai, y'ont raison de tenir si fort" ... et je*
> *parle pas d'une affaire comme le célibat ... mais ils ont raison*
> *pour certains points de vue de tenir tant à ce qu'ils disent. Alors,*
> *j'ai une espèce de dilemme chez moi, tu sais, est-ce que c'est*
> *vrai ou non ? ...*

Il est donc bien évident que la religion fait partie du système d'appartenance de Sylvie et de Louis. Il est bien évident aussi que chacun ne vit pas cette appartenance de la même façon : si Louis associe la religion à l'image du bonheur de son existentialisme humain ("la charité ... l'espérance" ...), Sylvie associe la religion à ses expériences "d'insécurité" ou de "désespoir". Le dialogue suivant qui survient au moment de l'interview où il est question de religion, exprime bien cette différence entre Louis et Sylvie dans leurs façons d'exprimer leur appartenance religieuse. A la philosophie du bonheur de Louis s'oppose en quelque sorte la philosophie du malheur de Sylvie :

> Louis – *En fait, normalement, la religion devrait jusqu'à un*
> *certain point contribuer au bonheur d'un être hu-*
> *main ...*
> Sylvie – *Mais c'est justement là que tu te trompes, c'est là où*
> *la religion dit qu'elle n'est pas pour contribuer à ton*
> *bonheur sur la terre puisque la terre, ce n'est qu'un*
> *passage d'une vie à une autre. On est là pour souffrir.*
> *La terre, c'est une vallée de larmes. Combien de fois*
> *je me suis fait dire ça quand j'étais à l'école, moi.*
> Louis – *C'est de la foutaise, ça !*
> Sylvie – *Bien oui mais, vois-tu, c'est ça ! ...*

Le sentiment d'appartenance
au sexe féminin ou masculin

Les interviews ne tentaient pas une exploration systématique du sentiment d'appartenance au groupe sexuel. A part les réponses à quelques questions précises et directes, la plupart des références à ce thème se retrouvent à travers l'ensemble des témoignages de Sylvie et de Louis. Comme il était fort prévisible, c'est surtout à propos du rôle de la femme à l'intérieur et à l'extérieur de la famille que ce thème fut abordé, mais on retrouve également des témoignages portant sur le féminisme, sur la place de la femme en politique, etc.

Louis, pour sa part, exprime bien le modèle d'homme et de femme dont il a fait l'expérience dans sa propre famille d'origine. Il se souvient de son père comme représentant et exerçant l'autorité dans la famille, aussi bien à l'égard du travail scolaire qu'à propos des travaux d'entretien de la maison :

> *... Il fallait être premier ... on avait des bons quotients. Probablement pas pour être premiers de classes sauf en travaillant fort ... mais il voyait à ce qu'on travaille ! ... (...) Tout était codifié comme dans l'armée. On était plusieurs frères et soeurs, alors chacun devait faire sa part. Et il voyait à ce que tout le monde fasse sa part. Chacun faisait le tour à la vaisselle, etc., etc. Et il voyait à ce qu'on fasse nos devoirs ... (...) C'est papa qui prenait toutes les décisions ...*

A propos de sa mère, il dit, par contre :

> *Il y avait une petite sourdine de compréhension et c'est maman. Forcément, elle avait un rôle très effacé puisque c'est papa qui prenait toutes les décisions ... (...) Ma mère, c'était une femme soumise. Elle essayait d'adoucir les coins, probablement comme toutes les femmes ...*

Son père et sa mère, dit-il, partageaient la même conception de la place de l'homme et de la femme dans la société. Ainsi, si à propos des résultats scolaires, son père était tout aussi sévère à l'égard des filles que des garçons :

> *Mon père avait élevé ses filles comme des garçons, en partie seulement : dans la partie discipline. ... Autrement dit, il était aussi sévère pour elles que pour nous au point de vue des succès scolaires.*

Il ajoute aussitôt :

> *Au stade des privilèges, il se rappelait que c'était des filles ... (...) ... Dans l'esprit de mon père, une fille, tu lui donnes une certaine éducation, tu lui fais apprendre le piano et après tu la maries. Pourtant mon père avait fait des études universitaires, mais là-dessus, il répétait le pattern qu'il avait connu chez lui. Il avait marié ma mère qui avait fait des études et qui était devenue artiste. Et une fois mariée, ma mère a laissé ça pour se conformer à un rôle traditionnel de femme, de mère de famille, un peu domestique, qui correspondait à sa conception de la femme ... Il n'y avait vraiment pas beaucoup d'argent à la*

maison et mon père disait : un garçon, c'est plus important, une
fille, ça passe après ...

A ce moment-là, le "profond désir de faire des études et de se faire une carrière" signifiait, aux yeux de Louis, "être orienté comme un garçon". Il explique ainsi la situation d'une de ses soeurs, qui au lieu de poursuivre ses études comme elle le souhaitait, demeura plutôt à la maison pour aider sa mère :

... A l'adolescence, ma mère l'a prise comme deuxième mère
pour les enfants. A part ce rôle de mère qu'elle a très bien joué,
elle était tout orientée comme un garçon en ce sens qu'elle avait
un caractère très fort et elle avait un profond désir de faire des
études supérieures et de se faire une carrière.

On se souvient aussi qu'une autre de ses soeurs a finalement fait ses études universitaires, mais seulement après avoir travaillé quelques années et après avoir payé elle-même les frais d'études (alors que pour les garçons, les études étaient toujours financées par leur père ou des amis de la famille). Dans l'ensemble, le modèle que Louis a connu dans sa famille d'origine était donc le modèle traditionnel : à part cette dernière soeur, aucune de ses soeurs n'a poursuivi des études universitaires et elles se sont toutes mariées assez tôt après leurs études secondaires ; et tous les garçons de la famille ont suivi des cours universitaires.
    A propos du rôle de mère, on se souvient qu'il ne favorise pas le travail de la mère à l'extérieur de la maison parce que "dans notre société" l'éloignement de la mère du jeune enfant est assez souvent une cause de "malajustement". On se souvient, par ailleurs, qu'il "accepterait l'idée qu'elle devienne professionnelle" maintenant que ses enfants sont plus âgés et qu'elle "est suffisamment jeune pour en profiter". A l'occasion d'une question de l'interviewer sur la participation de la femme à la vie politique, il revient longuement sur le thème de la maternité et sur l'idée que c'est la femme —et non l'homme— qui "a toujours ce sens aigu de la valeur de la vie" :

Oui (je suis en faveur qu'elles participent à la politique) à la
condition qu'elles soient bien informées et que la maternité
garde tout son sens. Est-ce que la maternité gardera tout son
sens pour la femme qui, après avoir conçu et porté son enfant,
le laissera à des bonnes et des institutions et ne verra son enfant
que de façon un peu plus superficielle. Je ne sais pas. Je ne sais
pas si elle gardera le sens de la maternité autant que la femme
qui élève son enfant au moins durant la période de dévelop-

pement affectif de zéro à quatre ans ... (...) Pour moi, la ma-
ternité c'est cette relation importante de la femme avec la vie,
donner la vie, la valeur de la vie. Parce qu'elle y goûte drôle-
ment plus que l'homme! Elle porte un enfant pendant neuf
mois ... pendant trois mois avec pas mal d'inconfort et elle
accouche dans la douleur, même avec les techniques modernes.
Il y a quelque chose de physique qui fait que la femme a
toujours un sens aigu de la valeur de la vie qu'un homme n'aura
jamais ...

L'allusion, au début de cette dernière citation, au besoin d'être "bien informée" se réfère au passage précédent où il dit :

Actuellement la femme n'est pas bien informée en politique.
Premièrement, peut-être parce qu'elle n'a pas la tête à ça.
Deuxièmement, peut-être parce qu'elle n'a jamais été formée à
avoir la tête à ça ...

Dans l'ensemble de son témoignage, il ressort que le fait d'être une femme —et donc aussi le fait d'être un homme— implique inévitablement une orientation vers certaines valeurs, certains rôles, certaines conduites. De la même façon qu'il est bien conscient d'être homme, il est aussi conscient que Sylvie est une femme.

Cette dernière constatation n'est pas si anodine qu'elle le semble. Chez Sylvie, en tout cas, elle a des implications dans sa vie quotidienne. Elle est toujours consciente que sa vie —à la maison aussi bien qu'à l'extérieur— est une "vie de femme". Son identité féminine, elle y a déjà fait de nombreuses références :

— Il y a des "sujets" féminins qu'elle aborderait plus volontiers avec une autre femme qu'avec Louis
— Sa "philosophie" l'amène à tout "centrer sur les enfants" ...
— La famille est une "oasis" dont elle est le centre ...

On a aussi vu comment elle a le sentiment qu'il est "très dur pour une femme d'élever un garçon" et comment elle-même avait été beaucoup plus à l'aise pour élever ses deux filles que pour élever son garçon. Dans sa propre famille d'origine, par ailleurs, une place prépondérante était accordée au garçon et c'est lui qui "normalement" devait se préparer à une carrière intéressante. Elle-même est bien consciente d'avoir intériorisé partiellement ce modèle culturel. Quand l'interviewer lui demande quelle serait sa réaction si l'un ou l'autre de ses enfants insistait pour abandonner l'école :

> *Il faut faire la différence entre une fille et un garçon. Pour les filles, j'ai encore la mentalité qu'elles vont se marier. Comme moi j'ai étudié et, pratiquement parlant, mon cours ne m'a rien donné. Il ne m'a pas aidé à me trouver un travail. C'est surtout une formation ... Mais que lui (Marcel) arrête d'étudier : je serais déçue au possible ...*

En même temps qu'elle se réfère spontanément à ces modèles masculins et féminins, elle n'est pas sans savoir le sentiment que l'image idéalisée de la mère ne correspond pas à sa vie quotidienne :

> *Le fait est que quand la mère est malade, tout va mal. S'il y a un temps où tout devrait aller bien, c'est bien quand elle est malade et qu'elle peut pas travailler. Là, tout le monde devrait s'y mettre et puis vraiment ils vont s'y mettre pendant une journée ou une journée et demi. Mais ensuite, ils font plus rien ...*

Une conséquence inéluctable —pour elle en tout cas— du fait que la maternité et l'éducation des enfants est "la première tâche" de la femme, est que celle-ci devient "à la retraite" beaucoup plus tôt que l'homme :

> *Pour une femme, ça arrive avant un homme. Une femme à quarante, quarante-cinq ans peut-être va être libre parce qu'elle n'a plus d'enfants. Alors sa première tâche est finie. Autrement dit, elle est à la retraite peut-être à quarante-cinq ans alors que l'homme l'est à soixante. C'est quinze ans en avant ...*

Devant le "choc" provoqué par le sentiment que "personne n'avait plus besoin" d'elle, Sylvie envisage les diverses réponses possibles : elle le fait en des termes qui sont personnels, mais aussi en des termes qui font explicitement référence à la dimension collective de la femme. Ainsi on l'a vue se demander : "la solution idéale, est-ce de garder une femme attachée par les quatre pattes dans la maison ...""? Quand elle essaie d'intégrer sa conception ("ma philosophie") de la famille "oasis" avec l'idée d'un travail plein temps, elle songe :

> *... C'est dans ce temps-là que je me demande comment une femme qui travaille toute une journée de temps peut arriver à avoir une humeur agréable. Parce que qu'est-ce qui va arriver si tout le monde est fatigué, si tout le monde est tendu en même temps ? Pour moi, ma conception de la femme était celle-là puis elle demeure encore celle-là ...*

On a vu aussi que ses diverses tentatives pour "faire des choses" en dehors de la maison, Sylvie les associe à ses rencontres avec une femme qui était féministe : "J'ai été très influencée à ce moment-là ... Elle me poussait au pied du mur avec ses arguments". En fait, Sylvie ira jusqu'à confier à l'interviewer :

> ... Elle entrait en plein dedans et puis j'étais pas malheureuse à ce moment-là, mais on aurait dit qu'elle m'ouvrait des horizons. Puis, j'me suis mise à réfléchir un peu ...

Finalement, si le mouvement féministe en lui-même ne "l'impressionne pas", elle n'est pas insensible à certaines solutions concrètes que les mouvements féministes proposent en réponse à la situation de la femme. Elle a le sentiment d'être en face de deux modèles contradictoires : le modèle traditionnel dont elle a "hérité" dans sa propre famille, que partage son mari et qu'elle a elle-même suivi depuis son mariage ; et un modèle nouveau, beaucoup plus flou dans son esprit, qu'elle n'a pas intégré entièrement à son expérience. Quand, après avoir rappelé ses propres solutions personnelles à sa situation d'isolement (travail deux jours par semaine, cours suivis en astrologie, etc), elle ajoute :

> ... Tu sais, la propagande est tellement forte pour sortir la femme de la maison ! ...

Elle indique bien son ambivalence à l'égard de ces nouveaux modèles féminins. Elle n'est jamais très certaine que ces solutions ne sont pas qu'une réponse à de la "propagande".

Quant à sa relation avec son mari, Sylvie voit bien que l'appartenance à l'univers des femmes n'y est pas étrangère. Si elle dit qu'il "y a des problèmes tout à fait féminins" et que "ça ne sert à rien d'en parler aux hommes", si elle se résigne à considérer cela "normal", elle se console peut-être :

> C'est pas dramatique. Il suffit de fonctionner de façon plus souple finalement, puis d'attendre une occasion ... Attendre quand c'est le temps. Mais Louis est quand même un être à qui on peut parler, qui est très compréhensif, extrêmement compréhensif. Quand je dis que je parlerai pas de certaines choses parce que je sais qu'il n'est pas prêt encore à admettre certaines choses : par exemple, l'émancipation de la femme, il était bien en arrière et puis graduellement, il change d'idée à ce sujet-là ...

> *Par ailleurs, j'ai l'impression qu'il n'y a rien à faire : les hommes*
> *vont être malades jusqu'à la fin du monde ! Par contre, il y aura*
> *toujours quelqu'un qui va venir nous dépanner ...*

Dans son esprit, il est clair qu'elle ne participe pas à ce "dépannage", à ce système qui répond "à un mal nécessaire". De toute évidence, le contexte des débats publics sur le programme d'assurance santé n'est pas étranger à sa perception de l'univers politique. A cause de l'envergure des débats publics à ce sujet et à cause, probablement, des conséquences désastreuses qu'elle entrevoit pour le travail de son mari, elle réagit fortement à ce projet politique : elle se "sent concernée" et cela ne se passe plus "en dehors" d'elle :

> *... Actuellement, depuis très récemment, j'me sens concernée.*
> *J'ai l'impression qu'on s'en va vers une société très étatisée.*
> *Alors à cause de ça, j'me sens concernée. Avant, j'avais l'im-*
> *pression que tout ça se passait en dehors de moi : c'qui était*
> *probablement faux ... mais d'un autre côté, j'ai pas l'impres-*
> *sion qu'on peut beaucoup sur les événements. J'ai l'impression*
> *qu'on n'a pas beaucoup d'influence, d'emprise sur les*
> *événements.*

Pour Sylvie —comme pour bien d'autres— le sentiment *d'appartenance* au système politique est intimement lié au sentiment de *pouvoir* ou de *non-pouvoir* : les événements "ont de l'emprise" sur elle, mais elle-même n'a pas "d'emprise sur les événements". Ce sentiment d'étrangeté par rapport au système politique, n'est cependant pas lié exclusivement au projet d'assurance santé, car elle reconnaît là ce processus d'étatisation, de socialisation qui influence aussi d'autres secteurs de sa vie. En même temps, elle perçoit dans ce "socialisme" une réponse "au problème des pauvres" et une forme de système politique qu'on retrouve dans d'autres pays (ces "pays déjà très, très socialisés ...").

> *J'ai l'impression que si c'est pas aujourd'hui, ça va être demain.*
> *C'est comme si je voyais l'univers entier devenir socialiste,*
> *comme si c'était là la seule solution que l'homme avait trouvée*
> *pour régler le problème des pauvres. Alors, ils sont obligés*
> *d'aller au bout de cette solution avant de changer d'idée.*
> *Pour moi, c'est la solution qu'on a trouvée au problème des*
> *infortunés, puis j'ai l'impression que ça va s'étendre à l'uni-*
> *vers entier, à moins qu'à un moment donné, les pays qui*
> *sont déjà très très socialisés changent complètement d'atti-*
> *tude ...*

L'appartenance au système politique

Sylvie et Louis sont tous deux très conscients de l'existence d'un système politique qui définit, en quelque sorte, les paramètres de leur existence. On a vu comment très souvent "la société", le "monde extérieur" (à la famille surtout), la "civilisation", le "gouvernement", constituent, à leurs yeux, des systèmes de contraintes qui limitent la portée de leur existence. Il ont tous deux le sentiment que le projet d'assurance santé, par exemple, met en péril les conditions de travail de Louis, que le système scolaire ne permettra pas à leur fils de faire des études satisfaisantes, que la professionnalisation (la "diplômette ...") empêche Sylvie de faire du bénévolat dans des institutions qui l'intéresseraient et même l'empêche de songer à enseigner un jour les arts à des enfants, etc. Ils ont aussi le sentiment que, de façon générale, la société "ferme les portes" qu'ils ont tenté d'ouvrir à leurs enfants, qu'il y a une contradiction entre le climat de securité, de compréhension, d'acceptation qu'ils essaient de créer dans leur famille et ce climat d'insécurité, de compétition, de tension qu'ils retrouvent "à l'extérieur". Déjà, à travers leurs témoignages précédents, se dégage donc l'image qu'ils se font de cette société : une société contraignante qui devrait être —mais n'est pas— en continuité avec leur vie "privée" familiale ou avec le milieu immédiat de travail. Quand ils réagissent à des questions directes de l'interviewer sur ce secteur de la politique, cette image de la société-contrainte à laquelle ils ne s'identifient pas devient encore plus prégnante.

Louis et Sylvie considèrent d'abord le domaine de la politique comme étant celui d'un *système*. C'est à ce système qu'ils réagissent et non pas tellement aux individus qui, à tel ou tel moment, exercent le pouvoir politique. Ainsi, à une question sur les hommes politiques, Louis répond :

> *Des hommes politiques sérieux, je regarde autour de moi et j'en trouve ... malheureusement ... je n'ose pas dire peu, mais je dirais pas beaucoup ! Ceux que je croyais sérieux, m'ont déçu et je me dis : dans le fond, c'est le système qui est mauvais. Le système politique et leur background font qu'ils deviennent des pantins, des acteurs ...*

La première fois qu'on lui pose cette question sur la politique, Sylvie avait répondu, pour sa part :

> *La politique, pour moi, c'est un mal qui est nécessaire. Dans le fond, on est tous des malades : ça nous prend des rites, des lois.*

Finalement, ce qu'elle entrevoit à travers la situation actuelle de la société est donc une évolution vers une forme de vie politique qui s'inspire des modèles déjà existants dans d'autres pays, et qui sont une réponse à l'inégalité économique, à une classe sociale "défavorisée".

De son côté, Louis parle aussi volontiers de cette évolution "inexorable" vers une société "socialisante" à laquelle il ne s'identifie pas, dans laquelle il risque "d'être noyé complètement". Comme Sylvie, il est évident qu'il se sent personnellement impliqué. Il se sent surtout personnellement menacé par un système social qu'il ne contrôle pas, mais par qui, au contraire, il se sent "manipulé".

> *J'ai l'impression que, de plus en plus, le régime politique vers lequel nous évoluons est un régime politique dans lequel je vais être noyé complètement et où, pour moi, toute participation voudra dire une espèce de perte de temps et de noyade dans un univers où je suis de toute façon probablement manipulé ...*

Il ne semble pas, par ailleurs, que Louis associe cette société "socialisante" à l'existence de classes sociales dans notre milieu et, nulle part dans les entrevues, il ne se réfère explicitement aux divers pays qui incarnent un modèle socialiste. Ce qu'il perçoit, c'est avant tout le développement d'un système social qui donne de moins en moins de place aux "libertés individuelles" et à "l'initiative privée", qui n'encourage pas certains "*individus* qui ont des maudites bonnes idées ...", qui "annihile l'individu à toutes fins pratiques ...". Il a plutôt tendance à ignorer le modèle socialiste et à se référer à une seule dimension de ce qu'il appelle la "socialisation": le rejet de l'individualisme et de la "liberté personnelle". C'est ce que Louis sous-entend quand il précise sa pensée en employant "structure centralisante" au lieu de "structure socialisante". Les remarques de Louis à ce propos sont nombreuses et très claires. En voici quelques passages.

> *... Il y a une tendance dans l'organisation politique récente qui exagère les cadres et qui annihile l'individu à toutes fins pratiques ... (...) On sait très bien que dans la structure de plus en plus socialisée ou socialisante, ou disons centralisante du gouvernement, il n'y a plus de place pour ce qui n'a pas été prévu dans un plan d'ensemble. Y a pas d'argent pour ça. Y en reste pas moins qu'à un moment donné, y a des individus qui ont des maudites bonnes idées puis qui ont un projet bien précis ... (...) Autrement dit, ce dont on a peur, c'est qu'au nom d'une centralisation à outrance, comme celle qu'on est en train de vivre, c'est que l'initiative personnelle ... c'est que les gens arrêtent de*

penser parce qu'ils sont étouffés ... (...) Au lieu de le dire socialisant, j'aurais dû dire anti-individu, anti-liberté personnelle. A ce moment-là, je disais socialisant et ce n'est pas nécessairement vrai. Mais, moi, c'est ça qui me frappe actuellement dans l'évolution politique. C'est pas d'ailleurs très très rose : on n'a rien qu'à penser à l'époque duplessiste dans le sens des libertés individuelles ... On a l'impression que ça va devenir encore pire, mais au nom d'une autre stratégie.

Tout au long de cette partie de l'entrevue, Sylvie indique verbalement son accord avec le témoignage de Louis. S'il est évident que l'un et l'autre se réfèrent, au moins implicitement, au contexte des débats sur l'assurance santé, la conception qu'ils se font de la politique dépasse le cadre de cet événement particulier. Ainsi, à propos du mécanisme des commissions d'enquêtes, Louis dira :

Par exemple, on a juste à retourner a peu près dix ans en arrière et à regarder tout ce qui est arrivé aux commissions d'enquêtes... (...) ils décident un moment de prouver tel point, de partir avec telle hypothèse. Puis ils vont structurer leur travail de telle sorte qu'ils vont prouver leur point. J'ai l'impression que bien des commissions d'enquêtes sont faites dans ce sens-là. D'abord, premièrement, c'est fait pour apaiser. Une espèce de gros suçon où on permet aux gens de verbaliser, de se décomplexer du moins verbalement, puis après ça on tire de ça les éléments qu'on sait de toute façon ... Moi, en tout cas, c'est bien de valeur, mais je n'ai pas besoin de verbaliser au niveau de l'action politique, au niveau des commissions d'enquêtes. J'pense que j'peux me trouver d'autres moyens de me déprendre ou de me faire une logique dans ma tête ... (...) Les commissions d'enquêtes sont surtout mises dans les mains des politiciens et dans les mains des technocrates. Ca devient des espèces de bibles ou des espèces de Corans ... Alors, les gens qui vont dire : "Mais c'est ça la vraie démocratie, la démocratie de consultation, la démocratie des cadres intermédiaires"! Moi, j'accepte souvent le point de vue qui est exprimé, mais d'un autre côté je trouve ça tellement lourd que ça me frustre de vivre avec cette lourdeur. Puis, deuxièmement, à part ça, je vois plus quelle est ma part individuelle là-dedans, dans cette affaire-là ... J'ai le sentiment qu'il y a une certaine démocratie qui y passe, mais c'est pas mon affaire personnelle à moi ... En tant qu'individu, il n'y a rien que je peux faire pour empêcher que ça va arriver. C'est peut-être une attitude défaitiste, mais j'ai l'impression qu'elle n'est pas défaitiste, qu'elle est réaliste.

Et Sylvie d'ajouter :

C'est comme dans les réunions de parents dans les écoles justement ...

Bien d'autres passages des interviews reprennent ce thème de "toutes ces institutions pseudo-démocratiques", à "inspiration psychiatrique" (qui visent surtout à permettre aux gens de "se défouler"). Les "réflexions personnelles" valent mieux que la participation à "ce faste démocratique", etc. A propos de cet autre mécanisme politique qu'est le vote, Louis exprime aussi beaucoup de réticence. Il va personnellement continuer à s'informer "par des voies officieuses aussi bien qu'officielles", mais le système électoral lui apparaît comme un système permettant à une majorité de gens "absolument pas renseignés" d'influencer la politique :

... Disons que j'vais continuer à voter au meilleur de ma connaissance. J'vais essayer de m'informer, souvent par des voies officieuses aussi bien qu'officielles ... D'un autre côté, j'me morfondrai pas non plus à me renseigner parce que je me dis que de toute façon la majorité des gens votent sans être renseignés...Ils ne sont absolument pas renseignés...

Comment situent-ils leur appartenance à la société politique ? Si Louis se défend d'être "défaitiste" et préfère plutôt parler de "réalisme", Sylvie, de son côté, avoue avoir perdu son "enthousiasme" d'autrefois :

(s'adressant à l'interviewer) Tu sais, tu es plus jeune que nous ... Nous autres, si tu avais vu l'idéal d'enthousiasme qu'on avait à ton âge ... ça débordait !

Louis, pour sa part, en arrive à la conclusion que sa participation à la "société" s'exprime mieux à travers son travail et à travers sa famille. Il se défend bien de voir dans son attitude une absence de "conscience sociale" :

J'aimerais dire que ma conscience sociale — parce que je pense que j'en ai une ! ... Ma conscience sociale, je voudrais l'exprimer davantage dans mon action de rendre des services précis à portée sociale à la hauteur de mon métier, à la hauteur peut-être d'é-

ducateur en tant que père, point. Je vais arrêter là. Toute action au niveau même, disons par exemple, de l'organisation des loisirs ou encore au nivaau de l'action politique plus directe, de l'organisation de la société : j'ai pas d'enthousiasme pour m'embarquer là-dedans ...

Cette attitude de retrait est d'autant plus significative que Louis s'est déjà intéressé activement à certaines associations consacrées aux loisirs des jeunes : même là, il ne croit pas qu'il aurait un rôle personnel à remplir.

Louis se sent donc étranger à tout ce qui sort des cadres de sa famille et de son travail. D'une part, il a le sentiment que les processus démocratiques font une place trop grande à "une majorité de gens absolument pas informés". Son allusion aux "voies officieuses aussi bien qu'officielles" rappelle son appartenance à cette catégorie privilégiée de la société qui est plus instruite, mieux informée, plus proche de ceux qui détiennent le pouvoir politique, etc. Sa déception d'être "noyé" dans cette majorité est peut-être d'autant plus forte qu'il est conscient d'appartenir à cette minorité qui exerce le pouvoir. En même temps, il a le sentiment d'un pouvoir trop centralisé, trop bureaucratisé, trop technocratisé pour qu'il puisse y jouer un rôle, pour que son "initiative personnelle" ne soit pas "étouffée".

Système socio-économique et classes sociales

En même temps que Louis et Sylvie se sentent étrangers à cette société qui, à leurs yeux, rejette de plus en plus l'initiative privée et laisse de moins en moins de place à l'individu, ils affirment implicitement leur sentiment d'appartenance au système social néo-capitaliste. L'usage qu'ils font des termes "socialisme" et "socialisant" est significatif à cet égard : le rejet de la centralisation bureaucratique n'implique en aucune façon une opposition (une non-appartenance) au système socio-économique actuel. Ils sont bien conscients de l'existence —ailleurs— d'autres systèmes socio-économiques. "Ca dépend du genre de société qu'on veut" répète quelquefois Louis quand il fait référence aux pays communistes : à propos, par exemple, du "malajustement" qui découle de l'absence de la mère qui travaille, il explique que d'autres sociétés ont résolu le problème. Sylvie, de son côté, entrevoit "certains avantages" pour les classes défavorisées ou pour les pays sous-développés. Mais dans l'ensemble, au plan du système socio-économique —et non plus seulement au plan du système politique au sens strict— leur profond sentiment d'appartenance au système actuel est évident.

Ils sont conscients de l'existence des inégalités sociales à l'intérieur même de leur société. Déjà le sentiment d'appartenir à une minorité qui fait face à une majorité ... "de gens pas informés", laisse entrevoir leur perception à cet égard. C'est au cours d'un échange à propos de la médecine et de l'assurance santé que Louis exprime le plus clairement qu'à ses yeux la société se divise en deux catégories de personnes : ceux qui sont "à l'intérieur" du système et ceux qui en sont "à l'extérieur". Du point de vue de ceux qui sont à l'intérieur du système, de ceux qui comme lui avaient accès aux services de santé, il n'y "avait que des actes bons". Du point de vue de "ceux qui n'ont pas accès ... c'est moins bon ... ".

> Je pense que pour le gars qui la pratique (la médecine) il y a juste ce qu'il y a de bon. C'est ceux qui n'ont pas accès à ça : pour eux c'est moins bon ou c'est ... autrement dit : c'est par l'extérieur que tu vois des déficiences et non pas à l'intérieur du système. Parce qu'à l'intérieur du système, je pense qu'il n'y avait que des actes bons qui étaient posés. On peut en questionner la rentabilité à un moment donné, mais il y avait à peu près rien que des actes bons. C'est encore par l'extérieur ...

Mais on s'aperçoit que cette notion d'être à *l'intérieur* ou à *l'extérieur* du système dépasse le secteur de l'assurance santé quand il explique ensuite pourquoi, selon lui, les médecins auront de la difficulté à s'adapter à la nouvelle situation. Dans le passage suivant, il est clair que Louis s'identifie à "ces gens qui vont avoir de la difficulté", qui "ont des réserves énormes sur le genre de société dans laquelle (ils) évoluent".

> Or, ces gens-là, est-ce qu'ils vont être capables tout d'un coup de se recaser dans un autre cadre ? Moi, je te dirai qu'en général les gens vont avoir de la difficulté. Pourquoi ? Un peu parce que les gens en général ont beaucoup de réserves, un peu comme Sylvie et moi on t'a exprimées sur la société. Alors, comment veux-tu te socialiser alors que t'as des réserves énormes sur le genre de société dans laquelle tu évolues ... (...) Qu'est-ce que tu veux, si à un moment donné tu allais travailler comme animateur social, disons, dans une société donnée, dans un groupe de la société dans un endroit donné, je pense que la première chose qu'il faudrait que tu fasses, ce serait d'aller vivre avec eux et, à moins que tu tombes un peu en amour avec ces gens-là, ou à moins d'être sympathique à leur cause, de les trouver sympathiques, tu feras jamais un bien bon animateur social. Si tu ne les

trouves pas, je ne sais pas, sympathiques, ou si tu les trouves
discutables, antipathiques même, tu ne peux pas fonction-
ner ...

Ce n'est sans doute pas par hasard qu'il utilise, à ce moment-là, l'exemple de l'animateur social. Accepter l'évolution de la société impliquerait qu'il "tombe un peu en amour" avec ceux qui sont à "l'extérieur du système", qu'il les "trouve sympathiques", etc. Il n'a aucunement le sentiment d'appartenir à ces *gens-là*, ni de s'identifier à *leur* cause. En terminant son analogie avec la situation de l'animateur social, il formule autrement la même dichotomie sociale en se référant explicitement à "ceux qui sont de mon niveau ..." :

Tu feras jamais un bon animateur ... C'est dans ce sens-là que je
te dis qu'il y en a plusieurs que je connais qui sont de mon
niveau, là, et qui se posent vraiment des questions sur leur
rentabilité personnelle ...

Au plan de leurs revenus, Sylvie et Louis sont aussi très conscients d'appartenir à une catégorie privilégiée. Jouant encore ici sur une dichotomie — riches-pauvres — on a vu comment Louis rappelle à l'interviewer "il n'est pas question qu'on pleure parce qu'on serait pauvre ..." ! Par ailleurs, ils n'investissent pas d'argent :

En général, c'est juste pour rencontrer les paiements qui vont
passer ...

Ces paiements vont pour des "obligations familiales" (il apporte une aide financière à sa mère), aux taxes, aux assurances, au "coût de la vie qui augmente à travers tout ça ...", etc. Il leur arrive de limiter les dépenses qu'ils permettent à leurs enfants :

Du ski, ils en font pas parce qu'on n'a pas les moyens de leur
payer...

Ils n'ont pas le sentiment d'appartenir à cette couche très mince de la population "riche" pour qui l'argent ne pose jamais de problème. Au contraire, ils mesurent avec attention l'ensemble de leurs dépenses. Mais cela ne les empêche pas, encore une fois, d'appartenir aux "riches" plutôt qu'aux "pauvres". Ils sont propriétaires même si "ça coûte plus cher que d'être à loyer". Quand Sylvie rappelle l'augmentation des dépenses dans le système d'éducation et qu'à titre de propriétaires ils paient des taxes scolaires, elle ajoute :

C'est toujours les mêmes qui paient pour ça.

S'ils divisent l'univers en deux, il est évident qu'ils s'identifient à "ceux qui paient" pour le système social. Dans l'ensemble, leur sentiment d'appartenance à une classe privilégiée tient cependant moins à l'argent en lui-même qu'à ce qu'il permet d'obtenir : un style de vie, une forme de pensée, l'instruction, etc. Sylvie l'exprime très bien quand elle se réfère à cette famille qui constitue vraiment un modèle à ses yeux. Du père de cette famille qui demeure dans le même quartier, Sylvie dit :

> *Il n'a pas peur, il aime la vie, c'est l'idée fondamentale. C'est sa philosophie en fait : il aime la vie et il fait confiance à la vie. C'est assez surprenant de rencontrer des êtres encore comme ça...*

Juste auparavant elle avait précisé à l'interviewer que cette famille n'était "pas n'importe qui" :

> *Par n'importe qui, j'entends : ce sont tous des gens instruits qui sont allés à l'université, qui ont visité plusieurs pays. Les enfants ont l'esprit ouvert énormément, ils ont fait des stages d'études tous les étés en Europe, au Mexique, partout. Il n'y a rien que ces enfants-là n'ont pas pu obtenir : des cours de musique, des cours de tout ce que tu peux imaginer ... C'est ouvert cette famille-là ...*

Ils sont bien conscients que c'est la profession de Louis qui leur permet leur style de vie et leur permet d'espérer transmettre à leurs enfants cette "ouverture d'esprit" et cette "confiance dans la vie" dont il est question plus haut.

Leur sentiment d'appartenance à une classe sociale donnée n'est pas, dans leur esprit, associé à l'exercice d'un pouvoir économique. Ils ne s'identifient pas consciemment et directement au système de l'entreprise privée : ils se perçoivent, de fait, assez étrangers à ce secteur de l'entreprise privée. Autant Louis et Sylvie se portent volontiers à la défense de l'initiative privée dans les secteurs qui les touchent de près (le travail de Louis, l'éducation des enfants, le travail de la femme mariée, etc.), autant ils donnent l'impression de ne pas se sentir associés à l'univers des affaires, à l'univers de l'entreprise privée. Une des seules références de Louis à cet univers se retrouve au moment où l'interviewer lui demande son avis "face aux enquêtes des gens de l'impôt" et que Louis s'identifie au "gars généralement honnête" beaucoup plus qu'aux "trusts" qui sont "backés par des gars puissants...".

Souvent, malheureusement, un gars qui a été généralement honnête va se faire accrocher là-dessus, alors qu'ils vont laisser passer des grosses affaires à des trusts, parce qu'ils sont "backés" par des gars puissants ... Ils peuvent se défendre et ils sont durs à pincer. Sur ça, je suis assez violent ...

Dans l'ensemble, ce qui ressort cependant de leurs témoignages n'est pas non plus un rejet systématique de l'entreprise privée. Quand on les amène à s'exprimer à ce sujet, ils se réfèrent à une notion beaucoup plus générale de la propriété. Ainsi, quand Louis décrit ce qu'il a "retenu des attitudes" de son père, il mentionne le fait suivant : a) ce qui est important, c'est la propriété, et b) il faut respecter la propriété quel qu'en soit le propriétaire :

Pour moi, ce qui important c'est ... l'argent c'est un symbole. Ce qui est important, c'est la propriété. Quelle qu'elle soit, il faut respecter ça : un beau jardin ou une belle propriété, un beau bibelot. Que ça appartienne à tout le monde ou à quelqu'un en particulier ...

La propriété, dira-t-il dans une autre entrevue, est liée à la vie elle-même :

La vie c'est le mouvement. Dans ce sens, la propriété privée, ça devient une propriété en gestion continuelle. Le bonhomme qui n'est pas jaloux de la propriété est un individu qui, dans le fond, n'aime pas la vie ou n'est pas vraiment vivant. C'est un mort ambulant ...

Une fois associée au "goût de la vie" en général, il est évident que la notion de propriété ne peut justifer l'existence d'un système social et économique dont un des fondements serait la propriété privée. Par ailleurs et en même temps, cette façon de définir la propriété implique le rejet d'un univers où la ligne de démarcation se ferait entre ceux qui jouissent et ceux qui ne jouissent pas de cette propriété : puisque dès qu'on est "vivant" on recherche cette propriété, quelle que soit sa propre situation dans la société.

Cette notion de propriété permet donc à Louis (Sylvie semble assez d'accord avec Louis sur ce point) d'intégrer sa perception de la société à une conception beaucoup plus générale de la vie : d'une part, il y a des riches et des pauvres, des instruits et des non-instruits, ceux qui sont à l'intérieur du système et ceux qui sont à l'extérieur du système, etc.; d'autre part, c'est cela qu'est la vie : il faut désirer la propriété et il faut la "respecter", qu'elle "appartienne à tout le monde ou à quelqu'un en particulier".

Cette notion de la propriété comme étant une valeur aussi générale, comme s'appliquant à tout individu dans la société, permet sans doute à Louis de tenir compte de leur expérience de mobilité sociale. Même si Louis et Sylvie sont tous deux des enfants d'un professionnel, ils ont le sentiment d'avoir monté dans l'échelle sociale, d'avoir ainsi accédé à cette propriété qui est le signe de la vie. Louis surtout se réfère souvent à son origine sociale et aux limites financières imposées par sa famille : son père était un professionnel qui gagnait un salaire relativement peu élevé et ses huit enfants supposaient une "vie de sacrifices" chez ses parents comme chez leurs enfants ; ceux-ci devaient recevoir de l'aide de l'extérieur de leur famille pour faire des études universitaires ; ils vivaient dans une banlieue "relativement pauvre" de Montréal, etc. Maintenant que Louis, sans être très riche, vit dans un quartier dont le prestige social est plus élevé que celui de son enfance, maintenant qu'il a une profession qui lui a permis de devenir propriétaire, d'investir dans l'éducation de ses enfants, de faire partie de la minorité "instruite" de la société, etc., cette conception de la propriété comme symbole de la vie donne un sens à son expérience de mobilité sociale tout en donnant aussi un sens aux diverses formes d'inégalités sociales qu'il perçoit dans la société.

Au Québec
... et ailleurs

Nulle part au long des interviews, Louis et Sylvie ne se réfèrent longuement au Québec comme source d'appartenance. L'interviewer, fidèle en cela au schéma général des interviews, ne leur a pas posé des questions directes sur le sujet. Au moment des interviews, les "événements d'octobre 1970" ne s'étaient pas encore produits et aucun autre événement public n'a amené Sylvie à explorer spontanément le thème du Québec. Ceci ne signifie aucunement que le Québec ne soit pas présent dans leur champ de conscience ou qu'il ne fasse pas partie de leur système d'appartenance. Dans un sens, leur expérience est tout autre : ils se réfèrent souvent au Québec même s'ils le font surtout par comparaison avec d'autres milieux. S'ils n'ont pas spontanément tendance à élaborer, par rapport au Québec, l'équivalent de ce qu'est leur "philosophie" à l'égard de la famille, de la religion, du "socialisme", etc., ils expriment leur perception du Québec —et leur sentiment d'appartenance à ce Québec— par un processus d'identification par opposition.

Si on considère le secteur du travail de Louis, par exemple, le Québec est défini par opposition aux Etats-Unis. C'est en effet aux Etats-Unis qu'il prendra contact avec une autre "mentalité" quand il ira y étudier :

> ... *On a vécu, on a été élevé avec une certaine mentalité ... La plupart (de mes collègues) ont fait des entraînements aux Etats-Unis, donc dans un milieu qui ne les préparait pas nécessairement très bien au milieu dans lequel on va devoir évoluer ...*

Ainsi on se souvient comment Louis décrit son style de relations interpersonnelles : alors qu'il était spontanément "émotif", il a appris à être en même temps "rationnel" et "scientifique". Or, c'est aux Etats-Unis qu'il a le sentiment d'avoir développé ce qui lui apparaît maintenant comme un trait important de sa personnalité :

> *J'étais tellement émotif que je ne pouvais pas être scientifique. J'ai appris à être scientifique dans une autre langue, en anglais, parce que j'ai étudié en anglais avec deux "bachelors".*

Un de ceux-là, celui dont on a déjà vu qu'il était "un peu sentimental mais quand même très dur" était un Italien; l'autre qui "était très froid ... le vrai scientiste ... très méthodique" était un Allemand.

On a vu aussi que Louis effectue des recherches qui ont directement des implications médicales et qu'il craint les effets de l'assurance santé au Québec. Parmi ces craintes, il y a celle qu'on ne lui permette plus, dans son enseignement, de respecter les normes scientifiques des Universités de Columbia ou de Harvard, mais qu'on lui demande plutôt au Québec d'essayer d'enseigner "des recettes". Il y a aussi la crainte que le Québec ne puisse plus "se payer le luxe" de recherches scientifiques qui n'auront jamais d'impact sur un grand nombre de personnes. C'est Sylvie qui explique à ce sujet :

> ... *Il (Louis) serait bien mieux d'aller dans un pays comme aux Etats-Unis où on donne beaucoup d'argent pour l'avancement de la science ... (...) Le Québec n'a pas d'argent et ne peut se payer le luxe ...*

De plus, ils opposent les tendances "socialisantes" qu'ils retrouvent au Québec au libéralisme des universités américaines. Enfin, Louis compare la formation scientifique qu'il est possible d'acquérir au Québec avec celle qu'il a reçue aux Etats-Unis. Ainsi, par exemple, quand il entrevoit la possibilité qu'un jour le Québec se referme sur lui-même et qu'on cesse d'aller étudier à l'extérieur (en particulier aux Etats-Unis), il décrit les futurs étudiants québécois comme "des gars qui auront moins d'envol, des gars qui n'auront pas pris de risques ... :

> ... Parmi ceux qui ont eu moins d'ambition, disons qui auraient fait leur entraînement ici, et tout ça, moi, je dirais qu'à ce moment-là tu vas avoir des gars qui auront moins d'envol, des gars qui n'auront pas pris de risques à l'extérieur ...

Le plus important ici n'est pas de juger si Louis avait raison ou non d'exprimer une telle crainte, mais plutôt de se rendre compte que pour comprendre et évaluer le Québec, Louis compare spontanément avec les Etats-Unis : ce pays "extérieur" constitue vraiment son point de référence. Il est significatif, par ailleurs, qu'il considère comme un "risque" d'aller étudier aux Etats-Unis : dans la suite du passage que nous venons de citer, il exprime très bien son sentiment d'appartenance à un Québec francophone quand il fait sans doute allusion à sa propre expérience :

> ... pris le risque d'aller à l'extérieur ... avec tout ce que ça peut comporter au point de vue barrière de langage pour les Canadiens français qui vont travailler à l'extérieur, qui vont s'expatrier, qui vont amener leurs femmes —la majorité des Canadiennes françaises aiment à rester à la maison, sont casanières ...

Nous avons longuement rendu compte du fait que Louis et Sylvie aient le sentiment d'appartenir à une société qui devient de plus en plus "socialisante". Pour Louis, en particulier, ce processus de socialisation implique une négation de l'individu. Il perçoit, dans ce processus, l'influence d'un modèle culturel différent de celui qu'il a vécu. Pendant qu'il étudiait aux Etats-Unis, il fit un stage d'observation dans un hôpital et rencontra un jeune interne d'origine algérienne :

> Quand il était de garde et qu'un enfant qu'il traitait d'une pneumonie ou d'une méningite, ou je sais pas trop quoi, et que l'enfant levait les pattes, il s'en "crissait", il s'en fichait, comprends-tu ? Ca le dérangeait absolument pas, puis il dormait sur ses deux oreilles. Moi, je n'étais pas capable de dormir cette nuit-là. J'étais pas fait comme lui, on n'était pas fait pareil ...

Encore ici, l'important n'est pas le jugement implicite qu'il porte sur cet Algérien, mais bien plutôt le fait qu'à l'occasion d'un tel événement, il se réfère "à la façon dont on a été élevé". Ce n'est pas en termes de sa propre personnalité qu'il explique sa réaction devant le "cynisme" de cet interne, mais en termes de son appartenance à son propre groupe culturel. Après avoir dit qu'il "n'était pas pareil" à cet Algérien, il continue :

> *Je pense qu'on a été élevé d'une certaine façon ...*

Par ailleurs, il a en même temps le sentiment que cette "façon" dont il a été élevé n'est plus acceptée dans sa propre société. Alors que dans la citation précédente, le "on" signifiait les "Canadiens français" par opposition à une culture "extérieure", Louis enchaîne tout de suite :

> *... puis là, on nous dit qu'il y a un rajustement à faire ...*

Ici, "on" se réfère à ceux qui, dans son propre groupe culturel, expriment des tendances "socialisantes" avec lesquelles il n'est pas d'accord.

Ici et là, d'autres points de référence servent à Louis et à Sylvie pour définir le Québec. Ainsi Sylvie se réfère à Cuba quand elle veut exprimer jusqu'à quel point elle a l'impression que

> *... dans le domaine de la politique, on subit les choses beaucoup plus qu'on les provoque ...*

Dans une autre interview, elle s'explique les processus "socialisants" en faisant référence à la Suède :

> *On est en train de faire une deuxième Suède, là, d'après moi ...*
> *De la Suède, on en a bien parlé durant ces dernières années ...*

On se rend compte que l'image que Louis et Sylvie se font du système social du Québec se fait par opposition —ou similarité— avec des sociétés dont ils ont personnellement fait l'expérience (les Etats-Unis) ou pour lesquelles ils ont des informations (Suède, Cuba, etc.).

Cette constatation est vraie dans bien d'autres secteurs de leur vie. On a vu comment Louis se réfère à Gabriel Marcel pour expliquer sa philosophie de la vie et de la société. Quand il discute avec l'interviewer de la place de la femme dans l'éducation des enfants, il se réfère à un Juif américain qu'il a personnellement connu aux Etats-Unis. A propos de la littérature et du théâtre, Louis dit :

> *... Je pense qu'il y a des évolutions assez intéressante du côté des intellectuels. Plus on recule en arrière, plus on avait des pseudo-*

> *intellectuels, mais ça s'épure, ça s'améliore. Mais on a en-*
> *core pas mal de chemin à faire pour avoir des têtes à la Hervé*
> *Bazin ou comme Michel Simon. Des personnalités comme*
> *ça, on en a peu ... On a encore du chemin à faire, mais il y*
> *a une certaine évolution dans le bon sens ...*

Et à propos de Cré Basile, il fait référence à Charlie Chaplin :

> *J'aime mieux Cré Basile (que Chapeau Melon et Bottes de*
> *Cuir). C'est un personnage plus vrai, plus humain, plus sym-*
> *pathique. Et il est plus rigolo aussi. C'est notre Charlie*
> *Chaplin canadien.*

En discutant du rôle de la femme dans la société et de sa propre expérience à ce sujet, Sylvie fait référence aux Etats-Unis :

> *Quand je vivais aux Etats-Unis ... ils sont pas mal plus avancés*
> *que nous aux Etats-Unis dans tous les domaines y compris*
> *l'émancipation de la femme. On était pas mal en retard ... (...)*
> *Puis j'ai connu des Américaines. Je me suis fait des amies*
> *intimes, de vraies amies parmi les Américaines. Puis je les regar-*
> *dais faire ...*

A propos des catholiques américains, elle dit par ailleurs :

> *Les Américains sont plus avancés que nous aux Etats-Unis ...*
> *Quoique les catholiques américains, eux, sont en retard. Les*
> *catholiques là-bas sont épouvantables. Il sont assez stricts,*
> *on était plus avancés qu'eux ...*

C'est donc par un ensemble de milieux extérieurs au Québec que Louis et Sylvie définissent ce qu'est ce Québec à leurs yeux (ils ont été aux Etats-Unis, ils ont connu des personnes étrangères, ils connaissent la littérature française, etc.) et ils s'y réfèrent pour exprimer ce "on" québécois auquel ils font souvent allusion. De tous ces milieux de référence, les Etats-Unis, de toute évidence, tiennent une place particulière dans leur expérience. Leur séjour là-bas fait des Etats-Unis le symbole concret d'une autre société et d'une autre culture, d'une autre langue et d'une autre religion.

Pouvoir, indépendance, dépendance.

Pour Louis et Sylvie, le *pouvoir* — ou la capacité d'exercer un contrôle sur ses expériences et sur son milieu — est une dimension qui est existentiellement très proche de la dimension *appartenance*. De fait, c'est le sentiment de posséder ou non ce pouvoir qui leur sert de critère principal quand ils tentent de reconstituer leur univers. A partir de ce critère, ils séparent cet univers en deux parties : l'univers des relations interpersonnelles et de la famille à l'intérieur duquel ils ont le sentiment d'exercer un certain pouvoir et, d'un autre côté, l'univers du "monde extérieur" (la société, le gouvernement, les grandes bureaucraties, etc.) qu'ils perçoivent avant tout comme une source de contrainte, comme un lieu de non-pouvoir.

Les nombreuses références que nous avons citées à propos de leur univers familial suffisent sans doute à illustrer cette conception que Louis et Sylvie se font de leur univers. La relation parents enfants est une relation de pouvoir (... "Dans ma famille, c'est moi qui faits la loi ..."). La relation de couple implique aussi que l'un et l'autre exercent un certain pouvoir à un moment ou à un autre : Louis exerce ce pouvoir en jouant son rôle traditionnel de mari et de père, Sylvie, par ailleurs, montre qu'elle a exercé une certaine influence sur Louis, par exemple, quand ils ont décidé de quitter Montréal pour les Etats-Unis ou quand elle organise sa famille "oasis", etc.

A propos de tout l'univers social qui déborde le cadre familial et celui des relations amicales, les références exprimant une relation directe entre leur sentiment d'étrangeté et leur sentiment de non-pouvoir sont également fort nombreuses :
... "les cartes sont jouées ...", "on n'a pas de prise sur ...", "il n'y a rien que je peux faire...", "il n'y a pas de projets possibles ...", "il n'y a pas de liberté en face des événements ...", "je me sens encerclé de l'extérieur ...", etc. Cette perception d'un univers-contrainte amène Louis, par exemple, à rejeter toute participation à des associations, à rejeter toute "action sociale" à travers ces associations — comme d'ailleurs à travers les mécanismes politiques comme celui du vote. Quant à Sylvie, son identité de femme l'amène souvent à se poser la question du pouvoir et de l'indépendance. Si elle ne s'identifie pas aux mouvements féministes, elle n'est pas non plus étrangère à sa "situation de femme", mais elle ne voit pas très bien comment elle pourrait exercer un certain pouvoir dans ce domaine (" ... la solution est-elle d'attacher les femmes ..."?).

La situation, telle qu'elle est perçue et vécue par Louis et Sylvie n'est cependant pas aussi simple que la dichotomie *relations inter-*

personnelles et famille versus société extérieure pourrait le laisser supposer. En fait, en même temps que Louis et Sylvie expriment comment ils ont un univers qui leur est propre et sur lequel ils exercent du pouvoir, ils expriment aussi clairement leur sentiment que leur pouvoir —ou leur liberté— atteint vite des limites, même à l'intérieur de cette "oasis" familiale. De l'ensemble de leurs témoignages, ressort clairement l'importance qu'ils accordent à l'éducation de leurs enfants, aux "portes" qu'ils essaient de leur ouvrir, à la culture artistique qu'ils essaient de leur transmettre, etc. Or, en même temps qu'ils affirment que ce secteur de leur vie est celui sur lequel ils exercent du pouvoir, ils expriment beaucoup d'insatisfaction et de déception justement parce qu'ils ne peuvent totalement exercer ce pouvoir. "Les rayons de soleil dans la famille", dans leur esprit, constituent une réponse à l'absence de "liberté à l'extérieur", mais cet univers "extérieur" les empêche justement de pousser à leur aboutissement leurs efforts d'éducation et de socialisation "... on a ouvert des portes qu'on est pas sûrs de pouvoir satisfaire ...", " ... le monde extérieur coupe les ponts ...", etc. A travers les préoccupations, les craintes, les déceptions qu'ils expriment à ce sujet, Louis et Sylvie expriment en même temps comment eux-mêmes ont le sentiment de se relier à leur univers. D'une part, leur appartenance familiale tient une place importante dans leur expérience et, d'autre part, ils sont déçus d'être tellement dépendants des divers éléments du système social (système scolaire, système de santé, centralisation bureaucratique, etc.). Une façon de lier ces deux univers pourrait être, par exemple, de dire : "par ma famille, j'ai (ou non) du pouvoir sur la société". Mais leur façon de relier ces deux univers s'exprimerait plutôt par l'énoncé suivant : "La société m'empêche d'exercer mon pouvoir légitime dans ma famille, surtout sur mes enfants".

Le secteur du travail n'est pas étranger à la dimension du *pouvoir*. Louis considère qu'il a réussi à établir une carrière valable à ses yeux, qu'il a dû "prendre des risques" pour y arriver : en ce sens, il a sans doute le sentiment d'avoir réussi à contrôler ce secteur de son existence. Ce pouvoir sur sa carrière a impliqué en même temps une certaine dépendance : il a le sentiment que son père a inculqué à lui, comme à tous les garçons de la famille, le goût de développer une telle carrière ; il a reçu l'aide financière d'amis de sa famille ; il a également reçu l'aide d'un professeur qui l'a directement mis en contact avec des professeurs étrangers, etc. Mais s'il a dû "compter sur" beaucoup d'autres personnes pour y réussir —en particulier sa femme qui l'a poussé à aller faire des études aux Etats-Unis,— et il s'agit là d'une certaine dépendance, il s'agit d'une dépendance qui permet d'exercer du pouvoir. Maintenant, avec d'autres collègues, il dirige une équipe et exerce un pouvoir à l'intérieur même du champ de sa spécialité. Mais même là, il exprime volontiers le sentiment de ne pas vraiment contrôler sa propre activité professionnelle : il a le sentiment de dépendre des grandes bureaucraties qui octroient des fonds de recherche ; parallèlement à ceci, il a le sentiment qu'il a plutôt "suivi le courant" de la recherche qui était en faveur quand il a étudié aux Etats-Unis et, de façon encore plus générale, il a le sentiment que l'exercice de son métier dépend de l'existence ou du maintien d'une politique libérale à l'égard de la recherche scientifique. Tout le développement de sa carrière relève en fin de compte du champ de "l'inexorable" auquel Louis a fait souvent allusion au cours des interviews. Il demeure cependant que c'est finalement "à travers (son) métier" que Louis espère avoir une "action sociale" (" ... car une conscience sociale, j'en ai une ..."). Sylvie, pour sa part, n'exerce pas d'activité professionnelle, sauf les deux après-midi par semaine où elle fait un travail de bureau qui ne l'intéresse pas beaucoup. Ce travail s'inscrit dans un ensemble d'activités par lesquelles elle tente de contrôler son existence et, en particulier, d'être moins dépendante de son rôle traditionnel de mère de famille, d'épouse et de "femme de maison". Plusieurs démarches qu'elle a entreprises en ce sens, (travail, bénévolat, possibilité d'enseignement, etc.) l'ont convaincue que tout travail devenait impossible à cause du jeu du "système" : en ce sens les démarches nombreuses dont Sylvie rend compte ont souvent abouti au sentiment d'être en face d'un univers qu'elle ne pouvait pas contrôler. Nous pourrions reprendre une à une les autres sources d'appartenance de Sylvie et de Louis et nous pourrions conclure qu'ils ont presque partout le sentiment d'exercer peu de pouvoir. En termes de la situation idéale qu'ils souhaiteraient, on peut conclure aussi que ce vers quoi ils tendent spontanément est moins l'exercice du *pouvoir* que la jouissance de *l'indépendance* : à l'égard des structures sociales, politiques et économiques, cette attitude se dégage clairement. Dans les termes de Fromm, on pourrait conclure qu'ils valorisent davantage la *freedom from* que la *freedom to*.

Image de soi et de son milieu

Louis et Sylvie ont-ils le sentiment d'une certaine cohérence ou d'une certaine unité entre les diverses expériences et les diverses perceptions dont nous avons rendu compte ou ont-ils plutôt conscience de vivre des expériences discontinues et même contradictoires ? Jusqu'à quel point et comment donnent-ils ou non un sens à l'ensemble de leurs expériences, à l'ensemble de leurs appartenances ? C'est à ces questions qu'il nous faut maintenant tenter d'apporter une réponse.

A partir de l'ensemble de leurs témoignages, il apparaît clairement que la dichotomisation de leur univers entre, d'un côté, le secteur des relations interpersonnelles et de la vie familiale et, de l'autre, la "société extérieure" constitue une façon pour eux de donner un sens à des expériences qui leur apparaissent contradictoires. Cette dichotomisation qui recouvre la distinction entre vie privée/vie publique, leur permet d'établir leur hiérarchie des valeurs, leur permet de s'expliquer certaines insatisfactions qu'ils ressentent, de tolérer la "tension à l'extérieur" grâce à la famille "oasis". Si l'intériorisation des notions de vie privée et de vie publique leur permet de trouver un sens à des contradictions dont ils font l'expérience (par exemple des contradictions entre les relations chaudes et personnelles de la famille et les relations froides et impersonnelles de grandes bureaucraties), cette intériorisation les amène aussi à *ne pas* prendre conscience d'une partie de leurs expériences : même dans leur vie privée, ils n'ont pas autant de pouvoir et de contrôle sur leurs expériences et leur milieu qu'ils affirment en avoir. On peut conclure en tout cas que même quand ils prennent conscience de ce genre de contradiction, ils n'ont pas tendance à y accorder une importance très grande. En d'autres termes, ils accordent beaucoup plus d'importance, par exemple, au pouvoir qu'ils exercent dans leur famille qu'à leurs expériences de non-pouvoir dans ce secteur.

De la même façon, leur désir de faire de leur famille leur "oasis", leur monde à eux, n'empêche pas cette famille d'être le lieu où se vivent quotidiennement les tensions qui, à leurs yeux, originent ailleurs. Le rôle de la femme dans la société n'est pas sans se répercuter dans l'expérience que Sylvie fait de la solitude et sans se répercuter aussi dans ses relations avec Louis. ("... Il y a des choses qu'un homme ne comprend pas ..."). Sa relation avec ses enfants —en particulier avec son fils— tient aussi beaucoup aux objectifs qu'elle associe à son rôle de mère ("on voudrait tellement bien réussir ..."). Des différences et des conflits de génération, dont l'origine dépasse évidemment le cadre de leur famille, sont aussi vécus quotidiennement ("Tu sais ... nous, quand on était petits ..."). Sylvie et Louis rappellent comment dans leurs familles ce sont les parents qui faisaient la loi : ils font alors sans doute allusion à la façon dont concrètement ils doivent maintenant exercer leur autorité à l'égard de leurs enfants. L'ensemble de leurs témoignages laisse entrevoir ainsi un grand nombre d'événements ou de situations où l'oasis n'est pas aussi reposante, détendue que ne le laisse supposer leur conception de la famille. Et surtout, il ne faut pas voir là le désir de masquer la réalité à l'interviewer, mais il faut plutôt y voir l'expression des contradictions qu'ils vivent dans leur vie quotidienne.

L'intériorisation des notions de vie privée et de vie publique n'est sans doute pas sans relation avec l'idéologie libérale à laquelle ils se réfèrent. S'il n'est pas nécessaire de se référer *explicitement* à cette idéologie pour utiliser les notions de vie privée et de vie publique, Louis et Sylvie, eux, le font très clairement tout au long de leurs interviews, qu'il s'agisse de leurs réactions au projet d'assurance santé, d'éducation des enfants, de l'organisation de la recherche, du système social qu'ils ont connu aux Etats-Unis, etc. Leur "philosophie" à l'égard de la "liberté", à l'égard des liens à établir entre l'individu et la société et à l'égard de la place de la famille dans cette société, montre bien comment l'idéologie libérale traditionnelle donne un sens à une grande partie de leurs expériences. Si Louis et Sylvie ont le sentiment d'appartenir au système social libéral, ils ont cependant le sentiment que cette appartenance est fragile parce que le système libéral lui-même leur apparaît de plus en plus menacé par les tendances "socialisantes" dont ils voient la concrétisation un peu partout. En même temps, il est évident qu'ils demeurent étrangers à certains éléments caractéristiques de la société libérale traditionnelle : même s'ils se posent en défenseurs des "libertés individuelles", ce n'est pas au système économique lui-même qu'il songent la plupart du temps et Louis prend même la peine de préciser qu'il ne tient pas à courir au secours de l'entreprise privée. D'ailleurs, même si une partie de son travail implique qu'il joue un rôle d'entrepreneur, c'est tout de même dans le cadre d'une grande bureaucratie qu'il le fait et le climat de travail qu'il crée avec ses partenaires met plus l'accent sur la collaboration que sur la compétition. Encore ici, l'image globale qui se dégage de leurs témoignages implique bien des ambiguïtés, des flottements, des zones grises qui semblent, en dernière analyse, le relfet de leur société.

Etant donné la place prépondérante qu'occupe la famille dans leur système de valeurs et, aussi dans leurs expériences quotidiennes, il n'est pas surprenant de constater qu'ils se réfèrent souvent à leurs propres familles d'origine pour donner un sens à leurs expériences. Ainsi Louis s'explique beaucoup de choses de la vie quotidienne à partir de l'image qu'il a conservée de son père. Il s'identifie aux valeurs que celui-ci privilégiait (la famille, l'éducation, le dépassement personnel, un certain mépris de l'argent comme symbole social, etc.) et le portrait qu'il trace de son père reprend souvent les traits qu'il s'attribue à lui-même. Il perçoit ses relations interpersonnelles comme à la fois "émotionnelles" et rationnelles, et il décrit son père comme un homme "chaleureux" mais qui avait des difficultés quand venait le temps de communiquer avec autrui ; comme lui, son père était "sans soute déçu du monde ..." ; son père considérait la politique comme "pourrie" ; un des traits caractéristiques de son père était la franchise, qualité qu'il reconnaît comme un idéal à ses yeux à plusieurs moments des interviews ; quand enfin il parle de son père comme ayant été un homme "paternaliste et autoritaire" mais sans que cela ne l'empêche d'être "chaleureux", on sent qu'il décrit là aussi un idéal auquel il s'identifie. Sylvie, elle aussi, se réfère spontanément à sa famille d'origine pour s'expliquer ce qu'elle est devenue maintenant. A l'opposé de Louis, sa famille — et particulièrement, sa mère — constitue à ses yeux un *contre-modèle* : elle dit s'être souvent guidée sur ce qu'était sa famille d'origine pour savoir ce qu'elle ne devait pas faire dans la sienne. Mais pour elle, aussi bien que pour Louis, sa famille d'origine lui permet souvent de donner un sens à son expérience contemporaine. D'ailleurs, Louis aime rappeler que sa propre famille a longtemps servi de modèle à Sylvie — et celle-ci est d'accord : elle désirait quitter sa famille pour fonder une famille qui ressemblerait à celle de son futur mari et elle a longtemps espéré avoir cinq ou six enfants pour recréer ce modèle. Enfin, il est significatif qu'à la fois Louis et Sylvie rappellent avec beaucoup d'insistance comment dans chacune de leur famille d'origine, le garçon avait une place prépondérante. Louis explique longuement comment tous les garçons faisaient inévitablement des études universitaires alors que les filles devaient "se débrouiller elles-mêmes" si elles voulaient poursuivre des études. Sylvie se souvient comment ses parents auraient désiré qu'elle prenne la place du garçon (son frère unique) car celui-ci ne satisfaisait plus à leurs attentes. Or de l'ensemble de leurs témoignages se dégage l'impression que ce même *pattern* se reproduit dans leur propre famille : Sylvie et Louis semblent beaucoup plus préoccupés par leur garçon que par leurs filles et ceci est vrai aussi bien à propos de leurs relations actuelles avec lui qu'à propos de son avenir professionnel et de son insertion dans la société.

Pour donner un sens à leurs expériences, Louis et Sylvie se réfèrent aussi spontanément à la confrontation de deux images d'eux-mêmes : *ce que j'étais autrefois* et *ce que je suis aujourd'hui*. Ainsi Sylvie associe son attitude agressive à l'égard de sa mère à ses propres difficultés avec son fils et elle se dit : "Je comprends mieux ma mère maintenant car moi aussi j'étais une enfant difficile et elle ne devait pas toujours savoir quoi faire ...". Elle confronte aussi la période de sa vie où ils étaient aux Etats-Unis et où elle avait de très jeunes enfants avec sa vie d'aujourd'hui : aujourd'hui, elle apparaît beaucoup moins heureuse qu'alors. Par ailleurs, la période d'anxiété et d'insécurité qu'elle traverse maintenant ne sont pas des sources de panique pour elle parce qu'elle a "souvent été comme ça" et qu'elle a toujours "réussi à s'en sortir ...". Louis se réfère lui aussi à certaines étapes de sa vie pour donner un sens à ses expériences d'aujourd'hui. A part l'enfant qu'il était dans sa famille d'origine, il a aussi été un étudiant dans un collège. C'est là, par exemple, qu'il a sans doute appris à connaître la philosophie existentialiste chrétienne qu'il fait sienne encore aujourd'hui. Par ailleurs, quand il songe au quartier de Montréal où il a vécu durant son enfance, il est heureux d'avoir réussi une certaine ascension sociale.

Il leur arrive aussi de donner un sens à leurs expériences en se *centrant* sur ce qui leur apparaît à chacun comme leurs caractéristiques fondamentales. Ainsi Sylvie, qui se perçoit comme une personne "franche et directe" évalue ses expériences en fonction de ces qualités : elle rejette les situations où elle ne peut être "elle-même" ou, en tout cas, tente de trouver les facteurs qui expliquent ces situations. Louis, pour sa part, qui se perçoit comme une personne à la fois émotive et rationnelle, retrouve cette image de lui au travail, avec sa femme et ses enfants. Et il se réfère à ces traits pour comprendre des situations qui sont moins satisfaisantes à ses yeux.

Nous avons longuement décrit plus haut comment le sentiment d'appartenance à une société "québécoise" ou "canadienne française" émerge à partir de la confrontation d'un *ici* avec de nombreux autres points de référence : les Etats-Unis où ils ont vécu pendant un certain temps, Cuba, la Suède, l'Algérie, les "pays communistes", etc. Ces nombreux points de référence permettent probablement d'expliquer certaines perceptions qu'ils ont d'eux-mêmes et de leurs milieux actuels, mais ils est au moins très évident que Louis et Sylvie utilisent ces *ailleurs* pour comprendre leur situation actuelle et leurs propres réactions personnelles à ces situations. Louis, pour sa part, a souvent recours au *relativisme culturel* quand il est confronté avec des réalités avec lesquelles il n'est pas d'accord : tout peut être acceptable *en soi* à la condition d'avoir été "élevé" dans telle ou telle société ou à la condition de désirer une autre société que la sienne. Par ailleurs, il lui arrive de trouver *ailleurs* des valeurs et des modes d'agir qui correspondent à sa propre "philosophie de la vie" et de se référer à ces *ailleurs* pour fonder ses expériences quotidiennes : les Etats-Unis font certainement partie de ces *ailleurs significatifs* et on peut comprendre dans le même sens son allusion à l'Histoire qui démontre à ses yeux le bien-fondé de sa conception des relations inter-personnelles et des libertés individuelles.

Enfin, une dernière notion leur permet d'intégrer certaines expériences qui sont *déconnectées* entre elles ou qui sont contradictoires : ils ont alors le recours au couple *tradition-changement*. Dans certains cas, ils s'expliquent la réalité en se disant : "C'est la tradition qui veut ça" (C'est le cas, par exemple, de la situation de la femme). Dans d'autres cas, ils se disent plutôt : "les temps changent" (c'est le cas, par exemple, de l'éducation des enfants, de la centralisation gouvernementale, etc.). Pour eux, comme pour bien d'autres, ils ont sans cesse à se situer face à des changements ou des projets de changement.

Peu importe les positions qu'ils adoptent dans chaque situation concrète, le processus de changement lui-même donne un sens à leurs expériences. Mais comme le laisse apparaître d'emblée l'ensemble de leurs témoignages, ce processus de changement donne un sens au désarroi lui-même. Ce désarroi, ce sentiment d'être en face d'un univers difficilement compréhensible, Louis l'exprime très bien quand, en quelques phrases, il rappelle comment il réussit à s'évaluer lui-même dans les divers secteurs de sa vie :

> *Dans mon travail, j'ai l'impression d'être bon juge. Dans ma famille, je ne suis pas sûr, souvent je doute de moi-même. Et en tant que citoyen, j'en ai complètement perdu mon latin ! Je voudrais bien être capable de prendre position de façon précise. (Louis donne ici l'exemple de la lutte acharnée que certains mènent contre les professeurs qu'on rend responsables de tous les maux actuels). ... J'aimerais bien voir clair dans tout ça. Mais je ne le sais plus. Je le sais tellement pas que je suis quasiment prêt à ne plus y penser pour avoir un peu de paix, pour vivre dans des choses qui sont peut-être plus essentielles à court terme ...*

De la même façon que le sentiment d'exercice du *pouvoir* est existentiellement très proche du sentiment d'*appartenance*, on peut dire qu'à partir du moment où Louis ne peut "plus voir clair" dans son univers, à partir du moment où il n'a plus un certain sentiment de *cohérence*, il a tendance à se sentir *étranger* dans sa propre société.

L'expérience du changement

Tout au long du texte qui précède, on aura pu entrevoir et comprendre comment Sylvie et Louis vivent l'expérience du changment et quelles attitudes et quelles conceptions ils ont développées à son égard. L'expérience du changement n'est pas totalement dissociable, à l'analyse, des autres dimensions que nous avons évoquées : l'appartenance, le sentiment de pouvoir et la cohérence. Le fait, par exemple, de se sentir *étranger* à l'univers politique peut être considéré à la fois comme un facteur qui empêche de participer aux changements et à la fois comme un reflet symbolique d'une non-participation au changement dans ce secteur. Il est évident aussi que le sentiment de pouvoir (ou non) donner un sens à son expérience est une dimension qui s'applique aussi à l'expérience du changement : ainsi il y a une continuité profonde dans l'expérience du changement quand, d'une part, Louis exprime jusqu'à quel point il a maintenant le sentiment de subir passivement les changements qui s'opèrent autour de lui et quand, ailleurs dans l'entrevue, il se rappelle qu'au moment de son adolescence, il était "comme la plupart des jeunes, demeuré passif devant cette expérience malheureuse qu'était la guerre ...".

Chacun de leur côté, Louis et Sylvie ont le sentiment d'avoir expérimenté le changement à travers leurs propres réactions personnelles. Ainsi, Sylvie est passée de "l'enthousiasme" au "réalisme" et si elle prend bien la peine de souligner que cette évolution ne l'amène pas "au défaitisme", on ne peut s'empêcher de remarquer une grande déception chez elle, qui est passée de la période active de la jeune femme à l'âge de la "retraite prématurée à 45 ans". Louis, pour sa part, a le sentiment d'avoir évolué vers un équilibre plus satisfaisant entre émotivité et rationalité, alors qu'il se souvient de lui-même comme d'une personne exclusivement émotive dans sa jeunesse. Il a le sentiment qu'il doit constamment s'adapter à des changements qui l'impliquent personnellement. Comme Sylvie, il a aussi le sentiment que le passage à la "période adulte" amène à faire l'expérience du changement dans ses réactions personnelles. Sans doute Louis se reconnaît-il dans ce portrait qu'il trace de l'adulte :

> *La période adulte, c'est la période où tu te rends au devant des déceptions avec ce qu'elles ont de positif et de négatif. En général, les gens, croyant qu'il y a plus de positif que de négatif, ne veulent voir que le positif, minimiser le négatif. C'est la période où tu te fais des options et où tu dois avoir le courage de ces options, où tu te lances dans l'action. Comme ces options-là ne sont pas défendables à cent pour cent et, d'autre part, que tu as le goût émotionnellement, pour être logique, de faire des actions dans une direction non équivoque durant une certaine période, c'est aussi une source de conflit avec toi-même ...*

De l'enthousiasme de celui qui a "le courage de ses options" aux déceptions de celui qui se rend compte que ces "options ... ne sont pas défendables à cent pour cent", d'une période de certitude ou de tranquilité d'esprit à une période de "conflit avec toi-même", c'est en ces termes que Louis prend conscience des changements dont il a fait l'expérience dans "sa période adulte". Ces réactions personnelles font évidement référence à plusieurs secteurs de la vie de Sylvie et de Louis, mais c'est probablement la comparaison entre ce qu'ils ont l'impression d'être maintenant et ce qu'ils étaient durant leur séjour aux Etats-Unis qui les amène tous deux à mesurer des écarts importants, écarts qu'ils expriment souvent par un sentiment de déception, une attitude de retrait et, même chez Sylvie, des signes d'anxiété ou d'insécurité.

Le secteur de la famille et de l'éducation a été pour eux l'occasion d'expérimenter bien des changements. L'éducation de trois enfants s'est démontrée beaucoup plus exigeante que ce à quoi ils s'attendaient à partir de l'image de leurs propres familles. L'autorité des parents a diminué et son maniement est devenu beaucoup plus délicat : s'ils sont d'accord avec cette évolution, ils ne ressentent pas moins une grande tension : "quand j'étais enfant, je n'avais qu'à obéir aux parents qui commandaient, mais maintenant que je suis parent, il faut que je continue d'écouter mes enfants". C'est ce que Louis dit en substance quand il se rappelle avec nostalgie l'image qu'il se faisait sans doute de l'autorité parentale. Quant à la fonction sociale de la famille, ils ont le sentiment d'avoir préparé des enfants à une société qui n'existe plus et de ne pas avoir reçu de cette société l'appui qu'ils en attendaient. C'est en réfléchissant à leur famille en termes de changements que Sylvie déclare : "Je ne sais pas ce que seront mes enfants dans vingt ans ...". Ces expériences de changements dans la famille deviennent d'autant plus saillantes dans leur esprit que Sylvie, comme on l'a vu, cherche à faire de la famille une oasis, un lieu privilégié, et que Louis considère que "la famille, on ne devrait pas y toucher ...". Quant à son rôle de femme, de bien des façons Sylvie a cherché à tenir compte de sa propre évolution, a cherché des "solutions" : travail partiel, inscription à certains cours, bénévolat, etc. Si elle n'est pas prête à s'engager dans une action s'inspirant des mouvements féministes, elle a expérimenté certains changements d'attitude. "Avec la philosophie que j'avais ..." rappelle-t-elle à plusieurs moments de son interview en laissant sous-entendre que maintenant elle ne partage plus cette philosophie. Pourtant ce dont elle a surtout pris conscience, c'est d'être parvenue à "la retraite à 45 ans" sans pour autant changer la conception qu'elle se fait de la famille et de son rôle dans cette famille.

Comme pour bien d'autres Québécois, l'expérience religieuse a été pour eux une expérience de changement. Celle-ci devient évidente quand ils comparent, par exemple, les conduites religieuses qu'ils devaient tenir dans leurs propres familles d'origine à ce qui se passe actuellement dans leur propre famille, quand ils comparent l'éducation religieuse qu'ils ont reçue à l'école ou au collège avec l'éducation religieuse reçue par leurs enfants, quand ils comparent l'image traditionnelle du prêtre ou du religieux avec les prêtres et les religieux qu'ils connaissent aujourd'hui, quand ils comparent la morale religieuse —en particulier à l'égard de la sexualité et du contrôle des naissances— qu'ils ont apprise jadis avec leurs convictions actuelles, etc. En même temps, ils n'ont pas coupé tous les liens avec l'Eglise et n'ont pas cessé d'avoir des préoccupations religieuses, ou tout au moins, d'adhérer à des principes religieux : ils ont envoyé leurs enfants dans des écoles privées dirigées par des religieux ou des religieuses et leurs enfants ont participé aux cours de catéchèse ; Sylvie a gardé des contacts avec des religieux ou des religieuses; Sylvie encore, continue à sentir le "besoin de se raccrocher" à la religion (" ... si tu es malheureux, quel choix te reste-il ..."?); Louis, pour sa part, se réfère volontiers à l'existentialisme chrétien de Gabriel Marcel qu'il a connu durant ses études. L'expérience de changement dans le secteur religieux n'implique donc pas, de leur part, une brisure complète avec leur passé.

A l'égard de la génération des jeunes, ils n'ont pas une attitude très favorable. Sylvie dit bien qu'elle "se sent proche des jeunes" mais ce n'est pas à ceux qui symbolisent la contre-culture qu'elle se réfère à ce moment-là. Elle voit toutefois chez les jeunes une source de dynamisme qu'elle ne retrouve pas chez les "adultes":

> *Quand t'as des révolutions, d'abord c'est des très jeunes, des étudiants. J'ai l'impression que c'est toujours des étudiants qui font les révolutions, ce sont pas des adultes, qui eux ont trop de responsabilités. Ils ont trop à perdre probablement pour vouloir tout changer. Ils ont des jeunes enfants puis ils ne veulent pas voir leur vie troublée. Mais les étudiants qui sont pleins de fougue et d'énergie, puis qui ont besoin de dépenser leur énergie ... ils ont besoin d'une cause. C'est très facile parce que comme le monde est imparfait, c'est très facile de toujours trouver une cause pour se battre!*

Il semble bien qu'en définitive, c'est à l'adulte bien plus qu'aux jeunes qu'elle s'identifie, en tout cas quand elle se réfère aux changements sociaux et politiques. Quant aux normes sexuelles de la contre-culture, c'est à leur propos qu'elle déclare: "quant à la sexualité, je suis aussi perdue qu'à propos de la religion ...". Si Sylvie n'est pas prête à s'identifier à ces "causes" par lesquelles se caractérise la nouvelle culture, elle n'en est pas entièrement étrangère non plus: elle accepte de se poser des questions, de modifier certaines attitudes car si ce sont surtout les "très jeunes" qui font les révolutions, elle dit aussi, comme nous le verrons plus loin, que "tout n'est pas mauvais" dans les changements sociaux radicaux. Louis, pour sa part, exprime une attitude nettement plus négative à l'égard de ces groupes symbolisant la contre-culture. A propos des hippies, il dit par exemple:

> *Je pense que la majorité de ces gens-là (les hippies) sont débalancés ... Ces phénomènes ne m'impressionnent pas parce qu'ils ont trop de couleur pour la véracité qu'il y a en-dessous de tout ça.*

Ce critère de la "véracité", de l'authenticité, l'amène cependant à porter un jugement beaucoup plus nuancé à l'égard du seul représentant de la contre-culture qu'il connaisse personnellement :

> *Le plus hippy que je connaisse, dans le sens positif, c'est le fils de ..... Il est capable de se foutre des valeurs conventionnelles et d'établir un nouveau mode de vie, il se fout du monde traditionnel, occidental, capitaliste. Tout dans sa vie est en accord avec les principes qu'il défend. Il y croit. Ce n'est pas important s'il a les cheveux longs parce qu'il traduit sa philosophie de la vie dans les choses importantes et non pas dans le costume ...*

Son attitude libérale apparaît ici quand il respecte celui qui "traduit sa philosophie dans les choses importantes" et qui réussit à mettre "sa vie en accord avec les principes qu'il défend ...". Peut-être même envie-t-il ce jeune qui se permet de remettre en cause certaines valeurs de la société. N'exprime-t-il pas lui-même implicitement une telle remise en cause quand il rêve d'aller entreprendre une nouvelle carrière dans les pays sous-développés ? Bien sûr, dans ce "rêve à la Gauguin" se retrouve le désir de fuir les aspects désagréables de son travail (bureaucratie, centralisation, etc.) mais n'ajoute-t-il pas à propos de ce rêve qu'il lui permettrait aussi de vivre plus en accord avec certaines valeurs, de ne plus avoir l'impression de travailler pour les riches ?

Si son rêve d'aller un jour dans les pays sous-développés constitue une expression symbolique du rejet du type de société dans lequel il vit, il n'est, en tout cas, pas d'accord avec les projets collectifs de changement qu'il retrouve dans sa vie quotidienne. On a vu comment la plupart des changements collectifs sont perçus par lui comme des tendances malheureuses à la bureaucratisation, à la centralisation ou au socialisme et comment il rejette ces projets parce qu'ils remettent en cause l'idéologie de la liberté individuelle. Cette attitude s'exprime en face de plusieurs changements (dans le système scolaire, le milieu de travail, etc.) et, au cours de l'entrevue, cette attitude s'est exprimée à propos du projet d'assurance santé dont il était question dans l'opinion publique à ce moment-là. A ce projet particulier de changement collectif, Louis perçoit des implications directes sur son propre travail et il se sent donc personnellement menacé. Mais son attitude de rejet n'est pas étrangère non plus au fait qu'il retrouve, dans ce projet, la même tendance à la centralisation et à la bureaucratisation qu'il déplore déjà dans le système scolaire, dans son milieu de travail, et dans l'ensemble de la société. Cette attitude globale à l'égard des principaux projets collectifs qui ont été développés au Québec, on la retrouve chez Sylvie tout autant que chez Louis. Toutefois, celle-ci apparaît, ici aussi, moins nettement défavorable. Elle craint le développement du socialisme ("C'est comme si je voyais l'univers entier devenir socialiste ..."), mais cela ne l'empêche pas de retrouver "une certaine logique" dans tous ces projets "socialisants" :

> *Je vois qu'on perd à ça finalement plus que ce qu'on gagne. Mais je commence à voir les choses qu'on gagne à ça. Je commence à voir une certaine logique là-dedans. Il y a des bonnes choses. Je suis sûre qu'il y a des bonnes choses mais pour moi on perd beaucoup plus de chaleur ...*

Pour Sylvie comme pour Louis, les valeurs explicites auxquelles ils font référence sont, en dernier ressort, celles de la "véracité", de l'authenticité, de la relation personnelle "chaleureuse", etc. C'est au nom de ces valeurs qu'ils s'opposent finalement à bien des changements sociaux.

Leur opposition est toutefois une opposition *passive*. A travers tout leur témoignage, les sentiments de soumission, de fatalisme, de résignation s'expriment de plusieurs façons et ils ne sont pas étrangers au sentiment d'impuissance que nous avons déjà retrouvé dans leurs témoignages ("C'est pas l'individu qui va changer son siècle ...") dit Louis et ("en politique, on subit les choses beaucoup plus qu'on ne les provoque ...") dit Sylvie. Quoi qu'il en soit, ce sentiment de "subir" les changements sociaux de tous ordres suppose qu'ils ont constamment l'impression de s'adapter à de nouveaux changements. Louis s'identifie beaucoup à ces "gens qui vont avoir de la difficulté à s'adapter ...". Sylvie répète à quelques reprises : "J'essaie de m'adapter ... on ne peut pas reculer ..." en essayant de se convaincre que "dans le fond, c'est pas important".

> *Ca sert à rien de rechercher le bonheur ailleurs. Regardons l'adaptation ... C'est pour ça que j'essaie de m'adapter énormément au changement. J'essaie d'être sereine vis-à-vis le changement de la société. Je change ma philosophie pour m'adapter. Je me dis : "Au lieu de m'en faire pour les choses comme je m'en faisais avant, je m'en fais plus". Je me dis : "Ca vaut pas la peine". Pis d'ailleurs, si ça change à ce point-là, c'est que dans le fond ça n'était pas si important ...*

Quand Louis expliquait comment, au cours de ses études, il avait dû se "réajuster" à bien des changements, il exprimait sans doute un sentiment qu'il associe au changement social en général :

> *... Puis là on nous dit : "Ha, il y a un réajustement social à faire, c'est pas grave"! Comprends-tu? Mais puis c'est là! On passe notre temps à faire des réajustements sociaux. La vie va passer, puis on va passer d'un réajustement social à l'autre. Finalement on aura quoi? Vécu...? Existé...?*

Dans l'ensemble, l'expérience du changement chez Sylvie et Louis semble être avant tout une source de déception ou d'insatisfaction. Il ne faut pas toutefois oublier que leur réaction au thème du changement, au moment des interviews, a pu être fortement colorée par leur réaction au projet particulier d'assurance santé. Cependant, cette image globale qui ressort de leur témoignage s'accorde assez bien avec les autres dimensions de leurs expériences.

Et l'avenir ...?

"Finalement, on aura quoi ..."? demandait Louis dans la dernière citation. Si on considère ce qu'ils entrevoient pour l'avenir, la réponse à cette question pourrait être : "Nous aurons élevé les enfants et nous aurons fait l'expérience de la vie de couple". Parvenu au terme de la série de rencontres, l'interviewer leur demanda, en effet, comment ils entrevoyaient l'avenir. Au cours des échanges qui suivirent, le thème des enfants revint spontanément à la surface et ensuite —pour finir— celui du couple. Auparavant, chacun avait fait allusion au travail qu'il rêve de faire une fois qu'ils seront "libérés des enfants". Voici, sans beaucoup de commentaires, de longs extraits de cette dernière partie des entrevues.

> *...Moi, je dirais qu'actuellement on prévoit pas beaucoup de changement à notre petit train-train tant et aussi longtemps que les enfants seront avec nous autres ... Ce sera comme ça probablement un autre, je ne sais pas moi, huit ans, neuf ans, dix ans ... Et après ça, ben, "thanks God" on ne sera pas encore trop vieux, on aura quarante-cinq, cinquante ans ... (...) Je pense qu'on t'a décrit à plusieurs reprises la sensation d'étouffement qu'on ressent à cause de plusieurs choses. Puis j'ai l'impression qu'à un moment donné on aura besoin de vacances, d'aller voir ailleurs, de s'éventer l'esprit ... Je dois dire que je vais peut-être trouver ça long les huit ou dix ans qu'il nous reste à faire parce que j'ai hâte, j'aurais le goût de le faire avant ... Là, après ces huit ou dix ans, on s'en est souvent parlé, on va devenir "free as a bird" ... J'aimerais faire un paquet*

d'expériences différentes. Il y a encore puis y aura probable-
ment toujours des projets d'aide du Canada aux pays sous-déve-
loppés ... Je m'en irais là tout simplement à titre d'expérience
humaine, pour essayer de retrouver les mêmes éléments humains
que je pense qu'on peut retrouver partout. Mais les éléments
humains qui sont ici sont entourés d'un autre paquet d'affaires
qui nous ont agacés. Alors, j'irais là-bas pour oublier ça, pour
nous placer dans un autre contexte. Puis là, c'est l'élément
humain qui va ressortir en premier alors qu'ici, j'ai l'impression
que c'est plutôt les achalanderies autour des éléments humains
qui nous préoccupent, peut-être de façon bien bourgeoise ...

Sylvie aussi songe à ce qu'elle pourrait faire durant cette période de sa
vie.

J'ai l'impression qu'on va faire un paquet de choses qu'on aura
jamais pu faire avant ... On voudrait être moins exigeants maté-
riellement. Ce serait appréciable d'avoir juste un petit apparte-
ment puis de voyager. Puis on ne voudrait pas être casés. On est
casés fortement à cause des enfants mais —je ne suis pas si c'est
mon instinct maternel qui travaille— mais je suis sûre que quand
ils vont être partis, il faudrait que je me retrouve quelque chose.
Et puis quand je me cherche quelque chose moi, ça tourne tou-
jours autour de l'enfant. C'est stupide, hein! Alors, des fois, je
me dis : "J'aurais peut-être une maison, une espèce de garderie
d'enfants". C'est aussi stupide que ça !...

(Sylvie)

Mais auparavant, les enfants partiront de la maison. En quelques minutes, Sylvie revoit toute son expérience de mère, de sa relation avec l'enfant "qui bouge et qui rit" à l'adolescent qui "commence à avoir des
questions d'adulte".

J'ai hâte de me libérer puis en même temps, je me sens attachée
à eux comme si c'était la vie, comme si ça représentait pour moi
la vie. Mais la vie à sa plus simple expression, la vie sans pro-
blème, sans entrave. La vie simple, un peu comme les fleurs ou,
si tu veux, le soleil ... Les enfants qui bougent et qui rient, moi,
je trouve ça formidable. Je trouve que c'est un âge merveilleux
tant qu'ils restent enfants, tant qu'ils n'ont pas atteint la
puberté. Puis, adolescents, on commence à avoir des questions
d'adultes. Plus ils nous ressemblent, plus ils sont attachants sur

un autre côté. Mais à ce moment-là, ce n'est plus la même chose. A ce moment-là, tu te dis : "bon, ben, ils vont partir un jour". Quand ils sont plus vieux, ils raisonnent plus en adultes et là il y a des confrontations plus fortes. Des confrontations d'idéologies, ils sont d'une autre génération et donc ils ont des idées différentes nécessairement. On a beau vouloir, on ne peut pas les rendre comme nous autres à moins de les faire bien vieux-jeu. Mais ça va craquer à un moment donné. On peut toujours essayer de leur ressembler mais on est pris avec toute notre éducation. Alors, j'ai l'impression qu'on est quatre adultes dans la maison actuellement. Alors, t'es plus chez vous. Tant que les enfants sont des enfants, alors t'es chez vous. Puis quand les enfants deviennent des adultes ...

Louis exprime le même sentiment :

Je les adore mes enfants, j'aime bien avoir des contacts avec mes enfants, mais j'ai parfois l'impression que les enfants sont une entrave à notre relation ...

Sylvie poursuit :

Je les ai éduqués pour être indépendants et puis ils sont en train de devenir fameusement indépendants ! Plus ils sont indépendants, plus je me détache d'eux. Ca se fait automatiquement. Alors, à un moment donné, tu te retrouves en face d'adultes, puis là, t'as besoin de te libérer parce que t'es plus chez vous, puis eux aussi ont besoin d'être libérés. Y ont hâte, y vont avoir hâte bien vite de partir parce qu'eux aussi ils ont leurs idées à eux puis ils les expriment même si on est pas d'accord. C'est fatiguant à la longue ça ... Ca va être de plus en plus fatiguant ... Quand ils partent, j'imagine que tu dois pas avoir de peine. Mais j'espère que ça va être un peu des amis puis qu'on va se revoir, puis ça va être de la gaieté. J'entrevois ça.

Louis enchaîne :

Moi, je suis convaincu que nous allons être très heureux de les revoir à la maison. Je suis convaincu qu'eux vont désirer des contacts fréquents mais courts et, nous autres, on va mieux aimer ça. Comme ça, on ne sera pas pris dans l'inconfortable position d'avoir l'impression d'achaler ...

Et soudainement, Sylvie entrevoit une vie de grand'mère :

> *Ils auront trente et quarante ans et je m'inquiéterai encore. Si j'ai un des mes enfants qui tombe malade puis qu'il a des enfants, puis tout ça, je serai terriblement inquiète, je serai très malheureuse. Je vais me sentir probablement obligée, s'il n'a pas d'aide, d'aller donner un coup de main, de voir à leurs enfants. Je serai jamais détachée de mes enfants. Ils seront toujours mes enfants et je serai toujours là s'ils ont besoin de moi. S'ils me demandent, tu peux être sûr que je vais y aller en courant. Tes enfants, c'est toujours tes enfants ...*

Louis s'imagine bien, lui aussi, en train de recevoir la visite de ses enfants et de leurs familles, mais il songe surtout à la vie de couple qu'il reprendra avec Sylvie. Après avoir dit qu'il avait le sentiment que les enfants étaient parfois une entrave à sa relation avec Sylvie, il poursuit sa projection de l'avenir :

> *On va être libérés jusqu'à un certain point. Je vais pouvoir connaître la Sylvie encore plus riche qu'elle l'est actuellement. Autrement dit, à l'occasion ou à travers d'autres expériences, d'autres milieux, d'autres statu quo, si tu veux, qui pourront se succéder d'une façon plus changeante, plus rapide qu'actuellement. Parce qu'actuellement on a forcément ce train-train de type plus bourgeois : qu'est-ce que tu veux, quand t'élèves des enfants, tu peux pas ...*

De là, ils abordent le thème des "vieux jours". Louis hésite entre l'image d'une mort tranquille qui lui permettrait "pas trop de changement brusque" ou celle d'une mort violente qui l'empêcherait d'être aux crochets de mes enfants et de ma femme" :

> Louis : *Moi, j'aime à penser à des vieux jours comme des jours où je perdrai tellement graduellement mes forces que je n'aurai pas la tentation de regretter de ne plus être jeune.*
>
> Sylvie : *Ca c'est d'mourir en santé !*
>
> Louis : *Pas nécessairement en santé, mais au moins mourir à petit feu dans ce sens qu'il y aura pas trop de changement brusque tout d'un coup. Mais j'aimerais mieux mourir d'une mort violente ou brusque plutôt que de vraiment être aux crochets de mes enfants ou de ma femme ...*

Sylvie, elle, imagine la tristesse et la solitude de celle qui ne peut plus compter sur les autres.

> *Moi, la vieillesse, je vois ça comme quelque chose de triste parce qu'on a besoin des autres et puis je vois qu'on s'en va vers un monde où les autres sont tellement préoccupés qu'ils n'ont pas le temps de penser aux vieillards. Et puis, j'entrevois ça ... D'ailleurs, c'est fou : je suis pas capable de me voir vieille. C'est comme si j'étais certaine que j'allais mourir jeune.*

Et enfin, Louis termine par la référence au couple :

> *... Justement, dans mon idée, une vieillesse intéressante, ce ne peut quasiment pas être sans que les deux du couple s'éteignent tranquillement ensemble, à un rythme à peu près parallèle. Moi, je pense qu'un couple qui a vraiment vécu en arrive jusqu'à un certain point à se faire un univers, un univers dans lequel ils se sentent bien, ils se sentent chez eux. Je pense que c'est impossible d'être vraiment heureux à moins d'avoir l'autre. L'autre qui peut nous servir parfois simplement de miroir à soi-même ou encore de réplique dans un duo qui a été perfectionné le long des années ... Si Sylvie mourait avant moi et que j'étais bien en santé, j'espérerais partir vite après parce qu'à ce moment-là ma vie serait énormément vide ...*

A travers ces images de la vieillesse et de la mort, Sylvie et Louis expriment probablement leurs valeurs fondamentales : l'idée de l'humain chez Louis et sa répulsion devant des changements trop brusques, le rôle de mère chez Sylvie et sa tristesse et son insécurité. La mort du couple qu'entrevoit et espère Louis reflète aussi sans doute la place que le couple aura prise dans leur vie.

note

1 Le terme de *critère* n'est pas utilisé par Sylvie elle-même, mais constitue plutôt une catégorie analytique.

Conclusion
L'image de soi :
quelques réflexions sur
la société québécoise

Tout au long des monographies des trois chapitres précédents, nous avons tenté, pour chacune des personnes impliquées, de rendre compte de l'image qu'elle se fait d'elle-même, de son milieu et de sa relation avec son milieu. A partir d'une grille relativement semblable d'un cas à l'autre, nous avons tenté de comprendre comment elles faisaient l'expérience d'*appartenir* ou d'*être étrangère* à sa famille d'origine, sa propre famille, sa génération, son milieu politique, sa classe sociale, etc. Le thème de la solitude a aussi été abordé sous cet angle de l'appartenance ou de l'étrangeté. Par rapport aux mêmes secteurs, nous avons aussi reconstitué ces expériences de *pouvoir*, d'*indépendance* ou de *dépendance*. A l'égard des expériences de changement, nous avons utilisé les distinctions relativement classiques entre la perception du changement, les attitudes et les conduites, pour essayer de comprendre l'*ouverture* ou la *fermeture* liée à ces expériences de changement. Nous avons dégagé certains processus par lesquels les personnes donnent un sens à leurs expériences et retrouvent une continuité dans ces expériences ; mais nous avons aussi dégagé certains processus qui mènent plutôt à l'expérience d'un sentiment de brisure, de coupure, de tension ou même de contradiction entre les diverses images de soi, de son milieu et de sa relation avec son milieu.

Ce *milieu*, nous l'avons défini, tout au long des trois monographies, en termes des divers groupes, des diverses institutions, des diverses structures sociales dont les personnes sont inévitablement des éléments : du réseau d'amis ou de parenté au système politique, du milieu de travail au système social ou économique, de sa propre génération à celle de ses enfants ou "des jeunes d'aujourd'hui", des institutions religieuses aux grandes agences gouvernementales, de son propre milieu d'origine (quartier, paroisse, village, etc.) à tous ces *ailleurs* auxquels on se sent plus ou moins reliés par ses voyages, ses séjours d'étude, ou par la télévision, du Québec d'ici au reste du Canada, aux U.S.A., à la France ou ailleurs, nous retrouvons ce que nous avons appelé les divers *secteurs* de l'expérience.

Du point de vue de la personne qui en fait l'expérience, ce milieu n'est pas inévitablement homogène ou indifférencié. Il est évident, par exemple, que chaque personne ne fait pas l'expérience de la solitude (ou de l'absence de pouvoir, etc.) au même point et dans les mêmes termes dans chacun des secteurs de son univers. En même temps, il est évident aussi que chacun de ces secteurs ne constitue pas un sous-univers complètement autonome qui mènerait irrémédiablement à tel ou tel type d'expérience : même si la famille, par exemple, constitue pour certaines personnes un lieu privilégié de relations interpersonnelles chaudes et sécurisantes, cela n'est pas vrai pour chacune des personnes et, surtout, chaque personne peut à la fois y faire l'expérience de relations interpersonnelles plus chaudes qu'ailleurs et faire l'expérience de la solitude.

Une conclusion aux trois monographies qui précèdent est-elle indispensable ? Une longue tradition en sociologie urbaine a tendance à considérer les rôles ~~sociaux comme étant~~ segmentalisés, déconnectés les uns des autres ou radicalement en contradiction les uns avec les autres. Comment, alors, l'individu fait-il l'expérience personnelle de l'ensemble de ces rôles ? Comment réussi-il à donner, à ses expériences, un minimum de sens sans lequel il se dirige vers le suicide ou la maladie ? Dans l'entreprise qui devient sienne, qui consiste à donner une telle signification *à* son expérience, quel support reçoit-il de la société dans laquelle il vit ? En même temps, comment l'expérience de ces rôles — correspondant aux divers *secteurs* auxquels on a fait allusion plus haut — l'amène-t-il à vivre des contradictions, des tensions, des brisures ? Comment se situe-t-il alors, lui personnellement, dans le contexte des changements dont il fait l'expérience ? En autant que notre objectif était d'explorer les réponses à ces questions, chaque monographie constitue une analyse complète en elle-même.

En autant aussi qu'un des objectifs de ces monographies était de faire prendre conscience *aux uns* de la façon dont *les autres* vivent l'expérience de la vie quotidienne, les trois instantanés ou les trois portraits présentés dans les chapitres précédents auront peut-être suffi à aider le lecteur à effectuer ses propres analyses ou ses propres évaluations, à appliquer, par rapport à ses propres expériences, les mêmes grilles d'analyse que nous. Un tel objectif n'est pas sans précédent : les premières grandes enquêtes de sociologie empirique poursuivaient souvent un tel but. Par ailleurs, dans certains stages de formation axés sur les processus de changement, il est fréquent d'initier les processus d'apprentissage par une phase d'exploration des expériences vécues par soi-même et par autrui. En ce sens, une conclusion n'est donc pas indispensable.

A partir des divers secteurs de la vie quotidienne (famille, travail, politique, etc.) et les quatre dimensions dont nos monographies ont rendu compte (appartenance, pouvoir, etc.), il serait possible d'établir une grille permettant de comptabiliser, en quelque sorte, l'ensemble des éléments de l'expérience de la vie quotidienne. Même si une telle grille n'a pas été présentée systématiquement, chaque monographie constitue, de fait, le résultat de l'analyse d'une telle grille. Reprendre cette grille à ce moment-ci, nous éloignerait plutôt qu'elle nous rapprocherait de la question plus fondamentale posée — au moins implicitement — par nos trois monographies.

Cette question fondamentale, nous l'avons dit, est celle de l'image de soi, de son milieu et de sa relation avec ce milieu. Donner un sens à son expérience, c'est en définitive explorer sa propre *identité*, c'est répondre à la question : *qui suis-je ?* Or, si la psychologie a souvent tendance à aborder les processus d'identité par l'exploration des secteurs de la vie privée (famille, école, amis, relations interpersonnelles au travail, etc.), les trois monographies ont certainement rendu très clair le fait que notre hypothèse de travail était tout autre : l'analyse des processus de formation et de modification de l'*image de soi* implique l'exploration de ce que nous avons appelé l'expérience des *grands ensembles*. Une autre formulation de cette même hypothèse serait la suivante : répondre à la question *qui suis-je ?* implique, pour telle ou telle personne, qu'elle réponde en même temps à la question : quel est ce milieu dans lequel je vis et surtout quelle relation ai-je avec ce milieu ?

La réponse à la question d'identité va de soi uniquement pour ceux qui appartiennent à une société statique, à une société dont est exclu le changement ? En existe-t-il encore ? Des changements, rapides ou lents, révolutionnaires ou pas, provoqués ou subis, souhaités ou non souhaités, amènent inévitablement, au moins dans notre type de société, les individus à se poser et à se reposer cette question. Pour ceux qui vivent au Québec d'aujourd'hui, il est évident qu'elle se pose également. L'historien de demain retiendra certainement un certain nombre de dates ou d'événements qui, justement, auront fait l'histoire. Mais c'est aussi dans l'expérience de la vie quotidienne que s'élabore au Québec une réponse à cette question, réponse jamais complète, jamais finie ; réponse qui, satisfaisante un jour, cesse de l'être le lendemain ou l'année suivante parce qu'on est devenu père ou mère, parce qu'on se retrouve plus préoccupé par la religion qu'on ne l'avait cru ou parce qu'un projet politique précis devient l'objet d'un débat public. A partir des trois monographies, il est possible de présenter quelques réflexions sur l'individu québécois et son expérience de l'image de soi.

Le petit nombre de cas et le fait que ces derniers viennent d'une catégorie relativement précise de la population (par exemple, ils sont tous mariés et ont tous des enfants) rend très explicite que nous ne tentons pas ici une généralisation statistique. Même dans les catégories plus marginales (des jeunes, des militants syndicaux ou politiques, des homosexuels, etc.), il serait toutefois surprenant que les individus ne fassent pas l'expérience — chacun à leur façon — des processus analogues à ceux que les monographies ont mis en relief. Le fait d'appartenir à une catégorie qui soit, sous un rapport ou sous un autre, plus marginale dans notre société n'empêche pas d'avoir à donner un sens à ses expériences ou de vivre un certain nombre de tensions ou de contradictions. On pourrait même faire l'hypothèse que les processus qu'on a retrouvés chez Claire et Gilles, Louise et André, Louis et Sylvie seraient amplifiés et vécus avec encore plus d'intensité chez des personnes appartenant à des catégories plus marginales.

L'image de soi et la religion

On connaît l'influence que l'Eglise catholique a exercé sur l'histoire du Québec, ses institutions et la vie quotidienne de ses habitants. Si cette influence n'a pas toujours touché tous les secteurs de la vie, cela était le cas au cours du dernier siècle et peu de Québécois nés avant 1960 n'ont pas eu à intégrer un nouveau type d'expérience religieuse à leur image de soi. Même pour ceux qui, en apparence, ne modifiaient en rien leur croyance, leur pratique ni leur morale religieuse, le simple fait de se retrouver dans un contexte où être "catholique pratiquant" n'allait plus de soi modifiait la signification sociale de leur expérience religieuse. Pour ceux qui profitaient du climat de cette période ou qui en subissaient les pressions ou qui abandonnaient leur appartenance à l'Eglise catholique d'une façon ou d'une autre, il va de soi qu'ils devaient donner un sens à leur nouvelle expérience de non-pratiquant ou de non-croyant. Cette période fut vraiment le début de la révolution tranquille au Québec : avant de s'attaquer au pouvoir politique en place, on s'attaqua aux structures religieuses. D'ailleurs, les études sur l'expérience religieuse de cette époque montrent que les attitudes de base que les jeunes de vingt ans exprimaient alors à l'égard de l'Eglise catholique étaient fondamentalement les mêmes qu'ils allaient, huit ou dix ans plus tard, exprimer à l'égard du pouvoir en place, qu'il s'agisse du pouvoir purement politique ou du pouvoir des institutions d'enseignement. Dans les deux cas, il s'agissait d'une affirmation de soi *contre* des institutions maintenant perçues comme trop contraignantes.

Comme à peu près tous les Québécois, les six personnes de nos monographies ont eu à se définir à l'égard de la religion. Gilles est demeuré catholique pratiquant traditionnel qui est convaincu que la baisse de la pratique religieuse va cesser un jour et que les jeunes, par exemple, reviendront certainement à des attitudes plus favorables à l'Eglise. Louis, se définit comme croyant mais non-pratiquant et quand il veut expliquer son attitude religieuse, il se réfère à l'existentialisme chrétien de Gabriel Marcel : en ce sens il est demeuré fidèle à une des options qui s'élaboraient déjà chez les étudiants des collèges classiques du Québec vers 1955 ou 1960. Quant à André, il est assez virulent à l'égard de l'Eglise catholique. Déjà le témoignage de ces trois hommes montre comment le changement de l'image de soi peut prendre des directions fort différentes. Quant aux trois femmes de ces monographies, leur expérience montre bien comment, au moins dans notre contexte social, il n'est pas facile de modifier son appartenance à la religion. Claire a longtemps subi les pressions de Gilles et de sa belle-mère pour qu'elle n'abandonne pas la pratique dominicale. Un des moments importants de sa relation avec son mari est d'ailleurs celui où elle a pu s'affranchir de ces pressions. Pour elle, abandonner la pratique religieuse était une chose logique puisqu'elle n'avait jamais "eu le sentiment de croire en l'Eglise". Pourtant elle regrette de ne pas avoir le secours de la religion quand "ça va mal" et songe — presqu'avec envie — à l'expérience de "cette petite femme qui a sauvé son ménage" parce qu'elle a pu avoir recours à la religion. Louise dit ne plus croire en la religion. A cause de son éducation, elle n'a jamais senti le besoin de s'identifier à la religion catholique plutôt qu'à une autre religion : l'important c'était d'appartenir à *une* religion. Cette attitude, même marginale, a probablement toujours eu sa place au Québec à partir du moment où coexistaient d'autres organisations religieuses. Dans son cas, elle s'identifie à l'Eglise catholique et c'est par soumission aux normes de celle-ci qu'elle s'est décidée à avoir une famille nombreuse. On se souvient que c'est pour "faire ses pâques" qu'elle a cessé "d'empêcher la famille" en prenant le risque que ses grossesses soient dommageables à sa santé. Par contre, son opposition actuelle à la religion n'est pas fondée exclusivement sur cet événement pénible de sa vie. Comme André, elle croit que la religion est incompatible avec le développement de la science : quand la biologie explique la vie par les gènes, la religion n'est plus nécessaire. Et elle est bien certaine que ses enfants et les jeunes de leur génération ne seront pas religieux comme elle et André l'ont été. Malgré tout cela, elle se dit — probablement en songeant à elle-même — qu'à cause de la mort et de l'Au-delà, les personnes âgées n'abandonneront peut-être pas la religion. Que l'expérience de l'appar-tenance ou de la non-appartenance à la religion soit intimement liée, chez Louise, à des thèmes comme ceux de la science, de la vie et de la mort, explique sans doute que les changements qu'elle a vécus dans ce secteur de sa vie soient une source d'ambivalence. Cette ambivalence, on la retrouve aussi dans l'expérience de Sylvie. Bien que cette dernière soit d'accord avec son mari sur la plupart des critiques qu'il adresse à la religion, bien qu'elle affirme rejeter toute appartenance religieuse, son sentiment principal à l'égard de la religion est celui "d'être perdue". Elle ne comprend plus la signification de la religion, elle ne comprend plus le message que le clergé veut transmettre. Elle se dit que la religion, en fin de compte, est la seule bouée de sauvetage à laquelle elle peut "s'accrocher". Quand elle fait référence à ce besoin de "s'accrocher" à la religion, Sylvie — comme Claire — nous dit peut-être plus de choses à l'égard de l'ensemble de sa vie qu'elle n'en dit à propos de la religion elle-même. Mais l'appartenance à l'Eglise, dans son cas, comme dans celui de bien d'autres Québécois, ne peut être remise en cause sans une profonde modification de l'image qu'elle a d'elle-même.

Il n'est pas certain d'ailleurs que l'abandon de l'appartenance religieuse soit, au Québec, un phénomène aussi profond et radical qu'il ne le semble au premier abord. Ce que la majorité des Québécois semble avoir rejeté, ce sont les structures traditionnelles de l'Eglise catholique. En autant que ces structures peuvent évoluer, il n'est pas certain qu'elles ne retiendront pas beaucoup de Québécois : des "messes à gogo" dont se moquent Sylvie et Louis, à la liturgie plus traditionnelle que préfère sans doute Gilles, aux expériences charismatiques qui constituent une nouvelle vague de fond nord-américaine, il y a probablement de quoi répondre au schème culturel et québécois d'appartenance à une religion. D'ailleurs, on l'a mentionné, l'option de Louis, pour marginale qu'elle soit, n'en correspond pas moins à un courant traditionnel qui se retrouve depuis longtemps à l'intérieur de l'Eglise. Il ne faut pas non plus oublier que la plupart des jeunes qui ont vingt ans aujourd'hui ont reçu une forme ou une autre d'éducation religieuse : cela signifie qu'ils ont inévitablement à prendre position, au moins au niveau existentiel, à l'égard de la religion. Ce qui semble avoir le plus clairement changé au Québec par rapport à la religion est le rôle que celle-ci a longtemps joué auprès de la plupart des institutions : malgré le fait que les systèmes scolaires locaux demeurent confessionnels, les écoles ne sont plus sous la direction exclusive des membres du clergé et cela est vrai aussi bien pour les hôpitaux et les services sociaux. Il serait surprenant aussi que la religion puisse, au Québec, avoir une influence déterminante sur les institutions comme le mariage et sur les institutions politiques. Mais quoi qu'il en soit, même aujourd'hui, la religion est plus qu'un groupe volontaire en ce sens que, pour ou contre, de l'extérieur, à propos de lui-même ou à propos des autres, nul Québécois ne peut ignorer la religion dans l'image qu'il se fait de lui-même et de sa relation avec son milieu.

Famille – parenté – amis

Les familles d'origine de chacun des trois couples ont une forte influence sur leur propre expérience familiale : que leur famille d'origine leur serve de modèle ou de contre-modèle, qu'ils aient conservé ou non des contacts avec des membres de leur famille d'origine, celles-ci sont presque partout présentes à l'esprit quand vient le moment de donner un sens à leur vie de famille. Les différences de génération sont évidentes au niveau des comportements et au niveau des normes à l'intérieur de la famille. Par exemple, on n'élève plus les enfants avec la même autorité qu'autrefois. Même André, qui pourtant s'efforce de reprendre les modèles que son père lui a appliqués, reconnaît qu'"il met de l'eau dans son vin" et qu'il n'ose plus exprimer en clair les jugements qu'il porte sur ses enfants. Pourtant à un niveau plus rationnel, il s'explique bien que "dans la vie moderne" il soit normal que les choses changent! On peut multiplier à l'infini les exemples précis où la famille d'aujourd'hui n'est plus celle d'autrefois au Québec. Quel que soit le nombre d'enfants qu'on ait, on est favorable aux familles moins nombreuses, les recours aux appareils ménagers laissent plus de "libertés" aux femmes qui demeurent à la maison, etc. Mais, par ailleurs, on retrouve des continuités profondes : André qui considère que la meilleure école est encore "l'école de la vie" et qui n'est pas loin d'encourager ses enfants à quitter l'école, Sylvie et Louis qui ne sont pas loin d'accorder à leur fils une place plus grande qu'à leurs filles malgré leurs désirs explicites de ne pas perpétuer ce modèle qu'ils ont tous deux connu. Cette continuité, encore une fois, n'est pas toujours au niveau des conduites extérieures mais répond à des sentiments vécus dans leurs familles d'origine et souvent demeurés secrets. Ainsi quand Claire, qui se perçoit comme une femme qui a de la difficulté à s'exprimer, cherche à établir des communications plus ouvertes avec ses enfants, quand elle tente de parler de "vrais problèmes", elle tente de lutter contre l'image qu'elle a d'elle-même depuis son enfance. Car elle se souvient de sa famille comme d'un milieu où il lui était difficile de communiquer avec les autres ("... En vieillissant, on en garde quelque chose de ne pouvoir s'exprimer..."). En même temps, elle décide par prudence de ne pas leur "faire connaître ses sentiments religieux", de ne pas leur dire qu'elle n'a jamais eu l'impression d'avoir la foi en Dieu. Ses propres contradictions actuelles sont le reflet de son expérience dans sa famille d'origine.

La famille n'est pas cependant que le lieu de reproduction des modèles ou des contre-modèles de sa propre famille d'origine. Elle est aussi le lieu où sont vécues, sous un mode privé, bien des situations dont l'origine et la dynamique s'expliquent par ce qui se passe à l'extérieur de la famille. Sylvie et Louis vivent intensément les répercussions, dans leur famille, des modifications du système scolaire au Québec ou des débats publics sur l'assurance-santé. Louise menace un de ses fils de le "mettre à la porte" s'il met à exécution son idée de joindre le F.L.Q. Parce que Gilles a de l'ambition et que l'entreprise où il travaille encourage ses employés qui font des études, Claire demeure solitaire trois soirs par semaine pendant plusieurs années : elle se sent coincée entre l'idée de "faire quelque chose" pour répondre à sa solitude et le désir de ne pas donner à son mari une nouvelle source de préoccupations qui l'empêcheraient de bien réussir dans ses études et dans son travail.

Tous ont à se situer devant cette image idéale et idéologisée de la famille selon laquelle cette famille constitue un système de sécurité devant le monde "extérieur" dont on se sent si souvent étranger, quand on ne le perçoit tout simplement pas comme hostile ou menaçant (les trois fils d'André qui sont en chômage, Louis qui se sent souvent en lutte contre les grandes bureaucraties, Claire qui s'en prend au pouvoir politique des multinationales, etc.) Des trois couples, c'est celui de Louis et Sylvie qui exprime le mieux cette image de la famille idéale : c'est l'"oasis" à laquelle se réfère souvent Sylvie et qu'à force de poignet elle essaie d'actualiser. En même temps, ce sont eux aussi qui ont exprimé davantage les vicissitudes de la famille dans notre société et les tensions dont elle est le foyer. Même si Louise n'a pas, comme Sylvie, tous les mots pour décrire cette fonction de la famille, elle aussi exprime de bien des façons comment elle est "fatiguée" de cette responsabilité de "rendre heureux" ceux qui vivent dans sa famille. On n'est pas loin d'être devant un cercle vicieux : plus ça va mal "à l'extérieur de la famille", plus nombreuses aussi sont les tensions à l'intérieur de la famille; mais en même temps c'est durant ces moments-là que la famille "oasis" devrait être la plus chaleureuse, la plus sécurisante, etc.

Comment interviennent, dans cette famille, la parenté et les amis ? Le réseau d'amis ou le réseau de parenté viennent-ils modifier, affaiblir ou renforcer cette fonction qu'a la famille d'être un lieu que l'on contrôle, auquel on s'identifie pleinement et à l'intérieur duquel on a des expériences satisfaisantes ? D'abord, on aura remarqué qu'aucun "étranger" n'entre jamais dans la maison de Louise et d'André. Claire et

Gilles, pour leur part, n'ont connu qu'un couple d'amis depuis le début de leur mariage et leur relation avec ce couple d'amis a été fondée en bonne partie sur une relation de travail (Claire "gardait" tous les jours leur jeune bébé). Seulement chez Sylvie et Louis fait-on allusion aux personnes que l'on rencontre dans des réceptions, au chalet, à des congrès. De plus, on se souvient que Sylvie parle longuement de ses deux grandes amies et Louis, tout en entretenant une distinction entre la relation amicale et la relation de travail, se réfère aux relations personnelles et intimes qu'il entretient avec quelques collègues. Par ailleurs, si les relations avec la parenté ne sont pas inexistantes chez Louis et Sylvie, celle-ci demeure plus un groupe de référence qu'un groupe d'appartenance. Claire et Gilles ont déjà entretenu des contacts avec la parenté (beaux-frères et belles-soeurs, etc.), mais ces contacts ont fortement diminué depuis que Gilles a entrepris ses cours du soir. Enfin chez André et Louise, il y a des contacts fréquents avec des frères, des soeurs, des belles-soeurs et des beaux-frères. Plusieurs d'entre eux demeurent d'ailleurs dans le voisinage immédiat. A ce réseau s'ajoutent aussi leurs enfants et leurs propres familles. L'appartenance à la classe sociale explique très probablement la variation entre ces trois familles. Mais il y a surtout un trait commun entre les trois : nulle part ce système de parenté ou d'amitié ne franchit une certaine barrière entourant la famille elle-même. En d'autres termes, dans chaque famille, il y a un ensemble d'activités et de préoccupations qui se trouvent au coeur de la vie familiale et que n'atteignent pas ces niveaux de parenté ou d'amitié : ceci est vrai pour la solitude vécue par chacune des trois femmes, pour les "difficultés d'argent" qu'ils peuvent avoir à tour de rôle, pour les "problèmes d'éducation" dont ils peuvent faire l'expérience avec l'un ou l'autre de leurs enfants, etc. Il y a un secteur *privé* qui demeure à l'intérieur de chacune des familles et, dans certains cas, comme chez Louise et André, à l'intérieur de certains membres de leur famille. En ce sens, les parents ou les amis n'apportent pas un grand support pour ces problèmes de la vie privée. Seule Sylvie semble avoir reçu un tel support de la part de ses deux amies. Les parents et les amis sont plutôt l'occasion de contacts faciles, agréables, mais que, pour des raisons souvent différentes d'une famille à l'autre, tous définissent comme plus "superficiels", comme "n'allant pas très loin", etc. En ce sens aussi, la relation d'aide à laquelle nous avons fait référence à propos de Louise, atteint elle-même très vite des limites. Dans bien des milieux on est prêt à "aider les autres" et, à cette occasion, à établir des liens plus personnels, plus intimes qu'on ne le fait habituellement. Nous avons décrit cette expérience chez Louise. Mais si elle est fort heureuse d'aider sa voisine "si elle est mal prise", elle ajoute aussitôt qu'elle-même évite d'aller rencontrer sa voisine chez elle et ne lui demande jamais une service important. D'ailleurs, son mari rappelle à un autre moment, qu'il n'est pas question de discuter de leurs "problèmes" avec ses frères ou ses soeurs. On a vu d'ailleurs, que ce processus amène, entre autres choses, à se servir de la politique comme d'un sujet intéressant mais qui permet de rester dans "le domaine des choses banales", qui éloigne la conversation des points chauds qui demeurent à l'intérieur de cette vie privée qu'est la famille.

Les trois couples de nos monographies, par le choix même de notre échantillon, vivent à l'intérieur de l'institution du mariage. A cet égard, on peut penser que les trois couples ne la remettent pas totalement en cause pour eux-mêmes. Par ailleurs, chez chacun de ces couples, on a à se situer face à cette institution. Chez André et Louise, ils ont accepté qu'une de leurs filles, devenue très jeune enceinte, garde son bébé dans sa famille et une autre de leurs filles vit "avec un homme marié" sans que cela n'ait soulevé trop d'opposition. Une des soeurs de Louis est divorcée et la grand'mère de Sylvie elle-même avait vécu longtemps séparée de son mari. Gilles adopte une attitude très intransigeante à l'égard de l'institution qu'est le mariage (il le fait aussi pour plusieurs autres choses), mais Claire, quant à elle n'est pas défavorable, au contraire à la sexualité pré-maritale et au mariage à l'essai. Dans l'ensemble, c'est peut-être beaucoup plus l'attitude à l'égard de l'institution du mariage qu'à l'égard de la vie de famille elle-même que se retrouvent les changements les plus marquants au Québec.

Liés à cette évolution, on retrouve également des changements importants en rapport avec les normes de la sexualité : cette évolution va d'une très grande tolérance, comme chez Louis et André qui fondent cette tolérance sur leur notion de "nature", jusqu'à la résignation de Gilles qui espère que tout rentrera dans l'ordre un jour. Enfin, derrière l'expérience de la famille, se retrouve toujours l'expérience du couple. Louise est "fatiguée" d'élever sa famille, Sylvie a parfois l'impression que ses enfants prennent de plus en plus de place dans la maison, Claire se sent seule et isolée dans son rôle de mère de famille; mais dans les trois cas, l'expérience du couple demeure, parfois au niveau de la réalité quotidienne (comme lorsque Louise se sent bien quand son mari est dans la maison avec elle, même si celui-ci ne lui parle pas...), parfois au niveau du rêve (comme lorsque Louis pense au moment de sa retraite avec Sylvie, à ce moment où s'éteindra ce couple "petit à petit selon un scénario plusieurs fois répété..."), ou au niveau du cauchemar (quand Louise et André songent aux conditions des personnes âgées dans certaines institutions). De toute façon, le plus important à retenir, n'est pas la conduite ou l'attitude de chacun des membres de nos trois couples, mais le fait que, dans le Québec d'aujourd'hui, chacun doit inévitablement intégrer à l'image qu'il a de lui-même et de son milieu, ses propres expériences en face de la sexualité, du mariage, de la famille, de la parenté et des réseaux d'amis.

La femme et l'image de soi

L'évolution de la famille est de toute évidence liée de très près à l'évolution des rôles d'homme et de femme : la famille demeure encore, en général, le lieu où se maintiennent ces rôles traditionnels d'homme et de femme. Dans les trois monographies, aucune des femmes n'appartient ou n'adhère à un mouvement féministe. Pour toutes sortes de raisons qui deviennent claires à travers leurs témoignages, aucune d'entre elles n'est vraiment attirée par ce genre de militantisme. En même temps, toutes les trois expriment des sentiments très vifs à l'égard de leur identité de femme : Sylvie a eu des contacts avec une "femme féministe" et, tout en rejetant, dit-elle, les solutions de cette femme, n'en a pas moins fait d'énormes efforts pour vaincre son sentiment de solitude (cours du soir, tentative de recyclage pour faire de l'enseignement, tentative de bénévolat, etc.). Louise, pour sa part, ne l'exprime pas aussi ouvertement, mais à sa "fatigue", sa "peur" et à son "découragement", vient souvent s'ajouter le sentiment de solitude : quand son mari lui dit, à la blague, qu'elle devrait avoir deux servantes, elle songe immédiatement que "ça ferait une compagne... parce que depuis que les filles sont parties, je suis tout le temps toute seule..." C'est Louise aussi qui dit, à propos des normes religieuses qui l'ont amenée, pour faire ses pâques, à avoir d'autres enfants : "Ce sont des règlements d'hommes..." Et en discutant politique, elle lance : "Ca prend des femmes pour protéger des femmes!" Claire aussi exprime ce sentiment de solitude pour lequel, avoue-t-elle, elle n'a pas de solution. Certes, il n'est pas question pour elle d'accepter un travail à l'extérieur de la maison car ceci serait à ses yeux inacceptable : elle a de jeunes enfants, son mari gagne un salaire suffisant et elle se doit d'aider son mari, de l'encourager dans son propre travail et dans ses études. En cela, elle montre jusqu'à quel point elle a intériorisé le modèle culturel traditionnel. Mais elle ajoute qu'elle est bien consciente aussi qu'avec son peu d'instruction, elle aurait bien des difficultés à se trouver un travail : son attitude à l'égard du travail de la femme n'est pas seule en cause dans le fait qu'elle ne trouve pas de solution à sa solitude. Ce qui est l'élément le plus dynamique des changements dans ce domaine de l'image de la femme semble bien l'investissement affectif que la femme consacre soit à s'en tenir aux rôles traditionnels, soit à en sortir. L'investissement affectif des femmes semble une réponse au sentiment de solitude. Peut-être aussi est-ce une réponse au sentiment de dépendance à l'égard des hommes et/ou de leur mari. Claire et Louise, par exemple, ont l'impression qu'elles dépendent de leur mari pour savoir ce qui se passe à l'extérieur de leur famille, et ceci dans plusieurs secteurs de leur vie. Cet investissement affectif est d'autant plus considérable que changer son image de la femme est un long processus qui met en cause des attitudes profondes de la personnalité. Il ne suffit pas, par exemple, à Louise et Sylvie de "vouloir" ne pas accorder plus d'importance à leur fils qu'à leurs filles pour que leur attitude à cet égard soit modifiée. Même si Louise est "convaincue" que la sexualité est "naturelle" et que "c'est souvent la femme qui paie...", elle n'en établit pas moins un double standard à l'égard de la sexualité ("... la fille peut toujours se retenir..."). Encore ici, l'important est que, dans le Québec d'aujourd'hui, les femmes ont presque inévitablement à faire l'expérience d'un rôle de femme qui est en mutation. Quand on décrit les changements de la famille traditionnelle québécoise, on oublie souvent que ces changements s'inscrivent dans un moment de l'histoire où, dans un très grand nombre de pays, le rôle traditionnel de la femme est mis en cause. Au Québec comme ailleurs, une grande somme d'énergie sera sans doute consacrée à ces changements dans les années qui viennent.

L'homme et son travail

Dans le contexte des trois monographies présentées dans ce volume, l'univers du travail (autre que celui de "ménagère" ou de "mère de famille") est celui de l'homme plutôt que de la femme. Cela demeure vrai pour bien du monde encore. Il y a bien quelques métiers traditionnellement féminins et quelques autres qui ont évolué plus récemment. La plupart des métiers constituent un univers "masculin", soit parce qu'on y trouve presque exclusivement des hommes, soit parce que la majorité des patrons sont des hommes. Dans la plupart des cas, de toute façon, comme le dirait Louise, "les femmes doivent obéir à des lois d'hommes", ou du moins à des traditions d'hommes.

Les liens entre le travail du mari et la vie familiale sont nombreux et évidents. A part le fait que c'est encore souvent le salaire du mari qui assure la sécurité — ou l'insécurité — financière de la famille et qui détermine son style de vie (le genre de logement, le genre de loisirs, le genre d'habillement, etc.), le travail intervient souvent directement dans la relation des couples. On a vu comment Sylvie s'est sentie délaissée quand Louis a cessé de lui parler quotidiennement de son travail et de faire appel à elle pour taper ses textes à la machine. Elle se souvient qu'elle s'intéressait beaucoup aux dimensions techniques du travail de Louis. Encore aujourd'hui, au moment où il se sent menacé au plan de sa profession, elle s'identifie entièrement à lui et à ses préoccupations. N'est-ce pas d'ailleurs les pressions de Sylvie qui avaient amené Louis à entreprendre des études post-graduées aux Etats-Unis? Malgré toute la solitude qu'elle ressent, Claire s'identifie aussi fortement à son mari dans ses efforts pour monter les échelons de cette grande multinationale où il travaille. C'est avec beaucoup de fierté qu'elle parle de "son ambition", de "sa compétence" dans les choses techniques, etc. Quant à André, qui a cessé un jour son commerce parce qu'il était "trop souvent à l'extérieur de la famille", il a abandonné ce travail, dit-il, "avant qu'il y ait du grabuge" avec Louise. Dans la partie des interviews qui se réfère à cette période de leur vie, l'un et l'autre ont eu recours à quelques euphémismes. Mais il est bien évident que le travail d'André et sa façon de s'y livrer avaient des répercussions sur leur vie de couple et sur leur famille.

Pour les hommes des trois monographies, comme pour un grand nombre d'autres personnes, la situation du travail, considérée en elle-même, demeure l'occasion d'expériences qui mettent en cause l'image de soi. A l'intérieur des activités de travail, on réussit souvent à actualiser un certain nombre des aspects de soi-même auxquels on attache une grande valeur : dans son petit commerce, André a beaucoup utilisé la "débrouillardise" dont il est bien fier; Gilles a toujours fait de même pour ses aptitudes dans le domaine technique et les systèmes de promotion des entreprises où il a travaillé ont toujours correspondu à son "esprit d'ambition" dont sa femme parle à propos de lui; Louis a trouvé dans son milieu de travail cette possibilité d'être à la fois "chaleureux et scientifique", ce qu'il considère comme un trait important de sa personnalité. Que le travail soit souvent en même temps une source d'aliénation, cela non plus ne fait pas de doute : bien des études ont fait référence à cette aliénation et on la retrouve aussi à l'intérieur des trois monographies (Gilles qui a quitté une fois un travail intéressant parce qu'il craignait qu'il y ait du favoritisme dans le système de promotion, Louis qui a souvent le sentiment d'être en lutte contre une très grosse bureaucratie et André, dans son travail actuel, qui se sent complètement étranger à l'univers de son patron). Mais il faut bien réaliser, quand on songe par exemple à des projets de changements sociaux, que ces sentiments d'aliénation *coexistent* avec d'autres sentiments qui sont plus satisfaisants. Ainsi, même si André prend beaucoup de distance vis-à-vis de ses patrons et qu'il évite systématiquement de faire part à ses collègues de travail des préoccupations qu'il peut avoir dans sa famille, il n'en demeure pas moins satisfait de se retrouver "avec des hommes... qui parlent comme ils marchent" et avec qui il peut avoir des relations certes superficielles mais qui correspondent tout de même à certains de ses champs d'intérêt.

Une autre source de satisfaction immédiate que l'on tire souvent du milieu de travail est d'y retrouver un système d'autorité plus traditionnel que celui que l'on retrouve dans la famille : bien des parents rêvent sans doute de pouvoir commander à leurs enfants comme leurs patrons leur commandent ou comme eux-mêmes commandent à leurs subalternes ! Si Sylvie perçoit la famille comme une "oasis" contre les tensions du "monde extérieur", il est sans doute encore bien des personnes pour qui le travail, au moins à l'égard du phénomène de l'autorité, constitue une "oasis" de tranquillité. De plus, le secteur du travail implique toujours une dimension "technique" — au sens large du terme — et cette dimension est, elle aussi, culturellement définie : la technique appartient à l'univers masculin et la plupart des garçons ont reçu une éducation dans ce sens. Aussi le secteur du travail incarne souvent des valeurs conservatrices qui sont sécurisantes au plan affectif.

Dans ce contexte, on comprend que le changement dans le secteur du travail, que les situations de travail incertaines, mouvantes, sinon franchement désorganisées puissent constituer des sources d'anxiété profonde ; on comprend aussi que le travail constitue le point de convergence de plusieurs sources de satisfaction. Dans tous les cas, il est rare que le travail ne mette pas en jeu des dimensions profondes de l'image de soi. D'autant plus que c'est très souvent au travail qu'on retrouve en jeu, de façon le plus explicite, les valeurs typiques de notre système social et économique comme le sont l'initiative privée, la liberté individuelle, la compétition, etc.

Le système social, économique et politique

Chacun des trois couples de nos monographies appartient à une classe sociale différente. Le quartier est considéré ici comme un facteur qui est, en quelque sorte, la résultante de plusieurs indicateurs de la classe sociale. Nous l'avons déjà rappelé, il n'est évidemment pas question ici de généraliser à partir de l'observation d'un couple *comme si* il constituait un échantillon représentatif d'une classe. Par ailleurs, chaque couple représente une classe sociale au sens où il est bien de telle classe sociale et non pas de telle autre. Une des questions centrales à laquelle les trois monographies permettent de répondre est donc plutôt celle-ci : comment un individu sociologiquement situé dans une classe donnée intègre-t-il son appartenance à cette classe, à son expérience de la vie quotidienne et à l'image qu'il se fait de lui-même ? [1]
Par ailleurs, l'image de la relation avec le système social et économique ne s'exprime pas uniquement par la conscience d'appartenir à telle ou telle classe sociale. Ce sentiment d'appartenance s'exprime aussi par

l'intériorisation ou le rejet des principales valeurs ou des principales idéologies véhiculées par ce système.

La classe sociale. A propos de l'image du Québec traditionnel, il est rare que l'on fasse appel à la notion de classe sociale. L'idéologie dominante a défini la société du Québec comme une société rurale pendant si longtemps qu'il ne venait à l'esprit de personne d'y appliquer des schèmes de pensée et d'analyse qui correspondaient aux sociétés urbaines et industrielles. Les premières études sociologiques sur le Québec portaient davantage, soit sur le monde rural lui-même, soit sur le passage du monde rural au monde industriel. A l'occasion d'études sur l'industrialisation, l'analyse du Québec s'inséra également dans le cadre des relations ethniques entre les ouvriers francophones et les propriétaires et les patrons anglophones. Une des premières références à cette notion de classe se fit d'ailleurs en conjonction avec celle de l'ethnie : le Québec y était défini comme une classe ethnique. La plupart des études qui appliquèrent au Québec la notion de classe sont donc presque toutes relativement récentes. Cette situation de la recherche est un bon reflet de l'image qu'ont les Québécois eux-mêmes de leur appartenance sociale : encore aujourd'hui, pour la plupart des Québécois, le thème de classe sociale a peu de connotation en rapport au schème analytique ou à l'idéologie qui sous-tendent cette notion. Mais l'expérience quotidienne de la vie urbaine et industrielle qui se déroule dans le contexte d'une société libérale et capitaliste en développement se reflète inévitablement dans l'image que les Québécois se font d'eux-mêmes et de leur milieu.

Chacune des personnes de nos monographies a une façon ou une autre de tracer une *topographie* de la société qui lui sert à indiquer où il se situe dans cet ensemble. Claire et Gilles formulent ainsi cette topographie. D'un côté, il y a la classe des travailleurs et, de l'autre, celle des "gens très riches... qui font $ 75 000 par année". Les travailleurs sont ceux qui vivent dans l'insécurité et qui ne savent jamais quand ils ne deviendront pas "aux crochets de la société". Gilles ne se situe pas dans ce groupe parce qu'il a toujours réussi à être indépendant de toute forme d'aide et parce qu'il ne prévoit pas avoir besoin d'une aide extérieure dans le futur. L'aide à laquelle il songe alors est celle qui pourrait prendre la forme de l'assurance chômage, de l'assistance sociale, etc. Le fait qu'il ait toujours réussi à trouver un emploi rémunérateur et qu'il ait toujours connu une mobilité ascendante dans son travail le confirme dans cette image qu'il a de lui-même. A cela s'ajoute le fait qu'il travaille pour une compagnie qui offre des assurances groupes à ses employés. "Le peu qui reste à payer, dit Gilles, avec le salaire qu'on a, on peut le payer". Claire reprend la même idée : ils font partie des gens qui n'ont pas besoin du gouvernement pour se faire vivre et "des gens qui ont un salaire moyen". Cette insistance sur leur statut social de personnes indépendantes de toute aide gouvernementale directe montre jusqu'à quel point l'image qu'ils se font d'eux-mêmes est en référence, en opposition à cette classe des "travailleurs". Quant "aux gens très riches", ce sont ceux qui n'ont pas besoin de travailler, ceux en tout cas, pour qui l'indépendance (à l'égard du gouvernement, toujours) n'est jamais remise en question. Ce sont aussi les professionnels, les commerçants et les propriétaires "de grosses compagnies". Le lecteur se souvient sûrement des nombreux termes dont Antré se sert pour bien indiquer qu'il fait partie des "petits" et non des "gros". Les patrons sont d'une "classe de monde à part", il y a ceux qui "discutent pour faire de l'argent" et "ceux qui vont chercher leur paie le jeudi", il y a "ceux qui sont en haut" et "ceux qui sont en bas". A propos de la possibilité d'utiliser des drogues, il distingue entre "le type du milieu ouvrier" et celui "de la haute...". Il y a enfin "le pauvre monde qui connaît la misère" et "les riches... qui peuvent s'acheter le plus beau... ". Ces dernières expressions sont de Louise qui partage là-dessus la façon de voir d'André. Ils sont aussi tous les deux d'accord pour distinguer leur situation sociale de ceux qui doivent recevoir de l'aide de la société : Louise parle avec fierté du fait que son mari a toujours été "ambitieux" et que "sa ligne d'ouvrage (son commerce) ... nous a toujours fait vivre" et André, de son côté, mentionne l'existence de ces "parasites" qui ont constamment besoin d'être aidés. A ce sujet, on se souvient d'ailleurs que lorsqu'il avait fait référence à l'assurance chômage reçue par ses fils, il avait tout de suite précisé : "s'ils ne trouvent pas de travail, c'est vraiment parce qu'il n'y en a pas... ". Comme Gilles et Claire, ils se situent donc en faisant référence explicitement à leur indépendance à l'égard du gouvernement. La différence entre ces deux couples est donc que l'un est un "petit" et l'autre est un "moyen". Louis et Sylvie, pour leur part, sont conscients d'appartenir à une autre classe : "on n'est pas pauvre... " dit Louis pour exprimer le fait qu'il gagne un salaire qui lui apparaît au-dessus de la moyenne. Il ne se définit pas non plus comme un des riches auxquels Gilles faisait allusion et qui n'a jamais de préoccupation financière. Mais il est sans doute significatif que ce ne soit pas surtout en référence à l'argent qu'ils définissent leur statut social, mais par rapport à leur style de vie, au genre de travail que Louis fait, au genre d'éducation qu'ils donnent à leurs enfants et au genre de carrière qu'ils envisagent pour eux, au niveau d'information auquel ils ont accès, au fait d'être propriétaire d'une maison, etc. A propos de l'assurance santé (qui n'était pas encore en vigueur à ce moment-là), Louis fait bien la distinction entre ceux qui, comme lui, avaient accès aux soins médicaux de toute façon et, "ceux qui sont en dehors du système". Mais à propos des coûts croissants du système d'éducation public, c'est en pensant à eux-mêmes sans doute que Sylvie s'exclame : "C'est toujours les mêmes qui paient pour ça..." Leur sentiment de classe s'exprime peut-être le mieux par leurs discours en faveur du système social moins "socialisant". C'est en se portant à la défense d'un système libéral, de libertés individuelles, du libre jeu de la compétition, qu'ils s'identifient le plus clairement à une classe sociale qui aurait tout avantage à ce que le système social libéral et capitaliste demeure inchangé. Cela ne va pas sans une certaine contradiction quand on pense qu'eux-mêmes ne se perçoivent pas très liés au pouvoir économique lui-même ("... des trusts... backés par des gars puissants... ").

Les valeurs ou les idéologies du système social et économique. Louis et Sylvie, nous venons de le rappeler, semblent avoir intégré à l'image d'eux-mêmes un certain nombre de valeurs typiques de notre système social libéral capitaliste. La valeur qui se retrouve au centre de plusieurs de leurs expériences est l'initiative privée : dans son travail, Louis craint qu'on ne le laisse plus poursuivre des recherches qui le passionnent et il se perçoit en lutte contre des "tendances socialisantes". Il pense avec nostalgie à la situation des chercheurs aux Etats-Unis où on encourage, dit-il, beaucoup plus l'initiative individuelle qu'on ne le fait au Québec. Le projet d'assurance santé en lui-même leur apparaît comme menaçant la liberté individuelle. Le nouveau système public d'enseignement leur apparaît aussi comme un facteur qui les empêche d'être aussi indépendants qu'ils ne le souhaitent dans l'éducation de leur fils. C'est ce même système public d'enseignement qui, par ses règlements, va probablement empêcher Sylvie de faire de l'enseignement un jour. Ce sont là quelques exemples, parmi d'autres, des valeurs typiques du système libéral capitaliste qu'ils ont intériorisé. André et Louise sont peut-être ceux qui, en apparence tout au moins, semblent avoir pris le plus de distance à l'égard des valeurs de ce système social. Ils le remettent plus volontiers en cause, ils attaquent les "gros" et s'identifient aux "petits", etc. Mais tout n'est pas aussi simple chez eux, car en même temps ils partagent des valeurs analogues à celles de Louis et Sylvie. Ainsi, l'initiative privée, chez André, s'appelle souvent "ambition", "débrouillardise". Certes, ce qui symbolise le mieux son activité de commerçant itinérant, ce n'est pas l'image de l'entreprise capitaliste, mais celle du coureur des bois, mais c'était là sa façon à lui (comme elle l'avait été pour son père) d'être "indépendant". Dans son univers à lui, il a le sentiment de gagner dans un système de compétition sociale, système qu'il n'est pas loin d'idéaliser. Il ne refuse pas non plus le symbole du succès qu'est l'argent. Il n'est pas riche, mais, dit-il, il n'en veut pas à celui qui est riche : parce que cela signifie qu'il a du succès. Et devant l'existence des petits et des gros, des pauvres et des riches, André et Louise acceptent la situation comme devant aller de soi : "il y a toujours des pauvres" dit André et "après tout c'est le propriétaire qui paie les salaires" dit Louise. Par ailleurs, leur attitude de rejet à l'égard des "parasites" montre aussi qu'ils ont intériorisé l'idéal d'indépendance qu'on retrouve chez les deux autres couples. Claire et Gilles expriment eux aussi leur identification à certaines valeurs typiques du système libéral capitaliste : initiative privée, responsabilité privée, esprit de compétition, individualisme. Il aime le système d'évaluation de son travail, il consacre beaucoup de temps et d'énergie à poursuivre des cours du soir, il a appris très jeune, dit-il, à "ne compter sur personne d'autre que moi-même", il vit intensément l'éthique du travail, etc. On a vu aussi comment Claire s'identifie à Gilles dans ses projets. Par rapport à ses propres expériences personnelles, elle partage d'ailleurs ces mêmes valeurs. Ainsi, à propos de la possibilité de réagir à sa solitude en cherchant un emploi, elle mentionne (à part les objections de son mari et ses propres hésitations) le fait qu'elle a peu d'instruction. Or on sait qu'elle vient d'une famille très pauvre et qu'elle a été presqu'inévitablement amenée à travailler très jeune : ceci ne l'empêche pas, toutefois, de s'attribuer une responsabilité purement individuelle devant cette situation. C'est peut-être au niveau du rêve ou du jeu que Gilles montre jusqu'à quel point il s'identifie à l'éthique de l'initiative et du succès personnel : "A la Bourse ... si vous perdez votre argent, ce n'est pas la faute du voisin : si vous en faites, c'est votre succès personnel..." Et ne disait-il pas, à propos de son train électrique : "c'est un train qui sera à moi et à personne d'autre..." Ces trois couples ont plusieurs valeurs qu'ils ont intériorisées, chacun à leur façon, et qu'ils expriment en rapport avec leur situation respective. La similarité la plus frappante est peut-être leur désir d'être indépendant à l'égard du gouvernement. Il subsiste cependant entre eux une différence importante à cet égard : tandis que André et Louise, Claire et Gilles espèrent jamais *n'avoir besoin* du gouvernement pour faire ce qu'ils souhaitent dans leur vie, Louis et Sylvie, pour leur part, espèrent que jamais le gouvernement ne les *empêchera de* faire ce qu'ils souhaitent pour leur vie.

La dichotomie vie privée — vie publique. Nous ne reprendrons pas ici le débat sur l'origine de cette double notion de vie privée et de vie publique. Dans une perspective marxiste, la vie privée est une catégorie purement idéologique qui a pour fonction de masquer les rapports de production et d'empêcher les membres d'une société de prendre conscience des contradictions caractérisant ces rapports de production. Dans ce contexte théorique, la privatisation d'un certain nombre de rapports sociaux empêche, par exemple, de prendre conscience des inégalités sociales et empêche surtout de prendre conscience des facteurs sociaux ou économiques qui engendrent ces inégalités. Du point de vue de l'expérience personnelle, cela reviendrait à dire que le secteur défini (idéologiquement) comme privé deviendrait une soupape, un système de compensation ou de fausse conscience : en acceptant plus facilement, par exemple, de subir des inégalités dans le système économique et social si on a l'impression de vivre, dans sa vie privée des relations égalitaires ; de même en acceptant plus facilement de ne pas exercer beaucoup de pouvoir dans le système public si on a le sentiment d'exercer beaucoup de pouvoir dans sa famille, etc. Or, il n'est pas certain du tout qu'une telle distinction entre vie privée et vie publique ne se retrouve que dans les sociétés de type capitaliste. Mais même si cette distinction se retrouve ailleurs, il est fort plausible que le système capitaliste favorise le renforcement de cette distinction, favorise une survalorisation de la vie privée au détriment de la vie publique et favorise ainsi l'effet de masquage auquel on vient de faire allusion. Sans que la société québécoise ne soit en aucune façon particulière à cet égard, il semble bien que ce mécanisme idéologique soit en place dans notre société. C'est ce qui expliquerait, par exemple, que l'on définisse la famille (et la parenté ou les relations d'amitié) comme un secteur très valorisé, que chacun peut maîtriser relativement bien, dont on comprend la signification et d'où on peut tirer des expériences affectives satisfaisantes et qu'en même temps on définisse d'autres secteurs (en particulier celui que nous avons appelé ici celui des grands ensembles) où on prend pour acquis qu'on n'y comprendra pas grand'chose, que ce qui s'y passe n'est pas très important et n'est pas pour soi, qu'on ne peut exercer aucun pouvoir sur lui. Cette distinction conduirait aussi les individus à ne plus intégrer, à leur image de soi, leur appartenance à ce secteur public et donc à ne pas attacher de valeur à leurs perceptions, leurs attitudes et leurs expériences dans ces secteurs. L'individu, dans ce contexte, serait amené à se dire : "même si je ne suis pas d'accord avec ce qui se passe dans le monde du travail, ou dans l'univers politique, même si j'ai des idées sur ce qui pourrait modifier la situation, cela n'a pas d'importance, car ce qui est important, pour moi, c'est ma vie privée".

Le lecteur qui a déjà parcouru les trois monographies de ce travail aura déjà en tête de multiples exemples où l'idéologie de la vie privée exerce son influence. Louis est très explicite sur ce point ("ma famille, c'est *ma* société... celle où c'est moi qui fais la loi...") et Sylvie, avec sa notion de "famille-oasis" ne l'est pas moins. Claire de son côté dit : "J'ai à peu près juste ma famille ... c'est très important parce que je n'ai pas de vie à part ça. C'est à peu près la seule vie que j'ai ..." Gilles reprend la même idée : "à part mon travail, c'est uniquement ma vie privée". André, quand il se réfère aux patrons ou aux hommes politiques parle *d'eux autres* qu'il oppose à *nous autres*. Ailleurs, il affirme que la politique "ça ne me touche pas ... " Mais toutes ces citations, toutes ces affirmations, replacées dans leur contexte de l'expérience plus globale de chacun, sont à la fois vraies et fausses. Elles sont vraies en ce sens, par exemple, que la plupart du temps la vie privée est ressentie comme plus importante que la vie publique ; que la vie de famille sert effectivement de refuge quand les tensions sont très fortes au travail ou dans les grands ensembles ; que le fait d'avoir un réseau de relations interpersonnelles satisfaisant peut constituer une "bonne raison" pour ne pas participer à des projets de changements sociaux qui n'ont pas un impact sur cette vie privée ; qu'il arrive souvent de ne pas prendre conscience que des tensions ou des contradictions vécues dans cette vie ont leur origine dans l'un ou l'autre des grands ensembles et que chacun a alors tendance à privatiser et même à individualiser les responsabilités pour toutes les expériences heureuses ou malheureuses de sa vie. D'un autre côté, ces mêmes citations et ces mêmes affirmations sont fausses en ce sens que l'on a presque toujours conscience, plus ou moins confusément, de son appartenance à des grands ensembles qui dépassent les cadres de la vie privée : que le désir de comprendre l'ensemble de ses expériences n'est jamais complètement absent ; qu'il en est de même pour le désir d'exercer un certain pouvoir sur cet ensemble d'expériences ; que le fait de ne pas posséder les termes techniques ou téoriques pour disctuer de situations sociales, économiques ou politiques empêche rarement l'émergence de perceptions, d'opinions ou d'attitudes à l'égard de ces situations. Même si André répète que la politique "ça ne lui fait ni chaud ni froid", il ne faut pas le croire sur parole ! Tout son témoignage montre qu'il s'est formé une image de ce qu'est la politique et qu'il a nettement le sentiment que la politique a de l'impact sur sa vie. Claire dit bien, à propos de sa famille, "c'est la seule que j'ai...", elle ne se sent pas moins impliquée par un grand nombre d'éléments ou d'événements de la vie sociale, politique ou économique. Il n'est même pas certain qu'elle n'ait pas plus d'opinions qu'elle veut bien — ou peut bien — en exprimer "en public". Dans sa vie quotidienne, il est possible que ce public soit symbolisé par cet homme qu'est son mari (dans la situation d'interview, elle semble exprimer plus d'opinions si son mari n'est pas là et qu'elle est seule avec l'interviewer). En tout cas, hors les murs de sa maison *privée*, il lui arrive rarement de dire l'image qu'elle se fait de son milieu social. Et il y a des choses, qu'à force de ne pas les dire à d'autres, on vient à ne plus dire à soi-même. C'est là sans doute le principal impact de l'idéologie de la vie privée et de la vie publique sur l'image de soi.

Cette distinction entre le secteur privé et le secteur public appelle quelques autres commentaires. La distinction entre ces deux secteurs peut avoir d'autres impacts que celui d'occulter la réalité des grands ensembles. Il peut arriver que cette distinction produise un effet inverse. Le fait de pouvoir modifier l'image qu'on se fait de soi-même ou l'image de son milieu dans le contexte de la vie privée (dans sa famille, avec des amis, etc.) peut faciliter certains processus de changements sociaux. Bien des projets collectifs ont leur origine dans le contexte moins menaçant d'un petit groupe privé. L'analyse de la transformation des attitudes et des conduites religieuses au Québec met souvent en relief la publication de quelques documents chocs, en particulier des "Insolences du Frère Untel". Mais ces événements publics n'auraient peut-être pas produit le même effet d'entraînement si la religion n'avait pas été, depuis déjà plusieurs années, remise en question dans de multiples rencontres privées. En famille, après la messe du dimanche ou à la fin d'une soirée entre amis, il n'était pas rare d'échanger des informations ou des critiques, parfois sur le ton de l'humour, et parfois sur celui de la confidence. Les transformations de l'expérience religieuse des Québécois n'ont pas été aussi subites qu'on ne le croit souvent.

On décrit souvent l'impact idéologique de la vie privée comme une réduction du politique au psychique : des phénomènes politiques ne sont envisagés que dans leur dimension psychologique. Si cette réduction au psychologique se produit souvent dans notre type de société, il faut bien voir que le processus de réduction peut aussi se produire à l'inverse. Par exemple une personne, devant une expérience familiale complexe qui devient psychologiquement intenable pour elle, peut tenter de réduire cette expérience à sa seule dimension politique. Bien des querelles entre conjoints autour, par exemple, du rôle de la femme, bien des conflits entre parents et enfants ont leur aboutissement — apparent — dans ce genre de réduction.

L'hypothèse fondamentale qui sous-tend ces dernières remarques est que le secteur privé *n'est pas* seulement le fait d'une illusion créée par l'idéologie de la vie privée et que l'expérience de la famille, des relations d'amitié, des collègues, etc., ne sont pas inévitablement le fruit d'une réduction du politique au psychologique. Quand Louise explique à l'interviewer :

> *On ne cherche pas à se pousser plus haut parce qu'on ne peut pas aller plus haut ... ,*

elle se compare à d'autres qui sont plus riches qu'elle-même. Mais quand elle continue :

> *On est heureux dans notre petit bonheur, on demande pas le*
> *luxe, mais (on demande) d'être heureux ... ,*

elle se réfère surtout à sa relation avec André et avec ses enfants et, du point de vue de son expérience personnelle, cette relation semble bien avoir une valeur en elle-même, indépendante de sa dimension sociale ou publique.

Enfin, dans une perspective sociologique, il est juste de considérer que le secteur du travail (ou de la situation de production) constitue l'essentiel de cette vie publique à laquelle on oppose habituellement la famille. Mais dans une perspective psychologique qui tient compte de l'image de soi, cette distinction ne se pose pas dans ces termes. D'un côté, il y a bien la famille, mais il faut aussi considérer au même plan tous les systèmes de relations interpersonnelles, qu'ils soient basés sur la famille, la parenté, l'amitié, l'idéal de la petite communauté, etc. De l'autre côté, ce qui s'oppose le plus à ce secteur privé, ce n'est pas celui du travail, mais celui des grands ensembles sociaux, politiques ou économiques. Le secteur du travail, du point de vue de celui qui en fait l'expérience, relève à la fois de la vie privée et de la vie publique. En autant que le travail est lié directement au système économique, il relève du secteur public. Mais toute expérience de travail relève presque inévitablement aussi du secteur privé, car elle met en jeu à la fois l'image de soi ("je suis bon technicien ... je sais parler aux clients ... etc.") et tout un système de relations sociales (avec des confrères de travail, des membres d'un syndicat, etc.). Au niveau de l'expérience personnelle, ce sont les grands ensembles qui s'opposent, la plupart du temps, au secteur privé. Cela paraît assez clairement quand on considère la relation entre l'image de soi et l'expérience du secteur politique.

Le système politique. Par système politique, nous entendons ici tout ce secteur d'appartenance lié aux hommes politiques, aux institutions politiques, aux gouvernements, aux agences gouvernementales, etc. Quelle image a-t-on de ce système et comment perçoit-on sa propre relation avec lui ? Pas plus ici qu'ailleurs, il ne s'agit d'établir des statistiques, mais de dégager les principales dimensions psychologiques qui sont en jeu dans ce rapport personne-système politique.

Tout se passe comme s'il y avait une triple grille qui servait spontanément à l'évaluation de ce secteur et orientait l'image qu'on se fait de sa propre relation avec lui. En d'autres termes, c'est comme si chacun se posait spontanément trois séries de questions. Il n'est pas sans intérêt qu'habituellement ces questions soient formulées comme s'il s'agissait d'une relation interpersonnelle :

— Jusqu'à quel point me ressemble-t-il ? Jusqu'à quel point tel homme politique qui milite dans tel parti, ou tel individu qui travaille dans telle agence gouvernementale connaît-il, au moins, les gens comme moi ?

— Jusqu'à quel point ai-je moi-même de l'influence ou du pouvoir dans ce secteur, vis-à-vis de tel homme politique ou vis-à-vis de telle institution ?

— Jusqu'à quel point puis-je avoir confiance dans cet homme politique ou dans cette institution ?

Les réponses que chacun se donne, plus ou moins confusément, à chacune de ses questions semblent étroitement liées à l'image qu'on se fait de sa relation avec ce secteur politique. Le lecteur qui a déjà parcouru nos monographies sait comment la plupart de nos informateurs répondent à ces questions et comment ils réagissent à l'univers de la politique. En termes de l'idéologie de la vie privée, le secteur politique donne facilement l'impression d'être comme l'antithèse de la vie privée, sa véritable contradiction. Le secteur politique est celui où on est (souvent) malhonnête, égocentrique, menteur, voleur. C'est aussi le secteur devant lequel on se sent impuissant : impuissant à comprendre la complexité de ses mécanismes et impuissant aussi à exercer du pouvoir sur son activité. C'est aussi un secteur où règne la méfiance et même le mépris. Le moins qu'on puisse dire est que cette image négative de la vie politique est à l'opposé de l'image idéale —et idéologisée— de la vie privée qui, elle, permettrait se se retrouver dans un climat de confiance, entre personnes qui s'aideraient les unes les autres, dans une structure que l'on comprend et vis-à-vis de laquelle on peut exercer un certain pouvoir. Nous n'allons pas rappeler ici les nombreux passages des trois monographies où, de façon explicite ou implicite, on exprime cette contradiction ressentie entre la vie politique et la vie privée. Rappelons seulement certaines expressions parmi beaucoup d'autres : "C'est une affaire d'argent...", "ils se protègent surtout entre eux ...", "ils ne font pas ce qu'ils *prétendent* faire ...", "ils deviennent des pantins ... des acteurs", "ils ne sont pas sérieux ...", "c'est un mal nécessaire", "quand ils ont rempli leurs poches ...", "de toute façon, les hommes politiques eux-mêmes n'ont pas de pouvoir ...", etc. Cette méfiance, à l'égard de la politique, de ces hommes (politiques) comme de ses institutions, n'est pas nouvelle au Québec. Il y a d'ailleurs tout un folklore de la vie politique dans lequel s'exprime cette méfiance. Les "histoires d'élections" sont nombreuses qui reflètent aussi cette image de la politique. Tout un vocabulaire a été développé pour rendre compte des moeurs électorales d'un passé encore tout récent et il arrive encore, dans bien des milieux, que l'on se réfère à ce folklore politique parfois pour s'en scandaliser, parfois pour se dire "plus ça change, plus ...". Ce n'est pas d'hier qu'on achète des votes, qu'on "passe des télégraphes", qu'on emploie "d'honnêtes travailleurs d'élections", qu'on fait voter des morts, qu'on fait voter des bonnes soeurs qui n'en sont pas, qu'on fait prêter serment sur un dictionnaire plutôt que sur la Bible, etc. Ce n'est pas notre propos ici de discuter si ces moeurs légères ont encore cours. Mais il est évident que modifier l'image qu'on se fait de la politique et de soi-même en politique, c'est aussi modifier cette image folklorique. Ce que les témoignages démontrent assez bien, c'est que la première étape vers une modification de cette image passe par la "personnalisation" de la politique. Il semble relativement facile de croire que tel ou tel homme politique puisse ne pas se conformer à cette image négative et qu'on puisse avoir confiance en lui. Mais il semble beaucoup plus difficile de croire que les institutions puissent mériter cette confiance. Même André, par exemple, qui a voté péquiste aux dernières élections (1970) semble fonder toute son adhésion sur sa confiance en René Lévesque lui-même ("il connaît le pauvre monde ... il a été élevé parmi le monde", il est "honnête", etc.). Gilles et Louis, chacun à leur façon, évitent de "personnaliser" le système politique. Gilles dit regretter ne pas participer davantage à la vie politique, rappelle que les seuls à vraiment s'impliquer dans la politique sont les grosses compagnies qui ont des intérêts à défendre. Louis s'en prend plus au "système en lui-même" qu'aux hommes politiques. Mais dans les deux cas, leur image de la politique et de leur place en politique est beaucoup plus conservatrice que celle d'André.

La présence de tout un folklore politique, la facilité aussi avec laquelle les six personnes de nos monographies discutent de politique avec l'interviewer, leur niveau d'information relativement élevé (même Claire, qui répète à quelques reprises qu'elle connaît peu la politique, semble au contraire assez à l'aise quand elle aborde ce thème), tout cela nous oblige à remettre en cause l'hypothèse selon laquelle la politique serait un secteur qui demeure *étranger* à la majorité des Québécois. De fait, la politique peut demeurer très présente dans le champ psychologique d'une personne; celle-ci peut s'y intéresser, peut acquérir un certain nombre de connaissances ou d'opinions à son sujet et exprimer quand même le sentiment que la politique lui est étrangère. Dans ce contexte, "être étranger" à la politique signifie probablement non une ignorance du secteur politique, mais un rejet profond des valeurs qui s'expriment dans ce secteur. Claire exprime précisément ce type de rejet quand elle explique pourquoi Gilles et elle-même n'ont pas parlé du FLQ et de la mort de Pierre Laporte à leurs enfants quand elle dit :

Je trouve que les enfants n'ont pas besoin de savoir que les adul-
tes sont à ce point corrompus, crapuleux. (...) Les enfants ont
bien assez de temps pour voir les mauvais côtés de la vie ... ,

il n'est pas certain du tout que son explication vaille exclusivement pour cet événement dramatique. Il est au contraire fort plausible qu'elle exprime, à cette occasion, un jugement sur l'ensemble du secteur de la politique. De toute façon, qu'elle se réfère à la politique en général ou au FLQ, cette image qu'elle se fait de la politique, elle peut difficilement l'intégrer à l'image qu'elle se fait d'elle-même, en particulier, à l'image qu'elle se fait d'elle-même dans sa vie privée.

En définitive, c'est encore la distinction entre la vie privée et la vie publique qui influence l'image qu'on se fait de son expérience politique. En autant que la politique ne fait pas partie de la vie privée, elle n'est pas au coeur des préoccupations de la vie quotidienne. Tout se passe comme si, dans tous les cas, on n'avait même pas à rejeter ou à mépriser ce secteur de la politique. Ce rejet ou ce mépris résulte simplement de la prépondérance de la vie privée. Il arrive aussi que la prépondérance accordée au travail remplisse cette même fonction. Que le travail soit perçu comme une source de satisfaction immédiate, comme un moyen financier de jouer son rôle de pourvoyeur de la famille, ou comme un instrument de mobilité dans l'échelle sociale, elle empêche le secteur politique d'occuper une place importante dans l'organisation concrète des jours, des semaines, des mois et des années. Ainsi dans la famille de Gilles, on n'a vraiment pas rejeté la politique de façon active, directe ou explicite : du simple fait que toute leur vie quotidienne soit centrée sur la vie familiale et sur les cours du soir de Gilles, il résulte que la politique devient une préoccupation fort lointaine. La privatisation de la vie empêche l'émergence d'une vie politique active. Comme la privatisation implique en général la prépondérance des expériences personnelles ou interpersonnelles, cela pourrait expliquer la tendance à la personnalisation du politique que nous avons soulignée plus haut. Si le slogan "on est six millions, il faut se parler ..." a peut-être fait davantage que vendre de la bière en novembre 1976, c'est peut-être qu'il invitait à dépasser cette brisure entre la vie privée et la vie publique : il invitait à poser un geste habituellement fait *en privé* (se parler) dans un contexte *public* (celui des six millions).

L'appartenance à la fois au système social et économique et au système politique. Cela peut sembler un truisme de rappeler que, dans notre type de société, une personne appartient à la fois au système social et économique et au système politique. Cela est vrai aussi des sociétés dites "primitives" ou dans les sociétés organisées autour d'un village.

Mais dans ce cas, la distinction est purement analytique : on peut bien distinguer les fonctions énonomiques des fonctions politiques, mais dans les deux cas, au niveau des rapports sociaux concrets et au niveau de l'expérience quotidienne de la société, un individu donné est en rapport avec le même ensemble d'individus et d'institutions. Dans une société urbaine et industrielle, comme l'est le Québec, ces deux fonctions sont remplies par des institutions différentes qui font elles-mêmes appel à des symboles différents, à des leaders différents, etc. Plaçons-nous du point de vue de la personne qui fait l'expérience d'une telle situation. Cette personne doit inévitablement appartenir aux deux systèmes à la fois. Mais son mode d'appartenance à chacun peut varier. Il en est de même de son degré d'implication affective dans chaque système, du temps et des énergies qu'elle consacre à chacun, etc. Cette double appartenance peut être, à la limite, une source de conflits, de tensions, de contradictions, à la fois dans l'expérience quotidienne et dans l'image qu'elle se fait d'elle-même. Les probabilités de vivre une telle expérience de tension ou de contradiction sont évidemment accrues dans le contexte d'une société en voie de transformation, car alors les deux systèmes (politique et économique) ne se transformeront pas nécessairement à des rythmes identiques ni selon des orientations compatibles. Il semble que ceux qui font aujourd'hui l'expérience du Québec se trouvent dans une telle situation de tension —sinon de conflit – à l'intérieur même de leur système d'appartenance. Car selon qu'on se réfère au système politique, avec ses institutions, ses symboles et ses hommes politiques, ou selon qu'on se réfère au système économique, qui a lui aussi ses institutions, ses symboles et son personnel (que celui-ci soit composé d'industriels, de managers ou de leaders syndicaux), on arrive presqu'inévitablement à des projets collectifs de changement qui sont différents sinon divergents. Concrètement, pour le Québécois, cela signifie, par exemple, qu'il se trouve en présence, d'un côté, du projet (politique) qui donne prépondérance à une nouvelle *identité nationale* et, de l'autre côté, d'un projet (économique) qui donne prépondérance à une nouvelle *identité socio-économique*, par exemple, à une nouvelle identité de classe. Une lecture des trois monographies pourrait sans doute être faite en fonction de l'expérience de cette double appartenance du Québécois. On comprendrait alors le choix —pas nécessairement conscient mais existentiel— auquel chacun en arrive : André qui est plus sensible que sa femme face aux dimensions économiques de l'indépendance politique ; Gilles et Claire qui ne remettent absolument pas en cause le système économique ("ce sont les Anglais qui ont de l'argent. Alors qu'ils (les Canadiens-français) essaient d'en faire aussi ...") prennent tout de même pour acquis que l'employeur de Gilles devrait lui parler en français (Je ne suis pas intéressé à taper la baboune d'un Anglais mais ... dans mon milieu de travail, je ne vois pas pourquoi mon employeur ne me parlerait pas français ..."); Louis et Sylvie, enfin, qui ne font à peu près jamais référence au système économique et qui sont surtout préoccupés par la centralisation et la bureaucratisation *politiques*. De la même manière, chaque Québécois d'aujourd'hui doit faire des choix, des choix qui impliquent sa double appartenance au système politique et économique, des choix, en définitive, qui impliquent l'image qu'il se fait de sa société et de sa façon d'être dans cette société.

Nous avons exploré déjà l'impact de l'idéologie de la vie privée et de la vie publique sur le sentiment d'appartenance au système politique. Si on compare maintenant ce sentiment à celui d'appartenance au système économique, nous constatons que le grand absent du champ de conscience des Québécois n'est pas le pouvoir politique, mais le pouvoir économique. Dans nos monographies, en tout cas, il arrive qu'on retrouve certaines allusions à ces "grosses compagnies", à ces "trusts ... qui peuvent s'engager des experts pour les aider à payer le moins d'impôt possible", mais les références, par exemple, aux hommes politiques sont beaucoup plus nombreuses que les références à ceux qui détiennent le pouvoir économique. D'une autre façon, l'impact de l'idéologie de la vie privée joue encore ici, car les hommes politiques sont des hommes *publics* et les hommes d'affaires appartiennent à l'industrie *privée*.

Ces réflexions sur la double appartenance au système politique et au système économique ne visaient, en aucune façon, le débat sociologique sur les liens entre ces deux systèmes : chacun est-il relativement autonome ?, l'un est-il le levier qui influence l'autre ?, le système politique est-il exclusivement un appareil idéologique ? Quoi qu'il en soit des réponses à ces questions, le seul objectif de ces réflexions était de montrer comment le problème se pose du point de vue de l'expérience personnelle et de l'image de soi.

L'expérience du Québec

En même temps que la situation du Québécois l'amène à remettre en cause bien des sources traditionnelles de son sentiment d'appartenance —la famille, la religion, le statut d'homme ou de femme, le système économique, etc.— il ne peut éviter non plus de se poser, pour lui-même, la "question du Québec". Non pas que cette dimension de l'image de soi soit devenue inévitablement, chez *chaque* individu, plus saillante parce qu'un projet politique propose une nouvelle définition de l'identité québécoise, mais à l'occasion des débats publics et des décisions politiques, ou à propos des retombées de ces débats et de ces décisions sur sa propre expérience quotidienne, le Québécois ne peut éviter de remettre — d'une façon ou d'une autre — son identité nationale. A la question "Qui suis-je"?, que signifie de répondre : "Je suis Québécois"? Comment cette réponse s'intègre-t-elle à l'image de soi? Les interviews analysées dans les trois monographies ne cherchaient pas à recueillir un discours explicite sur l'identité nationale —pas plus d'ailleurs que ces interviews n'avaient visé à recueillir un discours explicite sur l'appartenance religieuse, sur la famille, sur la classe sociale, etc. Comme pour ces autres secteurs de leur expérience, les monographies permettent cependant d'entrevoir comment, à travers l'expérience des personnes interrogées, émerge leur conception de ce qu'est le Québec et de ce que signifie, pour elles, être Québécois.

Le lecteur aura sans doute remarqué que l'image que Louis et Sylvie (d'Outremont) se font du Québec s'exprime très souvent en référence à un certain nombre d'autres "ailleurs" que sont, par exemple, le Canada anglais, les Etats-Unis, la France, Cuba, l'Algérie, etc. Ainsi Sylvie n'élabore jamais très longuement ce qu'est sa conception du Québec, mais elle le fait, au moins implicitement, quand, par exemple, à propos de sa propre expérience religieuse, elle parle des catholiques américains ou qu'à propos des femmes, elle se compare aux femmes américaines qu'elle a connues pendant leur séjour aux Etats-Unis. Elle fait aussi référence à Cuba quand elle discute du système économique. A l'occasion aussi de ce séjour d'études aux Etats-Unis, Louis a rencontré ce collègue algérien qui avait une conception de la vie différente de la sienne et "qui n'avait pas été élevé comme nous". Le modèle de l'idéologie libérale devient, à ses yeux, associé aux Etats-Unis. Contrairement à ce qu'il a le sentiment de retrouver au Québec, les Etats-Unis, à son avis, laissent beaucoup plus de liberté aux chercheurs, ceux-ci peuvent élaborer leurs propres projets et donner suite à leurs initiatives personnelles. C'est aussi en comparant l'organisation de la recherche aux Etats-Unis et au Québec qu'il conclut qu'on est un pays "pauvre" ("t'as beau assommer un pauvre pour avoir de l'argent..."). Mais ce n'est pas seulement parce qui lui-même a étudié à l'étranger qu'il se réfère à ces "ailleurs" : il les retrouve aussi par l'intermédiaire de la plupart de ses collègue qui ont reçu une formation à l'étranger. Par ailleurs, quand Louis veut expliciter ses positions religieuses, c'est à un existentialiste français, Gabriel Marcel, qu'il se réfère et c'est à la France aussi qu'il se réfère quand il cherche à définir le milieu culturel québécois ("on n'a pas encore notre Hervé Bazin"). Enfin, quand il songe à la retraite, il songe aux pays sous-développés, là où il pourrait, dit-il, exercer une profession qui coïnciderait plus avec son système de valeurs. On voit donc très bien comment c'est en référence à de nombreux "ailleurs" que Louis et Sylvie se font une image de ce que signifie pour eux être québécois.

Dans les deux autres monographies, ces références à divers "ailleurs" ne sont pas aussi nombreuses. Elles ne sont pas cependant moins significatives. Ainsi, Claire et Gilles (de Rosement) font eux aussi référence à cet "ailleurs" que constitue l'univers socialiste — qu'ils se réfèrent à l'URSS ou à Cuba. Mais c'est cependant à travers l'expérience de travail de Gilles qu'ils retrouvent un "ailleurs" plus important : Gilles a toujours travaillé pour des grandes multinationales dont il sent très bien que les chefs canadiens sont à Toronto et dont l'origine et le contrôle sont américains. Il sait aussi que la langue de la multinationale où il travaille maintenant est l'anglais. En même temps, on l'a vu, il se sent à l'aise dans ce type de grande organisation, il aime le travail technique, il aime le système d'évaluation qui y est en vigueur, il y retrouve les valeurs de compétence et de compétition qui sont importantes pour lui. Pourtant, au moment où il exprime à l'interviewer ses réactions aux événements d'octobre 1970, et après en avoir rappelé toutes les autres explications auxquelles il pouvait songer, il enchaîne :

> *Un des problèmes essentiels au Québec, c'est le fait français. Je ne suis pas séparatiste mais je dis que le fait français c'est essentiel s'ils veulent se sortir des troubles. Il va falloir qu'ils assurent que le fait français est vécu et non pas juste promis ...*

Et, à propos de son employeur, il ajoute :

> *Je n'aime pas la violence, je ne suis pas intéressé à taper la baboune d'un Anglais, mais... dans mon milieu de travail, je ne vois pas pourquoi mon employeur ne me parlerait pas français. Ici au Québec. Je ne veux pas imposer ça dans le reste du pays. Il va falloir que ça devienne une réalité et assez vite.*

Or voilà donc que Gilles qui, nulle part ailleurs dans les entrevues, n'exprime la tendance ou le désir de mettre en cause l'image qu'il a de lui-même et de sa société, adopte spontanément, à propos du "fait français" et de la langue de travail, une option qui exprime clairement son sentiment d'appartenance à un Québec francophone. A ce Québec français, qui n'est pas "vécu" mais "juste promis", auquel il s'identifie, il oppose un "ils" qu'il n'identifie pas clairement mais qui semble bien vouloir symboliser l'univers anglophone (... "s'*ils* veulent se sortir des troubles ...", "... Il va falloir qu'*ils* assurent que le fait français ...").

Certes, cette citation de Gilles ne reflète pas l'ensemble de son témoignage. Il fallait peut-être une situation aussi dramatique et chargée d'émotions que les événements d'octobre 1970 pour qu'il formule en clair sa conception du Québec et du Québécois. Les moments de crise permettent souvent d'exprimer ainsi, pour soi et pour autrui, ce qui est jusque-là demeuré inexprimé —sinon inexprimable— dans la vie quotidienne. Qu'il se réfère à sa vie quotidienne dans une grande multinationale ou qu'il se réfère à l'univers anglophone qu'évoque pour lui Octobre 1970, c'est en quelque sorte par opposition à ces "ailleurs" qu'il en vient à se définir comme Québécois.

Chez Louise et André (de Centre-sud), on retrouve la présence de ces "ailleurs". Mais l'expérience qu'ils en ont apparaît fort différente. Il y a d'abord le fait que Louise s'identifie à ses "origines anglaises". Elle est née dans l'Ouest du Canada et sa mère était anglophone. Elle est arrivée très jeune à Montréal (et à Centre-sud où elle a demeuré toute sa vie). Tous ses enfants ont été "élevés" en français même si elle a encore parfois le sentiment de pouvoir mieux s'exprimer en anglais, dans les moments de grande tension par exemple. Elle s'identifie comme Anglaise qui "aime les Québécois". D'autre part, même si André et Louise ont des membres de leur famille qui ont émigré aux Etats-Unis (un frère d'André et deux de leurs propres enfants habitent là-bas), ils se réfèrent peu à ce pays pour définir le Québec ou le Québécois.

Pour André, le Québec est le milieu auquel il s'identifie —par définition ou par nécessité. Il ne remet pas en cause son identité nationale : le contexte social l'amène, au contraire, à affirmer avec plus de force encore son sentiment d'appartenance au Québec. Il aime à se répéter et répéter à ses enfants que le Québec est le seul héritage qu'il a reçu de son père et qu'il pourrait lui-même transmettre à ses enfants :

> *Quand mon père est mort, il a dit : "Je vous laisse mon héritage : la province de Québec. Travaillez dedans et gagnez votre vie". Je dis encore la même affaire à mes garçons (...) Puis mes enfants, s'ils veulent un héritage, ils feront comme moi : ils ont le Québec pour travailler dedans ...*

Dans l'esprit d'André, il s'agit là moins d'un discours idéologique ou patriotique qu'une situation de fait. Cette situation, il l'interprète en fonction de ses préoccupations politiques. Son sentiment d'appartenance au Québec s'est depuis longtemps exprimé par ses préoccupations politiques. Il accepte l'orientation économique du Parti québécois et a aussi été favorable au FRAP. Il était donc relativement facile pour lui d'accepter les projets du Parti québécois relatifs à l'identité québécoise. Cette vision politique du problème de l'identité québécoise apparaît également quand, lors des événements d'octobre 1970, il associe immédiatement la mort du ministre Laporte aux patriotes (de 1837-38) "fusillés au Pied du Courant". Comme pour Gilles, ces événements d'octobre évoquent, chez André, l'identification à un "nous" auquel "ils" s'opposent ("... Quand *ils* ont fusillé les patriotes ...", "Pourquoi qu'*ils* ont tiré celui (le patriote) qui voulait se battre pour être indépendant"?)

En un sens, cette politisation se retrouve aussi chez Louise. Si elle ne se résigne pas à s'identifier au Parti québécois parce que ce serait "renier" son "origine anglaise", elle accepte fondamentalement les tendances "socialistes" de ce parti (..."Ce serait beau d'une manière..."). Comme pour André, le moment de la crise d'octobre 1970 a été aussi un moment important du développement de son identité nationale. Louise a été traumatisée à ce moment-là par la réaction de ses enfants (ils la menaçaient d'aller aider le FLQ et elle, à son tour, les a menacés de les chasser de la maison) parce qu'elle craignait de les voir participer à des actes de violence. Par ailleurs, depuis le Bill 63, elle a toujours suivi de près les débats politiques sur la langue au Québec. Tant qu'elle a craint qu'on n'enseigne plus du tout l'anglais au Québec, elle s'est opposée à toute législation sur la langue. "Après ça, dit-elle, j'ai compris que si on veut un Québec français, il faut que le monde apprenne le français". En fin de compte, Louise, cette "Anglaise" dont le père était "Français", qui a marié un Français ("je suis Anglaise mais un Français est capable de s'entendre avec moi assez pour me marier"!) et qui "a élevé ses enfants en français", n'est pas loin, à sa façon, de s'identifier aussi à ce Québec francophone.

La participation aux processus politiques —de quelque façon que ce soit et à quelque degré que ce soit— semble donc associée au développement de l'identité nationale. Les moments chauds, les moments de crise permettent à ces participants "ordinaires" de maintenir, de renforcer ou de modifier l'image qu'ils se font de leur identité nationale. Dans le cas précis et particulier des trois monographies présentées ici, deux moments chauds ont rempli cette fonction : la mise sur pied d'un projet d'assurance santé et les événement d'octobre 1970. Cette politisation permet d'ailleurs à ces participants "ordinaires" de déprivatiser le problème de l'identité nationale. Bien des individus qui vivaient leur identité nationale dans le cadre restreint de leur vie privée ont pu participer à ces débats maintenant situés sur la place publique. Au moment de ces débats publics, ce dualisme de la vie privée et de la vie publique continue d'intervenir : quand Louis et Sylvie craignent que le Québec ne s'éloigne du modèle de la société libérale, ce n'est pas seulement un Québec abstrait qu'ils sentent menacé, mais également la carrière de Louis et l'éducation de leurs propres enfants. Les réactions de Gilles au "fait français" sont associées à sa vie quotidienne de travail. Et quand André dit que le Québec est le seul héritage qu'il peut laisser à ses enfants, il n'est pas sans se rappeler en même temps que deux de ces derniers ont refusé cet héritage en émigrant aux Etats-Unis. Ce dualisme entre la vie privée et la vie publique se retrouve dans l'expérience quotidienne de l'identité nationale.

L'image du Québec (et l'image de soi comme Québécois) se forme souvent par référence ou par opposition à divers "ailleurs" avec lesquels on est directement ou indirectement en contact. Cette opposition —au moins dans chacune des trois monographies présentées ici— sert beaucoup plus à l'affirmation de soi qu'à l'expression d'hostilité à l'égard d'autres groupes nationaux. Ces "ailleurs" prennent des significations fort diverses : on y fait référence pour identifier parfois ce qu'est le Québec, parfois ce qu'il n'est pas ; parfois le Québec que l'on souhaite avoir, parfois celui qu'on voudrait éviter d'avoir. Ces "ailleurs" symbolisent parfois un univers défini en termes culturels (v.g. "ceux qui s'opposent au fait français") et parfois, un univers défini en termes politiques ou économiques (v.g. les pays socialistes).

Ces divers "ailleurs" apparaissent aussi d'une autre façon dans le champ psychologique du Québécois. Son expérience quotidienne ne l'amène pas seulement à maintenir ou à modifier son identité québécoise au sens restreint du terme, mais l'amène à maintenir ou modifier l'image de soi dans bien d'autres secteurs à la fois. Or, pour la plupart de ces secteurs, bien des modèles de changements ont déjà été formulés ou expérimentés ailleurs. Certains de ces modèles se retrouvent aux Etats-Unis où déjà des mouvements sociaux ont porté leur action sur des secteurs particuliers : le statut d'homme ou de femme, la famille, l'éducation, la culture et la contre-culture, les nouvelles religions, l'urbanisation, le système économique post-industriel, etc. D'autres modèles viennent d'ailleurs : la Chine offre elle aussi des modèles de changements dans plusieurs secteurs ; en plus de la Chine, Cuba, l'Algérie et les pays de l'Est symbolisent les projets socialistes ; la France symbolise, pour plusieurs, un pays où les mesures socialistes sont plus étendues qu'au Québec, etc. Même au moment où le Québécois a le sentiment de se retrouver au plus profond de lui-même, il ne peut échapper à ces modèles de référence venus d'ailleurs : pour les imiter, s'y opposer, s'en inspirer. En même temps, il est vrai de dire que la somme de chacun de ces modèles venus d'ailleurs ou la combinaison de n'importe lequel d'entre eux ne constituera jamais l'image du Québécois, ne permettra jamais à un Québécois de répondre à la question : "Qui suis-je ? ".

Etre du Québec d'aujourd'hui signifie faire l'expérience d'une situation ou presque tout est remis en cause en même temps. Aussi quand André parle du Québec comme d'un héritage, il n'est pas le seul à faire l'expérience du Québec : sa femme "anglaise", Claire et Gilles, Sylvie et Louis, chacun à leur façon, ont également reçu le Québec en héritage.

notes :

[1] Dans *Aliénation et vie quotidienne des Montréalais francophones*, le lecteur trouvera une discussion sur le choix du quartier comme indicateur de classe. Il trouvera également une analyse statistique faite en termes de classes sociales et qui porte sur plusieurs secteurs et des dimensions dont ont tenu compte les trois monographies présentées ici.

Bibliographie

DUMONT, Fernand : *Le lieu de l'homme. La culture comme distance et mémoire*, 1968, Editions HMH, Montréal.

DUYCKAERTS, Fr. : *La notion de normal en psychologie clinique* 1954, Librairie philosophique J. Vrin, Paris.

ETZIONI, Amitai : *The Active Society*, 1968, The Free Press, Collier-McMillan, London.

GORDON CHAD & GERGEN KENNETH J. (ed.) : *The Self in Social Interaction*, 1968, John Wiley & Sons, Inc. New York, London, Sidney, Toronto.

GRAND'MAISON, Jacques : *Le privé et le public* : Tome 1 et 2, 1975, Editions Léméac Inc., Bibliothèque Nationale du Québec.

ISRAEL, Joachim : *L'aliénation de Marx à la sociologie contemporaine* 1972, Editions Anthropos, Paris.

LAMARCHE, Y., RIOUX, M. et SEVIGNY, R. : *Aliénation et idéologie dans la vie quotidienne des Montréalais francophones*, 2 vol., 1973, Les Presses de l'Université de Montréal, Montréal.

RIESELBACH, Leroy et BALCH, George : *Psychology & Politics : An Introducory reader* 1969, Holt, Rinehart and Winston Inc, U.S.A.

278

RIOUX, Marcel : *La question du Québec,* 1969, Editions Seghers, Paris.

RIOUX, Marcel : *Les Québécois,* 1974, Le temps qui court, France.

ROCHER, Guy : *Le Québec en mutation,* 1973, Editions Hurtubise, HMH Ltd., Bibliothèque Nationale du Québec.

ROGERS, Carl, KINGET, Marian : *Psychothérapie et relations humaines,* 1965, Studia Psychologica, Louvain, Paris.

ROGERS, Carl (Ed.) : *The Therapeutic Relationship and its Impact* 1967, Madison, Milwaukee, and London, The University of Wisconsin Press.

SEVIGNY, Robert et GUIMOND, Pierre, : *Psychosociologie de l'actualisation de soi : quelques problèmes de validation,* in *Sociologie et Sociétés,* Vol II, 1970.

SEVIGNY, Robert et GUIMOND, Pierre : *Les jeunes et la poligique,* in *Service Social,* vol 19, no 3, 1970.

SEVIGNY Robert, et GUIMARD, Pierre : *Les jeunes et le changement,* in *Service Social,* vol 19, no 3, 1970.

SEVIGNY, Robert : *Pour une théorie psycho-sociologique de l'aliénation,* in *Sociologie et Sociétés,* 1969, Vol 1, no 2, Presses de l'Université de Montréal, Montréal.

SEVIGNY, Robert : *L'expérience religieuse chez les jeunes,* 1971, Les Presses de l'Université de Montréal, Montréal.

SUPER, Donald E. (Ed.) : *The Psychology of Careers,* 1975, Donald E. Super, U.S.A.

TREMBLAY M.A. et GOLD G.L. : *Communautés et culture : éléments pour une ethnologie du Canada français,* 1973, Les Editions HRW Ltd., Montréal, Toronto.

TRUZZI, Marcello (Ed.) : *Sociology and Everyday Life,* 1968, Prentice-Hall Inc. Englewood Cliffs, N J.

Table des matières

ACHEVÉ   D'IMPRIMER
EN   NOVEMBRE   1979
SUR   LES   PRESSES   DE
PAYETTE & SIMMS INC.
À SAINT-LAMBERT, P.Q.